王 伟 ◎ 编著

李鸿章传

中国书籍出版社
China Book Press

图书在版编目（CIP）数据

李鸿章传 / 王伟编著 . — 北京：中国书籍出版社，2015.9

ISBN 978-7-5068-4403-1

Ⅰ.①李… Ⅱ.①王… Ⅲ.①李鸿章（1823～1901）
—传记 Ⅳ.① K827=52

中国版本图书馆 CIP 数据核字（2014）第 208698 号

李鸿章传

王伟　编著

策划编辑	武　斌　崔付建	
责任编辑	张翠萍　牛　超	
责任印制	孙马飞　马　芝	
出版发行	中国书籍出版社	
地　　址	北京市丰台区三路居路 97 号（邮编：100073）	
电　　话	（010）52257143（总编室）　（010）52257140（发行部）	
电子邮箱	chinabp@vip.sina.com	
经　　销	全国新华书店	
印　　刷	三河市明华印务有限公司	
开　　本	710 毫米 ×1000 毫米　1/16	
字　　数	245 千字	
印　　张	18.25	
版　　次	2015 年 9 月第 1 版　　2015 年 9 月第 1 次印刷	
书　　号	ISBN 978-7-5068-4403-1	
定　　价	36.00 元	

卷首语

他是晚清历史舞台上纵横捭阖 40 年之久的重要人物。他是道、咸、同、光四朝元老。

他的一生，从进士及第的那一瞬间开始，就充满故事性和戏剧性。

且看他跌宕起伏的经历：庶吉士、翰林院编修、湘军幕僚、淮军统帅、北洋舰队创建者、丧权辱国的《马关条约》签订者……

有人说，他是忠肝义胆的末路英雄；有人说，他是不学无术又畏首畏尾的卖国贼。

对他的评价，褒贬不一，颇具争议。

他便是大名鼎鼎的李鸿章。

朝廷急于用兵之际，身为二十五岁的翰林院编修，他决定弃笔从戎，豪情万丈。

那一刻，他站在百尺高楼上，俯瞰黎民江山。

意气风发的李鸿章，看到了晚清社会千百万受苦受累的苍生百姓和一片片皲裂干涸的大地。他曾壮怀激烈，笃定地写下这样的诗句："丈夫只手把吴钩，义气高于百尺楼，一万年来谁著史，三千里外欲封侯……"

目录

第一章

少年科第

名门望族

蹉跎往事付东流，弹指光阴二十秋。青眼时邀名士赏，赤心聊

为救人酬……

这是 20 岁的李鸿章写下的《二十自述》。时值 1843 年，清宣宗道光

二十三年。

这一年，李鸿章在庐州学府被选为优贡，每省众多儒学生员中不过数名资格。

他成绩出众，家学深厚。时任京官的父亲李文安来信，督促李鸿章在家

好好复习，悉心备战来年顺天府举办的乡试。

收到父亲来信，踌躇满志的李鸿章有点儿喜出望外。

那一瞬间，他的心里很空，莫名兴奋，不知道要做什么，该做什么。即刻跑进书房，在书桌前展纸急书，挥毫泼墨，完成了这首诗。《二十自述》是少年李鸿章对自己前十多年读书生涯的一个总结，同时亦是他的得意之作。

写到这里，忽然想到十载寒窗苦读，李鸿章长长地舒了一口气。

调任直隶总督时的李鸿章

李鸿章一直是争气的孩子，从来没有辜负父亲的期望……他的父亲李文安就是他模仿和学习的榜样。

李文安可算得上是他们李氏家族里开天辟地之人。李文安曾历经多年苦读，屡试不中之后，终于守得云开见月明，于道光十八年考取了进士，光耀门庭，使李家一跃成为当地的名门望族。

也许，后来李鸿章所做之事，概括起来，其实就是子承父业，在父亲所做事情的基础上顺水推舟，完成父亲未竟的事业，把庐州李家推向了一个更加显赫和更加辉煌的位置。

直至后来，有人讥讽说，"宰相合肥天下瘦"，李家的家业阔绰，几乎占据了合肥半条街。这样的规模，堪比从前六朝的金陵王、谢之家。

李鸿章出生于安徽省庐州府合肥县，是家中老二，自幼天资聪慧，勤奋好学，是李文安最为器重的儿子。

李家祖上本姓许，很多很多年以前，为了逃难，许家从江西湖口迁至安徽合肥。到了李鸿章高祖李士俊的时候，家道终于有了转机。李士俊勤俭致富，置办了几顷良田，逐渐壮大了家族的基业。

李鸿章祖父李殿华，曾两次参加省里组织的举人考试，两次皆不中。辛辛苦苦了一辈子都还是个老秀才，于是转而求其次，退居到乡野山间，半耕半读，过上了恬静淡雅的生活。

李鸿章父亲李文安，是李殿华的幼子，字式和，号玉泉。文安自幼多病，跟随兄长李文煜读书，在长兄的严格教导下，奠定了厚实的文化修养和根基。然而，李文安的命运也不是多么顺畅，文安数次参加江南地区组织的乡试，都名落孙山，但他依然坚持不懈。后来，上天似乎感动于他锲而不舍的精神，给了他一次特别的关照，让他终于在1834年考中了举人。从此，他的前途和事业蒸蒸日上。四年后，李文安又中进士，成了一名御史京官。

李鸿章兄弟一共有6人。长兄瀚章，三弟鹤章，四弟蕴章，五弟凤章，六弟昭庆。

由于家教森严，6岁的李鸿章早早就进入了他们家自己兴办的私塾——

棣华书屋。在那里，李鸿章得到了最初的启蒙教育，从懵懂未知的顽劣小童，逐渐长成了博闻强识、侃侃而谈的稳重少年。

父亲李文安是他第一个启蒙老师，父亲的言传身教，对李鸿章一生世界观、价值观的形成起到了极其重要的作用。

李鸿章崇拜父亲的学识，推崇父亲的处世哲学。在他涉世之后的很多重要关头，在他举步维艰、茫然无措之际，总会想起父亲，回忆父亲的谆谆教诲，父亲的形象总在他面前晃动。学识渊博的父亲无时无刻不在影响着他，影响着他做出那些关乎命运的重要决定。

除了来自父亲的言传身教，李鸿章还曾先后拜堂伯李仿仙和合肥当地名士徐子苓为师，孜孜不倦，刻苦钻研经、史、子、集，每每达到废寝忘食的程度，打下了坚实的学问功底。

西人笔下的中国传统私塾

年轻举子

李鸿章接到父亲的来信，学习比从前更加用功了。

乡试的日子已不远，这对他来说是千载难逢的机会。以后出人头地、改变命运，甚至光耀门楣，都要先过了乡试这一关。

弱冠之年的李鸿章，已经懂得很多人生道理。他从来不打无准备的仗，知道付出才会有回报。那些日子，李鸿章足不出户，挑灯夜战，闻鸡起舞。天赋异禀，再加上刻苦用功，不考上也难。

1844年，也就是道光二十四年，21岁的李鸿章顺利地通过了顺天府组织的乡试，成为安徽庐州当地最年轻的举人。

21岁的小举人，在庐州引起了很大的轰动。特别是在比照了李鸿章的祖父和父亲屡试不中的经历后，人们觉得这个初出茅庐的李家少年，生猛鲜活，日后定会成就一番大业。以李鸿章的天赋来看，出人头地似乎也只是迟早的事情。

中举以后，一家人开始给李鸿章操办婚事。他的母亲李氏是因循守旧的女子，遵循"先成家后立业"的古训。李母觉得这是每个跨过弱冠之年的男人都应该遵循的不二法则，古人留下的东西，才是亘古不变的真理。

父母想在李鸿章进京赶考之前，为他娶上一个好媳妇儿。最后，李文安和李氏为儿子李鸿章择定了一个媳妇。这个媳妇，是李鸿章童年的另外一位启蒙老师周菊初的侄孙女。

周家女子比李鸿章大两岁，长得眉清目秀，一副人见人爱的样子：气质不俗，知书达理，又颇识大体。在进京赶考之前李鸿章与周小姐匆忙完婚。

对于这位原配夫人周氏，李鸿章还是比较满意的。在他后来进京赶考时，两人天各一方，一直坚持鸿雁传书。他们靠浓情蜜意的书信，培养出了一段深厚的夫妻感情。这位周氏，给了李鸿章最初的感动和幸福的体验。

李鸿章后来在京城打拼，开拓自己的事业，周氏一直待在安徽老家，悉心照顾李鸿章年迈的母亲。直到李鸿章成为湘军幕僚，成了一个声名显赫的人物，她才随他一起初入幕府。伉俪情深、南征北讨，李鸿章一直对周氏不离不弃。当然，这都是后话。

现在，这个已有家室的21岁男子，正在朝着自己的理想奋斗。

进京赶考，中个进士，成为像父亲那样威风赫赫的京官，是他梦寐以求的事情。现在，他止一步一个脚印地往前走。

赴京赶考

道光二十四年（1844），李鸿章赴京赶考。

后来，他在《禀母书》里这样写道："拜别赴京，于迢迢长路中，托母亲大人洪天贵福，一路平安。与朱世叔坐车至铜山，给车银一两四钱。弃车换马，仆仆于山东大道，攒程进京，已于本月十二日安抵圣都。"

21岁的小伙子，初次远离家乡来到北京。帝都的一切对他来说都是新奇又陌生的存在。车水马龙的街道、鳞次栉比的商铺和喧嚣热闹的场面，这一切让李鸿章心里十分兴奋，与此同时，又生了几分莫名的惆怅之意。

李鸿章突然觉得心里没底。

尽管早有父亲的千叮咛、万嘱咐，有母亲絮絮叨叨的祈愿，妻子细细密密的祝福，但是京城不比庐州。这座足够威严庄重的城市，在这些天里驻扎了许许多多来自全国各地的饱读诗书之人。他们是些和李鸿章一样的人。一

样经过寒窗苦读，一样等着施展抱负，等着一次科举中第，金榜题名，等着从此改变自己的人生。

这里人才济济，卧虎藏龙。

这一次，出入帝都的李鸿章能再续前程，再次复制从前高调中举的辉煌经历吗？

结果，命运在这里突然转向，让李鸿章多了一次历练的机会。

道光二十四年的科考，李鸿章榜上无名。据说，当时其中一位考官就是大名鼎鼎的曾国藩。

我猜想那时的李鸿章，跟很多人一样，等到了发榜当日，诚惶诚恐地挤在簇簇拥拥的人群里，盯着那张长长的榜单，焦急万分地寻找着自己的名字。从榜单的最上面一直追寻到了最下面，他从忐忑不安焦急的渴盼，到了心如死灰。榜单上没有他的名字，于是心里自然难掩一股失望、惆怅、彷徨、无助之情。

曾国藩（1811～1872）

那时的李鸿章，或许想到了唐朝诗人张继的《枫桥夜泊》：

月落乌啼霜满天，江枫渔火对愁眠。

姑苏城外寒山寺，夜半钟声到客船。

北京，这庄严冷漠的皇城，多少人在这里名落孙山，又有多少人直至白了头发却依然在这里痴痴地等待。

北京不是姑苏，这儿没有寒山寺，没有江枫，也没有渔火。但是，有落榜的贡生，一定就会有愁眠的夜晚。

也是这次落榜，让李鸿章狠下决心，继续埋头用功苦读。他总算知道了学海无涯、天外有天、人外有人的道理。

李鸿章的父亲李文安对落榜的儿子并未过多指责，联想到自己多年科举不中的坎坷经历，相反，李文安对李鸿章还是充满信心，觉得儿子李鸿章一定是个可造之才。只要有更好的机遇和更好的平台，相信李鸿章日后一定会飞黄腾达。

不久之后，这位有远见的父亲带着李鸿章去拜会了京城里一位博学广识的大人物。

此人就是后来大名鼎鼎的曾国藩。

当时，曾国藩罹患肺病，住在北京城南报国寺里，偶尔会在心情大好的时候，约三两好友谈古论今。常去的人有刘传莹，曾国藩常常与经学专家刘传莹等谈经论道。

报国寺又叫慈仁寺，曾经是明末清初的大思想家顾炎武的住所。

曾国藩和李文安也有缘，两人同是戊戌科进士出身，平时也多有往来。因了这层特殊关系，曾国藩欣然允诺，答应了李文安的要求，收李鸿章为学生。

我猜想李鸿章跟曾国藩初次见面的情景，一定充满了诸多戏剧性。

当时见面的情景，在北京城南报国寺里，少年的内心，一定印象深刻。

早就听闻曾国藩这个如雷贯耳的名字，他的学问之深，就算放眼整个京城，应该也无人出其右者。曾国藩还是他那一届的主考官，一定批阅过他的考卷，一定觉得他写的那篇文章一无是处吧。

想到这里，李鸿章羞愧地低下了头。

李鸿章对老师的第一印象很好。眼前这个因为病痛的折磨身体略显羸弱的人目光如炬，沉稳内敛，是那种儒雅又不失大智慧的人。

这就是两人初次见面的印象。城南报国寺潜心养病的曾国藩，让初出茅庐的李鸿章有种高山仰止的感觉。

邂逅恩师

李鸿章投靠曾国藩门下，成了曾的一名学生。

曾国藩在桐城派姚鼐所提的"义理""辞章""考据"三条传统的治学标准外，还增加了"经济"，即经世致用的思想。这对日后李鸿章人生信条和价值观的影响很大。

除此之外，曾国藩还按照新的治学标准，编校《经史百家杂钞》这本大书。李鸿章就摇身一变，成了曾国藩最得力的秘书和助手。

两个人朝夕过从，成了无话不谈的好朋友。他们的交往，似乎轻易就逾越了年龄的鸿沟。

曾国藩非常赏识李鸿章的才华，在教会了李鸿章一些基础知识和为人处世的大道理后，就把府上一些重要的事情放手让李鸿章去做，诸如办理行文，批阅公文，起草书牍、奏章一类的事情。李鸿章初次接触这些工作，颇有些吃力，但是在得到了老师曾国藩的谆谆教诲又经耳濡目染和熏陶，再加上他独到的天赋和悟性，不久之后，这些事情李鸿章做起来就得心应手多了。

曾国藩也为有了这个学生而倍感自豪和欣慰。他曾在李鸿章的兄长李翰章面前称赞这个初出茅庐的小伙子："少荃（注：李鸿章字少荃）天资与公牍最相近，所拟奏咨函批，皆有大过人之处。将来建树非凡，或竟青出于蓝亦未可知。"

李鸿章的兄长李翰章是赐进士出身，也曾得到过曾国藩的提携，一直在曾国藩幕下做事。

当然，李鸿章初出茅庐，自然也会有这样那样的缺点。

刚刚有了一些成就，做出了一些成绩后，李鸿章就变得心高气傲，心浮

李鸿章（左）和大哥少瀚章（右）

气躁。他自恃才高，对曾幕的门生统统都瞧不上眼。轻狂、懒惰、好高骛远，这些都是李鸿章初入曾府时给老师曾国藩留下的一些不好的印象。

那时，曾国藩每天起床很早，基本上是在天未亮就起。起来后，曾国藩就招呼门生一起吃饭。一帮人围坐在桌子旁边，听曾国藩谈论学问，间或讨论一些时事、世事。这些门生就在吃饭的时候获得了宝贵的学习和交流的机会。

而李鸿章喜欢睡懒觉，总是赶不上吃早饭的时间。

有一次早餐，一帮人已经围坐好，准备悉心接受老师教导。曾国藩一看还差一个人没来，就铁青着脸色，缄默不语，一直坐着等，一直等了好久。

等到李鸿章醒来，睁着惺忪的睡眼，顾不上洗漱，踉跄跑到饭桌前时，曾国藩终于忍不住发了很大的火，声色俱厉地批评了这位自恃才高的门生："少荃，既入我幕，我有言相告。此处所尚，唯一'诚'字而已。"说毕，曾国藩愤然离席。

赖床这个毛病，在那时的李鸿章看来实在是件微不足道的小事情，小到他都不觉得这是什么问题，甚至可以忽略不计。然而，他的老师曾国藩可不这么认为。

"一年之计在于春,一日之计在于晨",早晨才是最好的学习时间。曾国藩觉得李鸿章既然进入了他的幕府,就必须跟其他门生一样,遵守曾府门生的制度和规定,不能因为自持才高就搞特殊。学生,学生,什么叫作学生?学生就必要有个学生的样子,就必须遵守老师为此制定下的规矩。规矩不能破,规矩一旦破了,就很难再补救。

赖床不起,在曾国藩看来这就是李鸿章为人不诚的表现。

这件事情给李鸿章留下很深的印象,甚至可以说,这件小事情像一场八级地震,颠覆了李鸿章的人生信条。曾国藩声色俱厉的批评,给了李鸿章一个下马威,让他猝不及防。从此,李鸿章小心翼翼地收起了他骨子里的那点傲慢与轻狂,摆正了自己的位置。

李鸿章后来一直坚持早起,这个习惯伴随一生。

进士及第

道光二十七年(1847),李鸿章第二次参加会试。

听说这次主考官是出身徽商又为苏州世家的潘世恩。好多应考的举子都在开考之前,带着良好的祈愿,一厢情愿又千方百计寻找门路前去拜见潘世恩。

李鸿章没有这么做。

上一次名落孙山的惨痛教训,仍然让他记忆犹新。他知道"打铁还需自身硬"的道理,特别是李鸿章后来知道他那次会试的主考官就是曾国藩,这一点,更让他坚定了信心。

执着的理想,老师和家人殷切的期望,让他义无反顾,李鸿章第二次走进了考场——这个人生的第一个大舞台。

拿到考卷，李鸿章稍作思考，就开始奋笔疾书，似乎为这一刻，他已经准备了太久。太久的准备，之后是漫漫无尽的惆怅和孤独。这一次，他似乎志在必得，似乎那些题目对他来说早已烂熟于心。

这一次，李鸿章终于得偿所愿，进士及第。

发榜当日，李鸿章又一次挤进黑压压的人群，心里忐忑难安，盯着长长的榜单，焦急万分地在上面寻觅着自己的名字。从前往后，当看到了第十三个名字之后，就笑着走开了，没有往下再看。

这一年，李鸿章中了进士，虽然没有成为状元，但是成为二甲第十三名的进士。这个成绩，对他来说也已经足够了。

这一年，曾国藩门下除李鸿章以外，还有郭嵩焘、陈鼐、帅远铎等三人同中进士。战果辉煌，老师曾国藩自然笑得很开心。

这样的结果，气煞了京城里另外一些收了许多学生的老学究，那些看起来德高望重最后却又颗粒无收的老学究。

这是丁未年间的事情。所以，李、郭、陈、帅四人又被他们的老师曾国藩亲切地称呼为"丁未四君子"。

朝考发榜后没多久，李鸿章即被任命为翰林院庶吉士。这是李鸿章人生仕途的起始，是他被任命的第一个官职。

庶吉士是皇帝身边的近臣，负责起草诏书，间或为皇帝讲解一些经书要义。

翰林院庶吉士，这个职位是在当年科举及第的进士们当中选择一些有潜质的人来担任的。最重要的目的，是让他们在翰林院得到充分学习和锻炼的机会，之后再根据实际情况授予合适的官职。

1851年，李鸿章庶吉士毕业，因为考试成绩出众，他又被改授为翰林院编修。不久以后又改任武英殿纂修、国史馆协修等职。

李鸿章的仕途蒸蒸日上，稳固根基以后，他在京城里开始广交好友，他是安徽人，所以主要是结交了许多安徽籍的京官。

通过老师曾国藩和他父亲李文安的引荐，李鸿章亲自登门造访，先后拜见了吕贤基、王茂荫、赵畇等好些位高权重的徽籍京官。

李鸿章得到他们的器重和赏识，也是情理之中的事情。

除此之外，李鸿章还与他同年考中进士的一些人经常保持亲密联络，与他们多有往来，建立了良好的友谊。他们时常聚集一起探讨学问，商议国家大事，或者出外郊游、吟诗作赋，等等，不一而足。流觞曲水，列作其次，一觞一咏，畅叙幽情等等，这些活动是联络感情的最好方式。

李鸿章还在京城创办了文学社，请曾国藩出任社长，一堆人志同道合的人，彼此诗文唱和应答，好不热闹。

后来，他们之中的很多人膺任枢臣疆寄，彼此照应，都是因为当年同中进士这种难得的缘分，以及彼此之间慢慢培养起来的交情。

开阔广博的交际圈子，让李鸿章获益匪浅。

初露锋芒

李鸿章最初在曾府做事，得到曾国藩的赏识，还是因为一篇奏章。

初来乍到的李鸿章，写了一篇区区六百多字的奏章，参倒了一个家世背景非常显赫的官员。这在当时引起了很大的非议。也因为这件事情，才让曾国藩开始对李鸿章另眼相看，觉得他这个学生李鸿章绝非等闲之辈。觉得他傲是傲，但是真有那么一点傲的资本。

事情的经过是这样。

同治元年，声势浩大的太平天国军队和清兵在安徽定远、寿州等地相遇。当时，时任安徽巡抚的翁同书弃城而逃。太平天国军队等于是不战而胜，轻而易举地获得了安徽当地好几座城池。

一时之间，舆论哗然。这件事情很快成为朝廷关注的焦点和热点话题。

安徽巡抚翁同书弃城遁逃，弄得人心惶惶。曾国藩想针对这件事情上奏朝廷，发表一些自己的看法。他对翁同书的所作所为十分鄙视，但又苦于翁家家世显赫，不知道奏折该怎么写。

当时，翁同书的父亲翁心存正处高位。翁同书的弟弟翁同龢又是同治皇帝的老师，非常受人尊敬和爱戴。翁同书如此显赫的家世背景，让曾国藩很为难。他想参翁同书一本，又怕因为这样使他成为众矢之的，于是灵机一动，把这个难题交给了他的门生。

曾国藩给他幕下的学生出了一道命题作文——《参翁同书篇》，让他们各自独立完成，分头去做。

这些学生里面当然包括李鸿章。心知肚明的李鸿章当然不会错过这个展露才华的机会。

拿到题目以后，李鸿章略作沉思，心里即刻就有了定论，也有了清晰的思路。李鸿章在最短的时间内完成了老师布置的作文。文章里，他还跟以前那样，有点狂放，有点傲，侃侃而谈，妙笔生花。

后来，曾国藩拿到这些学生作业逐一翻看，其中一篇，突然让他眼前一亮。

这就是李鸿章所写的《参翁同书篇》，这篇文章只有区区六百多字，但句句属实，字字铿锵有力，力透纸背，对翁同书口诛笔伐，读来似乎会让人神共愤。

　　身为封疆大吏，当为朝廷存体制，兼为万古留纲常。今日不为忠言，毕生所学何事？……军兴以来，督抚失守逃遁者皆获重谴，翁同书于定远、寿州两次失守，又酿成苗逆之祸，岂宜逍遥法外？应请旨即将翁同书革职拿问，敕下王大臣九卿会同刑部议罪，以肃军纪而昭炯戒。臣职分所在，例应纠参，不敢以翁同书之门第鼎盛瞻顾迁就。是否有当，伏讫皇上圣鉴训示。

曾国藩看出了这份奏折的高明之处，不仅因为李鸿章痛陈翁同书的若干

罪状，言之凿凿，还因为结尾那句"不敢以翁同书之门第鼎盛瞻顾迁就"。一句话，让朝廷断了为翁同书开脱罪名的念想，委实是杀人不见血的绝妙招数。

读毕奏章，曾国藩连连赞叹，对李鸿章竖起了大拇指："少荃，才可大用！才可大用！"

后来，这篇奏章被曾国藩呈送给了朝廷，没有再做任何修改。

也是因为这篇奏章，曾国藩轻而易举地参倒了弃城逃遁的安徽巡抚翁同书。翁同书被革职拿问，移交刑部议罪。这里面李鸿章的功劳居多。

当然，也是因为这件事，年纪轻轻锋芒毕露的李鸿章就此与翁同书以及翁同书的弟弟翁同龢结下了很深的梁子。

等到后来李鸿章创建北洋舰队时，翁同龢凭借手中权力，从中作梗，多次故意拖欠、克扣北洋舰队的军费，处处与李鸿章为难，跟李鸿章作对。

李鸿章善写奏章，一方面是因为天赋使然，另一方面得益于他在曾府长时间的勤学和苦练。这项技能，成为他后来的一个核心竞争力。李鸿章撰写的奏章，文辞通达，条理清晰，总是能够切中要害。

因此，在翰林院任职的最初几年，李鸿章获得了好多人的赏识。

第二章

弃笔从戎

督办团练

1851年的初夏，对曾国藩来说绝对不是什么美好的日子。从湖南传来了噩耗，曾国藩的母亲病危。收到母亲病危的消息，曾国藩即刻向朝廷申请回湖南老家探亲。

因为事情突然，曾国藩走得就很匆忙。

李鸿章送别老师。在北京城西南不远处的卢沟桥上，师生两人深情厚谊，依依不舍，临别殷勤重寄词，词中有誓两心知。

曾国藩回家不到半年，太平天国军队与清兵之间的战争愈演愈烈。战争如火如荼地进行。由于清兵实力不济，士气低落，因此败仗连连。声势浩大的太平军愈战愈勇，在极短时间内，相继攻占了东南地区几座重要城市。

李鸿章和几位翰林院同僚虽然整日忙于公务，但私下里却无时无刻不在关注着南方迅速燃起的熊熊战火。

李鸿章内心纠结，痛心疾首。国家有危难，他却无能为力。

身为翰林院编修，李鸿章的本职工作就是埋头于堆叠如山的公文书柬里，除了抄抄写写，还是抄抄写写。他只能无奈地看着已经危如累卵的朝廷在与太平天国太平军的较量中一次次落败，一步步滑向黑暗的深渊。

清兵在南方失利的战报，频频传到北京。

李鸿章思绪纷飞，忧心忡忡。

过了不久，他的几名同僚又从外面打听到了战争的最新消息。

清兵连连败退，太平军连连得胜，已经攻破了武汉三镇里的武昌。朝廷

派出的几名督战大臣因为作战不利，已被革职查办。

那个时候，朝廷信任八旗兵，但是八旗兵早已习惯了养尊处优，个个游手好闲，士气涣散，战斗力急剧下降。这些八旗兵军心涣散，再也不复清朝入关之时的威猛之气。此时的朝廷，其实已经到了无兵可用的地步。

当时，新登基的咸丰皇帝，试图用高官厚禄和严刑峻法来影响文官武将，防止绿营兵大面积溃逃，但这些手段却没有多大用处。眼看着满人的军队是靠不住了，皇帝只好想方设法来争取有名望的汉族士绅的支持。

报国无门的李鸿章，在忧心忡忡中度过了这一年。

他的老师曾国藩回乡探亲，也已半年，后来听闻曾国藩母亲病逝的消息，李鸿章心里十分难过，又很震惊。他想也许曾国藩得要很久才能回京，而他这个翰林院编修怎么办呢？他每天除了抄抄写写，弄些无用的东西外还能怎么办呢？

话说第二年春天，太平军势如破竹，又连连取胜，经过了一场激战，攻陷了李鸿章的老家——安徽省省城安庆。安庆城彻底沦陷，安徽抚台蒋文庆毙命。

李鸿章听闻此事后，心急如焚。随后，他匆匆跟同为皖籍京官的吕贤基会晤，向吕贤基陈述了刚刚得到的这条消息：安庆陷落，局势于我们非常不利。如果朝廷再不派兵增援，安徽全省都将可能在极短时间内落入太平军之手。

吕贤基，字羲音，号鹤田，是道光年间进士出身，系安徽旌德人，跟李鸿章是老乡。吕贤基先时任翰林院编修，后又任监察御史，工部侍郎。

这位徽籍京官在和李鸿章同为翰林院编修时多有往来，两人关系不错。以前在工作上，李鸿章还曾做过吕的助手，多次为其执笔撰文，深得吕贤基的赏识。

这个时候，李鸿章禀明来意，希望工部侍郎吕贤基能够出面禀奏朝廷，迅速派兵增援安徽，以解皖地燃眉之急。

然而，吕贤基毕竟阅历丰富，不像李鸿章这么冲动。吕工部不想蹚这趟浑水。他觉得眼前这个热血青年的思想太过激进也实在太过幼稚了。出不出兵那是朝廷的事情，是朝廷的决断，岂是他们这些人能决定得了？都说枪打出头鸟，这句话难道李鸿章就不懂吗？可是后来，吕贤基实在拗不过李鸿章的一再坚持和请求，遂勉强答应下来同意上奏。吕贤基转念又想，既然李鸿章对这事儿很上心，那么奏章还是让李鸿章来写，李鸿章，你不是能写奏章吗，那就由你来写，我只负责上呈就是了。

得到吕贤基的允诺，当晚，李鸿章回到家里，不吃不喝，一坐下来就没再挪动半步，边想边写，不大一会儿工夫，又一篇洋洋洒洒的奏章就写成了。

写好了奏章，经过反复斟酌朗读，觉得没有什么问题之后，李鸿章才长出了一口气，连夜差人将这篇奏章送给工部侍郎吕贤基过目。

隔日，吕贤基便将奏章上呈朝廷。

咸丰皇帝看到奏章，爽快地批准了。正愁没人接手这个烂摊子呢。咸丰皇帝命令吕贤基即刻回安徽老家督办团练，协助剿灭太平军的相关事宜。

木已成舟，工部侍郎吕贤基却很不痛快。回乡办团练，本不是他想做的事情。他是被李鸿章的报国热情捆绑了，才在被迫无奈的情况下上呈了这份奏章。现在，他要奉命回乡督办团练，离开舒适安逸的京城。吕贤基心想，是你李鸿章怂恿我上奏的，我就是死了也要拉上你垫背。

所以，吕贤基出于这种考虑，就又向朝廷推荐了一直抱有宏图之志的李鸿章。他以李鸿章是安徽人且熟悉乡情为由，奏请李鸿章随营帮办一切事物，得到了咸丰皇帝批准。

1852 年的时候，因为太平天国声势高涨，清兵连连败退，南方大片城池尽失，落入了太平军之手。

这一年，李鸿章弃笔从戎，从翰林院里走出来，跟工部侍郎吕贤基一起奉命回到了安徽老家督办团练，准备与太平军对战。

李鸿章随同吕贤基返回安徽老家后，四处宣传募兵政策，发给饷银，征

召安徽当地的散兵游勇、无业游民，对之进行简单军事操练、纪律整顿，希望他们督办的团练有朝一日能够独当一面，成为一支抵抗太平军的中坚力量，以此来为朝廷分忧解难。

愿望是美好的，现实却很残酷。1853年，太平军攻克安徽舒城。当时，镇守舒城的吕贤基羞愧难当，一时想不开，投水自尽了。

这个结果犹如一桶冷水从头浇下，几乎浇灭了安徽青年李鸿章如熊熊烈火般的壮志。初涉军事领域的李鸿章，当时对打仗还没有什么具体的概念，自然也不知太平军的厉害，以为那些自广东、广西一带深山里走出来的蛮子个个都是草包。

其实不然。太平天国是一个有组织、有纪律、有信仰、有追求的团体，其中不乏有将帅之才的人。初期太平天国太平军因为将帅英明，组织纪律严明，众志成城，所向披靡。太平军跟当时腐朽堕落的大清八旗兵、绿营兵相遇，总是能够旗开得胜。太平军如泄闸之洪水，势不可挡。

1853年，太平军凭借其强烈的攻势，上演了一系列的传奇战斗故事，又接连占据了长江下游的几个重要城市。

六朝金粉的南京（即金陵），这个最具江南柔媚和奢靡风情的城市，在这一年脱离了清政府的管辖，成为太平天国的首都——天京。

大清八旗兵听说太平军打来，个个儿闻风丧胆，纷纷弃城而逃。

这是太平天国历史上最辉煌的一年。

走投无路

战事吃紧，太平军似乎在一夜之间成为清政府的心头大患。

举目四望，清一色的满族官员，却无人可用。咸丰皇帝在情急之中，急招曾国藩回京，商议剿灭太平军的具体事宜。

母亲病故，尚未满三年。此时还在湖南老家守丧丁忧的曾国藩，接到了咸丰皇帝的急诏，匆忙收拾行李，日夜兼程，回到了阔别已久的京城。

曾国藩被咸丰帝委以两江总督和钦差大臣的重任，命其督办江南军务，选择洋教头，训练新兵（这就是后来的常胜军）。

军令如山，曾国藩又从京城出发，火速返回湖南老家，准备筹建他的湘军。

当时，正在安徽督办团练的李鸿章，陷入了人生的又一个低谷。本以为弃笔从戎，会是他辉煌军事生涯的良好开端。

未曾料到，随着工部侍郎吕贤基投水而死，安徽大片城池陷落，太平军遍地而起，他竟无力阻挡，协办组织起来的团练被太平军打得一败涂地，根本没有招架之力。

这些纷乱复杂的事情，仿佛一股粗粝的风雪，直冲而来，让李鸿章猝不及防，使得从小就一直自我感觉良好的李鸿章逐渐变得意志消沉，像是突然掉进了万劫不复的深渊，看不到光明和前路。

听闻朝廷终于起用汉族官员，咸丰帝任命了曾国藩为两江总督，督办江南军务，组建湘军等事宜，李鸿章便想到了曾国藩，想到他已经好久未曾谋面的老师，于是决定南下湖南投奔老师。

毕竟多日不见，再次重逢，两人打量对方，都有一种劫后余生的喜悦。

李鸿章对老师遭遇的丧母之痛表示了深切的同情。之后，当再次言及眼下战局的危急，李鸿章显得忧心忡忡。

曾国藩毕竟年长许多，遇事也能沉着应对，冷静担待，对他这个桀骜不驯的学生，做了一番语重心长的教诲，认为太平军虽然厉害，但是他们采取游击战术，没有后方物资补给，只是攻下了一座一座孤城而已。清军节节败退，也只因八旗和绿营兵缺乏战斗力。现在，朝廷开始重用汉族官吏，也许等到湘军训练齐备，做好了跟太平军打持久战的准备，那时的情形就会跟现在完全不同。

老师的分析入情入理，李鸿章在湘军大营里，又听到外面士兵操练的声音，振聋发聩。这声音让他重新变得斗志昂扬，心里的阴影逐渐消散。他期待胜利，似乎胜利唾手可得，似乎太平军根本就不堪一击。

这一年，在军旅之途摸爬滚打过之后，带着些许失意和寥落，李鸿章重新投靠在了老师曾国藩的门下，做了一名湘军幕僚。

湘军幕僚

李鸿章到了湘军幕府，又重操旧业，拿起了笔杆子，为曾国藩起草文牍、奏章。是时，他的哥哥李翰章也到了湘军幕府为曾国藩做事，被曾国藩任命远赴江西南昌，协办湘军粮台。

对于湘军训练营的事情、太平军安营扎寨的地方等，曾国藩每隔几日都要给朝廷汇报。这些奏章的起草自然又落到了李鸿章的肩上。

闲暇之余，李鸿章想起那时的冲动，在毫无经验和准备的情况下，怎么就脑子一热，鼓动人家吕工部跟他一起回老家自创天下呢。落魄潦倒的李鸿章，常常在夜里被噩梦惊醒。闲暇之余，他写诗自嘲道："河山破碎新军纪，书剑飘零旧酒徒。"

后来，也是在湘军幕僚生涯的几年里，李鸿章亲历了一次又一次惨烈的斗争。他参与其中，是曾国藩军事智囊团里最重要的一枚棋子。

1860年的大清，太平军大肆搅扰，内忧尚未解决，又来了外患。

英法联军一举攻下了天津，危急存亡之时，慈禧太后携咸丰皇帝匆匆忙忙逃往热河避难。咸丰帝在逃跑途中又下了一道急诏，责令两江总督曾国藩派遣湘军精锐之师迅速北上救援。

曾国藩接到圣旨，思前想后，觉得非常为难，一时之间举棋不定，不知如何是好，似乎左右都是死路一条。

一方面，曾国藩是从小被灌输过中国传统的孔孟之道的儒士，知道携师北上救援帝、后乃是他分内的事情。但此时在两江地区，湘军与太平军激战正酣，若抽调湘军精锐北上，则势必会因寡不敌众而大败于太平军。

大部分幕僚都觉得曾国藩最应该接受朝廷之令，迅速北上救援。太平军只是在长江中下游地区作乱，并未有北上之图。而目前，英法联军已经攻破天津，天津与北京仅有一步之遥，看得出来这些西方蛮夷正在虎视眈眈地盯着北京。若抽掉精锐北上，即使南方政权动荡，对咸丰皇帝和慈禧太后也好交代。

李鸿章坚决反对。当时，李鸿章认为抽调湘军精锐，则势必会给太平军可乘之机。两江地区就会彻底落入太平军之手，成为天王洪秀全的势力范围。而今，尚不知英法联军的具体数目。再者，江、浙地区与北京相隔千里，路途之遥，甚至可以说是鞭长莫及。恐怕湘军未赶到北京城呢，那儿的战争就已经提前结束了。

曾国藩最终采纳了李鸿章的意见。事后证明，李鸿章对这件事情做了最正确的预判。

湘军派了一支弱旅北上，应付咸丰皇帝的急诏，当作是支援北京护卫队的工作，而把湘军精锐之师留下来，继续在江浙地区与太平军消耗，做长期战斗的准备。后来，这件事就这么不了了之，咸丰皇帝也没有怪罪下来。

师徒决裂

在湘军大营，李鸿章扮演的角色越来越重要。在成为曾国藩的得力助手后不久，他们之间发生了两次激烈的矛盾。双方各持己见，互不相让，竟至于水火不容。李鸿章一气之下，离开湘军大营，前去江西南昌投奔他的哥哥李翰章。

事情的经过如下：

1853 年，曾国藩筹建湘军时，他的湖南老乡李元度也慕名而来，加入了曾国藩的湘军幕府。李元度是一名出色的军事指挥家，在湘军与太平军最初对垒和激战的几年，湘军节节败退，曾国藩看不到希望，数度想要投河自尽，效仿工部侍郎吕贤基的做法。是李元度给了曾国藩军事上有力的支持，也是李元度给了他精神上足够的安慰和鼓励，才使曾国藩能够坚持下来。

后来，曾国藩提拔李元度当上了徽宁池太广道，主要任务是驻防徽州。而李元度却自恃强大、违背军令，擅自出征太平军，不料吃了一次败仗。后果很严重，徽州城池沦陷，为太平军所占领。情急之中，李元度仓皇逃走。

不久之后，实在走投无路的李元度，又回到了曾国藩的湘军大营里，李元度回来后并不请罪领罚，却又再次出走，目无王法，目无军纪。

李元度这些劣迹斑斑的陋习，让曾国藩很恼怒，于是决定上奏朝廷弹劾李元度。

这时候，爱管闲事的李鸿章又站了出来，一副大义凛然的样子，极力劝谏他的老师曾国藩，应该再给李元度一次机会。

"都说'滴水之恩，当涌泉相报'。老师，李元度是你救命恩人。惩治李元度，你就是不仁不义，你就是忘恩负义。"

李鸿章字字铿锵，句句有力。曾国藩瞪大了眼睛，他被激怒了："我怎样惩治下属，现在还轮不到你指手画脚。"

李鸿章没有再说什么，按下了他心中燃烧的怒火。

这件事情过去了没多久，曾国藩又决定将湘军大营迁往安徽祁门，结果又是李鸿章从中阻挠。

李鸿章不同意湘军大营搬迁，站起来发表了自己的看法。他的口齿清晰，辩论得体。一番话，如珠落玉盘，想都不想，"啪啪啪"从嘴里倒了出来。

一来，因为李元度镇守的徽州城已经失守，祁门距离徽州仅有一步之遥，在祁门扎寨安营，等于是自寻死路。二来，因为祁门地势特别，是一个四面被包裹围拢起来的低地。进则不能进，退也无路可退，从战略角度看十分危险。

曾国藩固执己见，听不进劝谏，认为李鸿章这样做简直就是贪生怕死。他气得吹胡子瞪眼，说："诸君如胆怯，可各散去。"

李鸿章终于忍无可忍。这口憋在肚里的窝囊气，呛得他实在难受，于是得理不饶人，用他那咄咄逼人的话语，回敬了曾国藩："若此，则门生不敢拟稿。"

曾国藩也被这个鲁莽的学生激怒了，一时冲动，就把话儿说得很绝："我自属稿。"

这句话犹如当头一棒，猛地一击，敲碎了李鸿章竭力维持的自尊。他自恃才高，自以为是曾国藩的得力助手，可人家又当他是什么呢？也许，这湘军幕僚，多他一个不多，少他一个也不少。

想到了这里，难掩失望之情的李鸿章，心里无端的愤慨。他想既然你不需要我，那我走。我走给你看。我要向你证明，我才不是死皮赖脸地赖在你这里呢。于是，李鸿章愤怒地说："若此，则门生亦将告辞，不能留待矣。"

曾国藩没有挽留。他想，李鸿章啊李鸿章，这可是你自己要走，我从来也没有撵你走。你既然要走，那我也不强留。便道："听君之便！"

听到这里，李鸿章再也没有说什么，就去营房打包了自己的行李和铺盖，不多久就背着铺盖卷走人了。

走出了湘军大营。李鸿章突然觉得前路茫茫，前途茫茫，心里很空。不知道他要去往哪里，也不知道哪里会是他的下一个栖身之所和安身之处。

冰释前嫌

话说胡林翼、郭嵩焘听闻曾、李之间的矛盾后，非常吃惊，出于好意，于是通过各种渠道极力从中劝解和斡旋。

胡林翼，湖南人，时任湖北布政使，系道光十六年的进士出身，跟曾国藩是老乡，又是李鸿章的朋友。郭嵩焘呢，当时在曾国藩处做幕僚，是和李鸿章同一年中的进士。胡、郭二人私交甚笃。那么，作为曾、李两人亲近而信任的胡、郭二人又能否使两人冰释前嫌，再续师生缘呢？

细思当初当日，曾、李撕破了脸皮，曾国藩曾气愤不已地对下属说："不明大义！不达事理！此君难于共患难。"

李鸿章也曾气愤对他几个要好的朋友说："我原以为曾国藩是个正人君子，没想到他气量这么小。单是气量小就算了，却又忘恩负义。李元度曾经救过他的命，是他的救命恩人，如今只是犯了点小错误，曾国藩就要弹劾他，要置他于死地。这种人实在不能与之共事。"

再后来，李鸿章出走以后不久，曾国藩将湘军大营迁往安徽祁门驻扎。果然遇到了太平军的侵扰和突袭，搞得他狼狈不堪，几次又想投水自尽、悬梁上吊。这时候，他才又忆起李鸿章的种种好处来，觉得当初不应该那么冲动，说了那些狠话，失去了李鸿章如同失去了左膀右臂。

而李鸿章离开曾府之后的生活与仕途又如何呢？

李鸿章离开了湖南，回到了安徽老家。此时的安徽，庐州府下辖的区域，已是人心惶惶。而这一年，李鸿章的父亲李文安，也已垂垂老矣。李文安是在儿子之前回到老家安徽督办团练的，后来也以失败告终。暮年老人，整日为太平军的侵扰和肆虐而忧心忡忡，闷在家里喝酒。一次醉酒之后，不幸跌倒，竟不治而气绝身亡。

　　时值兄长李翰章从南昌回来吊丧，继又奉曾国藩之命去南昌总核粮台报销，走投无路的李鸿章便和母亲、妻子等人跟随李翰章一同前往南昌生活。

　　这是李鸿章一生中一段特殊的时光。南昌是个小地方，这里也没有人再来打扰他。他听不到太平军与绿营兵的刺刀对抗和厮杀，听不到湘军训练营的吼喊声，也再收不到北京政府方面那些看来根本毫无道理可言的诏令。

　　日子清幽自在，山静恰似太古，无声无响。每天好吃好喝。

　　早晨起来，出去散步。骤雨初晴的南昌，空气自然清新。他走一段路，看树，看风景，看大街上来往穿梭的行人步履匆忙。不知道是因为以前的工作和生活太忙，还是因为他太闲了，在能够极目远眺的世界里仿佛只有他一个闲人。回家，坐在临窗的桌子前读书习字，在最纷乱复杂的环境里，李鸿章强迫自己做着这些最是怡心静气的事情。

　　母亲健在，妻子通情达理，子女承欢膝下。这样的一副美好景致，委实是不可多得的幸福。

　　短暂的停留过后，日子一久，内心就变成了彻底的虚空。

　　李鸿章依然没有忘记当初的追求。他隐隐觉得自己不能在兄长的庇护下过一辈子。那根本不是他的初衷。度了一段闲散安逸的时日，似乎记忆中那个争强好胜的热血青年，又逐渐复活。

　　国难当头，翻来覆去地想过，他不能只是一味地逃避。逃避不能解决任何问题，也不能剿杀太平军一兵一卒，这样反倒会助长他的消极情绪，助长敌人的嚣张气焰，让他不停地失望，堕入暗地，自我怀疑，甚至于自暴自弃。

　　掐指一算，赋闲在家，似乎已有一年之久。

　　于是，李鸿章在心里盘算着自己可能的去处，就给身在福建的朋友沈葆

桢去了一封信。听说闽地官场新近有了空缺，他透漏自己想去福建补缺的意思。沈葆桢回信说，福建政局糜烂腐朽，并没有多少发展前途。

再次走投无路的李鸿章，又想到了湘军大营，想到了他的老师曾国藩。

他想回去。只有回到湘军幕，在那里待着，学着，熬着，到一定时间，才能有出头之日。可是一想起当日之事，李鸿章还是不由得心悸。他后悔当初意气用事，跟老师曾国藩翻脸，彼此不再信任。怎么才能回去？他能回得去吗？李鸿章懊恼不已。

时值胡林翼、郭嵩焘从中斡旋，有意让师徒二人和解，正是愁苦的李鸿章觉得时机来了，找了个台阶，就去了一封信给曾国藩。信写得诚恳端正，表达悔意，他尽量把姿态放得很低，字字句句，好像一个做错了事的孩子被老师要求写出来的检讨。

学生已经低头认错，当老师的当然也应该大度一点。

曾国藩回信，信中也流露出了歉意："当日之事，我乾坤独断，没有听从少荃你的意见，导致湘军大营接连被敌军突袭。太平天国的忠王李秀成率兵直逼祁门，湘军遭遇重创，实在是我的过错。"

收到回信，李鸿章无比感动，念及以往曾国藩对他的知遇之恩，于是不再计较什么，打包好了行李，匆忙跟家人告别，然后马不停蹄地从南昌回到了湖南湘军大营。

1861年，李鸿章再次回到曾府，二人不计前嫌，又开始了亲密的合作。

在这以后，李鸿章尽量压制自己的个性，虚心求教，变得更加成熟和理性。在曾府，他得到了系统的培训和历练，为日后的辉煌奠定了扎实的基础。

除了自己的本行不放，起草书牍，学习传统知识，亲历军事指挥，担任军事指导外，李鸿章还偷偷学到了些许曾国藩的为人处世之道。

比如，曾国藩常说："成大事者，必先勇于任事，挺身入局。"

比如："谦怀相待，是人际的破门之术。"

比如："先靠自己，别人才靠得住。"

比如："勤字是护官之符，立命之根。"

……

李鸿章默默铭记，默默实践，在后半生的仕途生涯中，曾国藩于平日实践中总结出的这些宝贵经验、金玉良言让他少走了许多弯路。

第三章

淮军统帅

迎来转机

咸丰十一年（1861），曾国藩的弟弟曾国荃所率湘军的一支，在安庆地区与太平军经过了一场恶战。

湘军旗开得胜，安庆复归。

一场久违的胜利，别开生面，非常振奋人心。

安庆是重要的据点。由此，被太平天国占领的其他几座城池被迫与金陵分割开来，成为一座一座散落的孤城。

太平天国的首都，金陵之势日孤，处在了清兵的包围当中。于是，清政府派重兵从两面包围了金陵城。

钦差大臣向荣在金陵城东郊孝陵卫，建起了江南大营。另一位钦差大臣琦善在距离金陵不远的扬州郊外，建起了江北大营。

不久以后，天王洪秀全派其部将李秀成、李世贤等从城内突围，成功摧毁了向荣的江南大营。接着又分兵几路前进，遍扰江浙一带。这样一来，遍地开花的太平军，牵制湘军，使其无法兼顾作战，削弱了湘军的战斗力。

战火硝烟弥漫。浙江沦陷，江苏南部地区控制在清政府手中的仅剩下扬州和上海两座城市。

江南豪绅地主，纷纷拖家带口，纷纷逃难，躲避到了已经形同孤岛的上海。为求得暂时的安稳，这些豪绅共同出资筹备创办了"中外会防局"，依赖其实并不足以依赖的西方雇佣军来稳定上海的时局。

战事日紧，人数和规模皆有限的西方雇佣军，看来已不足以应付太平军的步步紧逼。于是，清政府遂派钱鼎铭等人前往安庆，寻求曾国藩的支援。

曾国藩不动声色，他的湘军主力目前最主要的任务还是应该驻扎在金陵附近，因为金陵是太平天国的老巢，湘军主力根本无暇他顾。

钱鼎铭动之以情，晓之以理，痛哭哀求什么手段都用上了。

钱鼎铭对曾国藩说，曾大人啊曾大人，那些身在上海的江南豪绅是多么想念您，盼望您的湘军，就像饥渴皲裂的土地盼望甘霖和雨露一样。您行行好，给个面子，成不？

钱鼎铭还说，江南豪绅有钱，若可派兵支援，上海的豪绅们每月可以筹足饷银60万两。

这让曾国藩动了心。60万两，白花花的雪花银子，对军费预算本就不足的湘军来说，实在是太有诱惑力了。曾国藩本意让其弟弟曾国荃率领湘军一支部队南下支援上海，但曾国荃惦记着金陵，一心要得金陵之首功，死活不肯前往。亲弟弟派不动，曾国藩无奈只好又转求湘军名将陈世杰。陈世杰以母亲多病为由，委婉地回绝了。

看来看去，只有李鸿章了。

于是，曾国藩找到了他的门生李鸿章。两人商议此事，李鸿章见机，知道自己的机会来了，于是主动表达要为老师分忧解难的愿望。

两人一拍即合。

后来，曾国藩向上推荐了李鸿章。

这个姗姗来迟的机会，像一辆行驶在崎岖之途的车，左右颠簸，摇摇晃晃，它路过早有准备的李鸿章。李鸿章抓住了机会，成功地搭上了车。一路往前，终至平步青云，迈向了他人生和事业的制高点。

曾国藩的推荐李鸿章的奏章，很快获得了咸丰皇帝的批复，朝廷准奏。

李鸿章接到了谕旨，再次回到安徽庐州。这一次他是带着一项光荣的任务回去的。他将要在安徽当地，参照湘军的建制，组建一支训练有素、战斗力非凡的淮军，然后率领他的淮军，挥师南下，痛击长江下游一带气焰嚣张的太平军，他要好好杀杀他们的锐气，把他们统统打趴下。

这是李鸿章一直以来从未放弃的理想。如此坚定不移、忠贞不渝的理想，而今终于有机会实现。李鸿章自然还得感谢他的老师曾国藩的鼎力推荐和支持。

临走之前，曾国藩对李鸿章又做了一番谆谆教诲。

曾国藩一直是个谨小慎微的人，为保万无一失，他把组建湘军时有关的营伍制度、组织纪律、武器配备、薪资粮饷等东西，悉数灌输给了李鸿章，以备其参考使用。

"少荃，招募和训练淮勇并不容易，也不是一朝一夕的事情，你要耐下性子好好干。从前，你在安徽有过督办团练的经验，人熟地熟，也可以参考你过去的一些好的经验嘛。现在，太平军祸害乡邻、四处横行，正当国家缺兵少将之际，你好好干，如果干出了成绩，自然就不愁没有出头之日。"

"谨遵师命。"李鸿章感恩戴德，拜别了老师。

走出了湘军大营，这标志着李鸿章为期五年的幕僚生涯在此时已经算是画上了完满的句号。

他在湘军大营里学到的东西，将在他日后组建和训练淮军以及剿灭太平军时派上大用。

组建淮军

李鸿章回到安庆组建淮军之初，得到多方面的支持，可以说占尽了天时地利人和。淮军得以迅速发展壮大，离不开大家的帮助。

首先是来自合肥地区有识之士的鼎力相助。

在早些时候，合肥地区张树声、张树珊兄弟，周盛波、周盛传兄弟，以及潘鼎新、刘铭传等人，自发组织起来，建筑了坚固的堡垒，抵御流寇，镇守住了合肥，使其免遭侵袭。

李鸿章得到了这些人的鼎力支持。张、周兄弟以及潘、刘等人，听闻李鸿章招募淮军的消息后，积极踊跃地前来投靠。

其次，李鸿章曾经在安徽有过督办团练的经历。

当时的团练旧部，虽然大部分业已解散，但李鸿章因为督办团练在皖地形成了广泛的群众基础。因此，当他再次奉命回乡募勇时，可以说是一呼百应，庐州旧团练的原班人马又纷至沓来，组成了这支淮勇的主要力量。

再者，李鸿章的老师曾国藩担心淮勇的兵力太薄，又从湘军各部调兵借将，拨给李鸿章，作为淮军赠嫁之资。

安徽人程学启，原本是太平天国一位能征善战的将领，因为在太平天国遭受排挤，受到了不公平的待遇，这位铁血汉字后来索性投靠了湘军营，成为曾国藩弟弟曾国荃的部下。

程学启是个久经沙场、作战经验丰富的悍将，智勇双全，名气冠绝当时。

李鸿章始募淮勇，曾国藩就把程学启以及其率领的"开"字营，从曾国荃那里调拨出来，让其跟随李鸿章。程学启后来就一路奋勇，成为淮军的股肱之将。

除了程学启"开"字营外，曾国藩同时调拨给李鸿章的，还有张遇春率领的"春"字营、李济元率领的"济"字营、湖南新勇滕嗣林、滕嗣武兄弟的"林"字营，以及后来加入的陈飞熊的"熊"字营、马先槐的"垣"字营等。

这就是淮军最初的雏形。

当时的淮军形成了 13 个营的建制，每营大约 500 人，总共 6000 多人。李鸿章成为这支 6000 多人的淮军统帅。这是他此前料想不及的事情。

曾几何时，庐州督办团练，惨痛失败的教训历历在目，恍若昨日之事。那时的李鸿章，没有经验，没有人脉，没有资源，只单单凭借一腔热血就信心满满地走到大街上游说庐州当地的老百姓加入他，跟着他出生入死。旧团练没有成规成套的章程和纪律，没有正规正统的指挥和训练，也没有明确清晰的作战计划。

所以，他的庐州团练最终才会以失败告终。

李鸿章手下的淮军将士：淮军不同于八旗和绿营，他们是以乡亲宗族关系为上下纽带。

此次招募淮勇，李鸿章得到了这么多人的鼎力相助。大家的援手，让他的募勇事业进展很顺。

同治元年（1862）二月，湘军统帅曾国藩在李鸿章的陪同下，检阅淮军各营。

那时，淮军6000多人的队伍已经训练完备。初具规模的淮军，整整齐齐，排好了队伍，集结于安庆城内，等待着风尘仆仆赶来的曾国藩和李鸿章，等待他们最终的检阅。

这一刻，标志着淮军正式成立。

李鸿章和他的老师曾国藩阔步向前，两人面对训练有素、整齐划一的淮军队伍，心里充满了自豪之感。

淮军既已建成，保卫上海的任务，自然而然落到了他们头上。曾国藩就派李鸿章亲率队伍赶赴上海。

当时，上海的地方官绅们听说淮军既已练成，不日就要前来上海的大好消息后，高兴得一蹦三尺高，纷纷筹措银两，慷慨解囊，为淮军攒起了路费。

安庆距离上海很远，如果走陆路，必得经过太平天国的领地——天京，也就是金陵城。这就无法避免要与太平军形成正面冲突。然而淮军始建，人数尚不足万，势单力薄，无法跟太平军展开激烈争斗。

因此，要去上海，以当时的环境所迫，只能选择水路前往。

于是，上海地方官绅为表诚意，一共筹措了80万两白银。为掩人耳目，他们雇佣了7艘英国轮船，在船上插了大英帝国的米字旗，从长江入海口出发，迅速驶往安庆，悄悄去迎接已在那儿等待了多日的淮军将领及其6000多人的部从入沪。

轮船一共往返来回三次，终于运完了6000多人。同治元年三月三十日，李鸿章及其亲率的淮军6000多人顺利抵达上海。

轮船停泊在上海码头。上海当地的老百姓很纳闷，他们看见了一支奇怪的队伍，尚不知是敌是友。轮船上走下来的士兵，脚穿芒鞋，衣不蔽体，头上裹着脏兮兮的头巾，后背上印着一个大大的"勇"字。

淮军初到上海，因为装扮奇特，有几分乞丐模样，因此得到了一个特别的称谓——"叫花子军"。这就是后来成为清政府主力国防军的淮军，当时因为人数不足万，规模太小，尚且只能叫作淮勇。

因为募勇有功，李鸿章在这一年迎来了事业上的一次腾飞。在淮军抵达上海的几天以后，他得旨署理江苏巡抚，替下了原来的江苏巡抚薛焕。不久以后得旨，改为实授。李鸿章顺利荣升江苏巡抚。

此时，上海的常胜军制备也不完善，和淮军的境况相似。那个时候，常胜军也刚刚组建，还不能叫常胜军，只能叫洋枪队，他们跟太平天国的太平军打过几仗，试探了两下子，全都以失败告终，灰头土面地逃窜回来。

常胜军头领华尔是美国人，来自美国的马萨诸塞州。那时的华尔，刚刚从中美洲的墨西哥流浪来到上海，在上海找到了自己擅长的营生。华尔招募在上海的外国人，组成了洋枪队，希望帮助清政府镇压遍地四起的太平军。当时清政府也是病急乱投医，实在没有办法，内患遍地，只能放手让一个只上过几个月军事学校却完全没有多少实践经验的洋人为自己分一点忧，解一点难。

李鸿章在上海的淮军士兵，刊登于 1863 年 8 月《伦敦新闻图片报》。

　　李鸿章亲率淮军抵达上海后，为便于管理和统一指挥、调度，在清政府命令下，华尔所率的洋枪队，归到了李鸿章的部下，成为淮军的分支。在一些大的事情上，洋枪队还得听从李鸿章的命令。

　　当时的上海洋枪队，实在看不起这支自安庆前来的"叫花子军"。他们对李鸿章也只是表面服从，背地里议论，口服心不服。及至后来，淮军奋勇拼杀，愈战愈勇，打得太平军节节败退之时，洋枪队才开始对他们的顶头上司李鸿章产生了由衷的佩服之意。

整训改装

　　6000 多人的淮军顺利抵沪后，李鸿章命其向驻扎在上海的洋枪队学习先进的西洋枪炮和阵法。他从外国购买洋枪 40000 多支，用先进的装备武装淮

军。

同时，身为江苏巡抚的李鸿章，利用其在官场上的影响力，开始大规模地扩军。

因为当时，李鸿章虽为江苏巡抚，但政令却难出上海。上海只是一座孤岛，江苏南部大部分地区都还是太平天国的势力范围。

太平军伺机攻取上海的决心不死，让李鸿章深感焦虑。如果仅凭原有的13个营6000多人的队伍，淮军根本无法与太平军抗衡。至于更远的保住上海，收复苏州、常州等地的计划，简直就是痴人说梦。

所以，扩军备战的事情刻不容缓。

李鸿章是个敢想敢做的人。于是，在1862～1864年的两年时间内，李鸿章就把淮军从原来的6000多人迅速扩充到了6万人，人数增长到了原来的10倍之多。

李鸿章扩充淮军，主要从三方面入手。

第一，效仿当初湘军的做法，让淮军各营将帅再回原籍募勇。

1862年夏，李鸿章委派张树生、吴长庆回安徽招募"树"字一营、"铭"字两营、"鼎"字两营、"庆"字两营、"开"字两营，共计九营。

但是此举一出，嫉贤妒能的人很多，从中不断使坏、阻挠。外界也有不同的声音，给李鸿章平添了许多烦恼。

李鸿章为此也向曾国藩发牢骚："新募各营，其有成军启程禀报到辕者，求同行沿途营卡放行，张树生等五营，李世忠来咨，疑为奸细，竟有留难之意。忌嫉多端，千里募军，殊为担心。"

甚至，曾国藩也从上游截流，命令张树生、吴长庆所募的九营军队前去驻守无锡、庐江等地，将其置于无用之地。

所以，淮军从中得到了失败的经验教训，此后再无此举。

第二，收编太平军降众。这是后来淮军扩充的主要途径。

因收编太平军降众，一方面有利于扩大淮军；另一方面，又能从内部瓦解太平军，可谓是一箭双雕、以毒攻毒的上好计策。这对太平天国太平军几乎造成了致命打击。

李鸿章充分发挥了皖籍太平军叛将程学启的带头作用。

李鸿章对程学启很器重，他曾经多次在公开场合称赞程学启为"沪军第一骁将"，说程学启是自己的左膀右臂，说"此公用兵方略为十余年来罕有之将"。

程学启遇到了他事业上的伯乐，自然不辱使命，心向往之，于是回到安徽利用自己的影响力积极鼓动太平军将士叛变，前来上海投靠到淮军阵营。

这一招，收效显著。太平军将士叛变投靠过来的人，成为一股重要的力量，大大扩充了淮军规模。这其中，就包括后来成为太平军劲敌的吴建瀛的"建"字营、钱寿昌的"昌"字营、骆国忠的"忠"字营等。

李鸿章后来写信给湘军部将曾国荃，说起归化太平降将，扩充淮军的事情，字里行间，不无炫耀之色："敝乡人陷在忠党（李秀成部）最多，来归者相望于路……"

第三，收编地主团练。

李鸿章收编的两淮团练，除乘坐由上海士绅租来的巨轮跟随大部队前往上海的铭、鼎、树、庆各营外，还有随后由陆路绕道江北，辗转歧路，抵达上海的亲兵营、"盛"字营和"传"字营。

因洋船不能尽载而滞留安庆的部分淮军，以及新近招募的1000多人，最终由李鸿章的弟弟李鹤章率领，由陆路，绕道淮阳里下河，出海门抵达了上海。

李鸿章对其招募的这些"叫花子军"非常得意。独特的称号，非但没有让他反感，李鸿章倒从里面琢磨出了些许成就和自豪之感。

淮军初到上海，被人嘲笑土里土气，对此李鸿章态度坚决地给予了回击："我的淮军土是土了点，但是他们英勇无畏，信心十足，能打的同时也能抗打，足以经受住最严酷的考验，耐得住最恶劣的环境。对战士们来说，军事过硬，能打胜仗才是最重要的。至于其他的，你说我们奇装异服，你说我们像乞丐，你说我们土，土就土吧。你说你的，我们做我们自己的。"

李鸿章广招贤才，他看重的不是出身、素养、知识和学历这些虚无缥缈的东西，相比于曾国藩的湘军，淮军人员大都是没读过几天书的鲁莽汉子，泼皮无赖，出身都不怎么好。他看重的只是这些人身上无畏的精神、不屈的灵魂，以及对围剿太平军这件事情始终抱有的坚定的信念和浓厚的热情。他把自己的影响力，灌注于这支知识水平和文化素养有限的队伍里，对这些出身不好的将士，放心委以重任。如此，将士们往往能团结一心，心悦诚服，服从于李鸿章的管理。

李鸿章整顿淮军，训练士兵，内容主要包括阵法和扎筑营盘。

淮军每天在营房四周，建筑防御工事。修战壕，挖深沟，做着最后的准备工作，誓要与太平军决一死战。

他们修筑起来的围墙，恢宏壮观，足足有八尺之高，一尺来厚。又找来土块和草袋，垒在围墙外面。同时，在围墙之上，还筑有子墙。

约莫四尺高的子墙，每一块上面都有大小不等的几十个枪眼。这些是给淮军战士们用来站立和瞄准、射击的地方。模拟演练，从枪口处瞄准和射击，一时之间，淮军将士个个摩拳擦掌，似乎早就等不及跟太平军的交战。

除这些最习以为常的作战技能训练和实践外，李鸿章还大张旗鼓地更换了淮军所使用的老式武器和装备。

那些因年代久远，锈迹斑斑的武器，统统被他弃若敝屣，代之以新式的洋枪和劈山炮。李鸿章从德国进口买来了当时先进的洋枪和劈山炮，还专门聘请内行、专家，亲自面授淮军将士如何使用这些新式武器。

李鸿章总是有前瞻性的眼光，他看到淮军可能存在的弱点，便努力弥补，努力缩小淮军和太平军之间的差距。

淮军更换装备，只是一个华丽的转身，他们在战斗力方面便把曾国藩苦心经营几年的湘军甩开了一大截。

当时，因循守旧的湘军所使用的还是一些传统的旧式武器，跟太平军对抗，丝毫不占上风，其战斗力因此大打折扣。在初期的争斗中，湘军也因此吃了好多亏。

淮军抓住了最好的时机，及时更换武器和设备，使其保持了良好的战斗力，让人不可小觑。

淮军水师

李鸿章在创立和扩充淮军陆营的同时，还特地组建了淮军水师，做到了水、陆两军一起发展、齐头并进。

最早的一支淮军水师，是当初在安庆组建的"善"字营。当时，熟悉水战的孙善，成为这支水师的统领。

那个时候，淮军水师仅仅拥有五只炮船，规模还很小，就随淮军陆营一起开赴了上海。

李鸿章抵达上海后，考虑到水师力量薄弱，难堪大任，于是又就地取材，因地制宜，大幅度地收纳和改编了上海的旧有水师防军和苏州、嘉兴等临近几个地方的枪船。

当时，上海的旧有水师防军统领是江南提督曾秉忠。这支水师的原班人马，全部是从广东一带招募而来的无业游民和山野流寇。同时，苏州和嘉兴等地的枪船大约有一万只，数量上非常可观。

李鸿章对沪地的旧有水师和收编而来的苏、嘉地区的枪船进行了再一次的精简和整编，选拔合格的人选，改派曾守忠、蔡渭川、曾敏行等人分别统领。

对于收编而来的枪船，淮军诸将嫌恶、厌弃之情溢于言表。他们皆认为枪船队伍未经系统训练，能力和水平良莠不齐，装备落后，纪律涣散，再看其来源，全是粤地流寇和土匪出身。这样的队伍，于战事上根本没有半点益处，说不定还会拖淮军后腿。

另外，收编而来的水军统领，也对淮军诸将不满。

人人各有各的打算，各有各的考量。整个军营，士气不振，军心涣散至极。

李鸿章看到这种情况，为了照顾淮军的情绪，就对诸将说："枪船成员虽大都是游民土匪，不能冲锋陷阵，但用以侦探和向导则可。"

言下之意，虽然枪船成员对淮军贡献有限，但有它总比没有它要好。

对枪船统领，李鸿章尽量采取笼络和怀柔的政策，对其委以重任，使得上下能够团结一心，众志成城，听命于他。

李鸿章用这样的方式收编了郑国魁、郑国榜等人的枪船，设"魁"字两营。

郑国魁本是安徽盐枭出身，是振臂一呼便可以号令万千的不可多得的组织型人才。这一次，携部下随从南下上海，投靠李鸿章，让他感觉好像突然找到了组织，找到了家。

除此之外，李鸿章还在"铭"军中设水师两营，在"鼎"军和"春"军中设水师一营。

陆军和水师，在李鸿章的竭力组织下，开始和睦相处。他们有了相同的奋斗目标，相同的口号，统一和规范的着装。

至此水军即已组建完毕。剩下的难题，是他的水军和陆军各部统帅缺乏。

于是李鸿章又委托身在上海的外国军官为他的淮军练兵带兵，而他自己亲自上阵监督，有时间就亲自授课，在淮军内部培养出了一大批优秀的军事指挥官。

李鸿章亲力亲为，从安庆到上海的这短短两年时间，他成功地组建了一支纪律严明的淮军，囊括了水、陆两军的威武之师。

第四章

镇压太平军

首战获胜

淮军队伍壮大以后，接到了镇压太平军的任务。

同治元年（1862）十一月，李鸿章率领他麾下整装待发的淮军从上海一路北上，发起了收复苏州和常熟的战役。

常熟太平军守将骆国忠弃城投降。但不久以后，淮军遭遇了由金陵南下而来的太平军。两军在苏、常地区展开了激战。

当时，太平军统领乃是骁勇善战的太平天国忠王李秀成。

在与太平军的不断争斗中，太平军阵营中的后起之秀——李秀成，渐渐变成了李鸿章的一大劲敌。

当太平天国在金陵定都的时候，洪秀全封了五王。当时的李秀成还是个身份卑微的无名小卒，在东王杨秀清门下做侍应。

但是李秀成聪明、机警，同时又有过人的胆识。在东王杨秀清和北王韦昌辉火拼，翼王石达开被猜忌，无奈出走以后，金陵城内人心惶惶之时，善于审时度势的李秀成，迅速地抓住了机会，逐渐成长为太平天国一颗冉冉升起的新星，被洪秀全封为忠王，成为那个时候洪秀全最为依仗和信赖的人。

当时，李鸿章所率的淮军与驻守金陵城西郊江南大营里的清兵互相策应，成功地牵制住了太平军，使其无暇南顾。

李秀成得到了天王洪秀全的命令，亲自率领20万太平军南下，赶赴常熟，准备与淮军死战到底。

李鸿章下令常熟的守将等待援兵。同时，他又派遣刘铭传、潘鼎新、张树珊等部将驾轮船赶赴福山，与驻守于此的太平军展开了激战。在那里，不

足半月的数十场战争，气势高涨的淮军取得了最终的胜利。几乎也是在同时，李鸿章又派遣程学启、李鹤章率部从合力攻取太仓县和昆山县，占据了主动地位。三面同时开火，太平军迫不得已，20万大军兵分几路，最终被淮军一一瓦解。

常熟之围得以解脱的同时，淮军扫清了苏州外围地区的障碍。

后来，针对太平军驻扎的位置和人数多寡不同，李鸿章制订了三路具体的进军计划。

中路由程学启统帅，从昆山作为起点，一直北上，直逼苏州。北路由李鹤章、刘铭传统帅，从他们新近占领之地常熟伺机进攻江阴、无锡，南路则由李鸿章自己统帅，计划进攻吴江和平望，为的是从中间切断浙江地区的太平军增援的道路。

同治二年（1863）七月，中路程学启率领的部从，来到了苏州城下。

太平天国忠王李秀成急忙率军南下增援苏州。

对太平军来说，真是屋漏偏逢连夜雨，非常不巧。他们一路人马在从金陵去往苏州的途中遭遇了由李鹤章、刘铭传统帅的北路淮军。双方在无锡大桥角展开了激战。

由于淮军准备充分，计划周密，战士士气高涨，一路高歌猛进。匆忙应战的太平军，之前毫无心理准备，冤家路窄，他们遭遇了北路淮军，士气低落，无心恋战，没打几下，便纷纷丢盔弃甲，缴械投降。

淮军旗开得胜，李秀成率领的太平军无奈饮恨。

话说苏州城中，自知实力不敌淮军，苏州太平军守将之一的纳王郜永宽的信念很早之前就已经发生了动摇，准备开城投降。只不过他没有得到忠王李秀成的许可，暂时还不能自作主张。

留守苏州的太平军将领，除了郜永宽以外，还有比王伍贵文、康王汪安均、宁王周文佳；天将军范起发、天将军张大洲、天将军汪怀武、天将军汪有为。还有谭绍光和陈炳文，谭、陈二人是在战局危急之时，被李秀成从天京临时调遣南下，前来支援苏州的。

当时，程学启率领部队，驻扎在苏州附近，与太平军展开了激战。

连日激战，双方战斗了不下十余次，最终淮军大获全胜。

太平军在宝带桥、五龙桥、十里亭、虎丘、观音庙等十余个地方修筑的堡垒，全部被淮军攻破。

淮军分部统领郭松林的军队，又在新塘桥附近与敌军遭遇。双方在水上作战，一番激战过后，太平军死伤过万，数百艘船只被夺，损伤惨重。

淮军捷报连连，这对太平军来说，无疑是一个噩耗。太平天国忠王李秀成在天京城里获悉了前方战报，得知太平军战败的消息之后，痛哭流涕，扼腕感叹，急急忙忙率兵前去支援。

自此，淮军名声大振。

李鸿章本人和其所率的淮军，改变了八旗兵和绿营兵为主的清兵留给世人的坏印象。淮军一雪前耻，成为一支威名赫赫的军队，让敌人闻风丧胆。

李鸿章趁热打铁，亲率部队，逼迫苏州城，几乎同时又派遣他的得力助手程学启、常胜军的统领戈登，作为急先锋，在苏州城外与太平军展开拉锯战。

太平军苦苦支撑，失去了苏州城的外廓，于是只好退守内城，死守不出。

久攻不下，李鸿章于是见机行事，又派淮军水师前来助阵，从三面包围了苏州城。太平军被困城内，变成了待宰的羔羊。

苏州与外界失去了联系。没过多久，城内太平军和百姓吃光了粮食。灾难发生的时候，所有人都猝不及防，没有人事先想到战争的惨烈，没有谁能未雨绸缪，提前做好准备。苏州成为一座哀鸿遍野的城市，四处饿殍，满目疮痍。

这个时候，太平天国守城将领——纳王郜永宽，再次产生了叛降之心。这位纳王眼看着大势已去，他想在城内干耗着等死，还不如大开城门，跟淮军谈谈条件，说不定还能换得个富贵和平的后半生呢。

于是，郜永宽把他这个大胆的想法通过秘密手段，透漏给了驻扎在城外的程学启。

程学启以前也是太平天国的一员猛将，投降淮军后，不但获得了李鸿章的信任，还有优厚丰硕的待遇。程学启在淮军的身份和待遇，对郜永宽的诱惑很大。

于是，在一个月黑风高的晚上，纳王郜永宽独自驾一叶小舟，偷偷地出了苏州城。

在城北的阳澄湖上，郜永宽把船停在一处隐秘的地方，然后独自下船，在岸边等了好久，终于见到了姗姗来迟的淮军守将程学启和常胜军统领戈登。

斩杀降将

郜永宽和程学启见面后，寒暄了片刻。

两人之前在太平天国阵营中老早就相识，而且交情不浅。相似的命运，让郜永宽决定走上程学启曾经走过的老路。

程学启因为得到李鸿章的重用，所以就在郜永宽面前说了很多他顶头上司的好话。诸如李鸿章这人一定会善待降将啦，慧眼识英啦，知人善任啦，奖罚分明啦，等等，添油加醋的一番话，让郜永宽对淮军大营充满了向往之情。

随即，双方一拍即合。郜永宽和程学启两人就投降一事签署了秘密的协议。常胜军统领戈登是当时这份降约的见证人和担保人。

协议商定，郜永宽投降，应该要有诚意。那么，向淮军打开城门，斩杀李秀成和谭绍光，并献上二人首级，就是他能给予淮军的最大的诚意。

作为回报，程学启要向李鸿章大力推举郜永宽，许他一个二品官职，并向镇守苏州城的太平天国比王、康王、宁王还有四个天将军许以总兵、副将等十分具有诱惑力的职位和差事。

程学启满口答应。

郜永宽的小算盘似乎被忠王李秀成觉察出来。但是，李秀成没有吭声，自知苏州不保，他趁夜坐船逃出城去。

谭绍光有要事召见郜永宽商议。郜永宽进入了谭绍光帐中，趁其不备，刺杀了这位太平天国守将。

当时的情况很混乱，郜永宽为除却后患，又协同其亲信汪有为，杀死了谭绍光的亲军近千人。

做完了这些，郜永宽便自作主张打开了城门，迎接早已守候在外头多日的淮军部从。

事情总是会出乎人的预料。自作聪明的纳王郜永宽，断然没有想到，他和程学启一样改旗易帜，投降了淮军，但是等待他的却是和程学启截然不同的命运。

一贯喜欢招降纳叛的李鸿章，在看到太平天国这四王和四将的时候，多想了一层。在细细观察这些人之后，李鸿章做出了另外一种决定。李鸿章认为这八个人，其狼子野心昭然若揭。现在他们叛变旧主，投靠淮军，说不定以后还会再次改弦易辙呢。

后来，李鸿章就跟程学启商量，在船舰上设宴款待他们，然后见机行事。

八位降将正吃着饭，放松了警惕，突然听到了外面一声炮响。一伙早已埋伏在此地的士兵冲进来，当机立断，结果了他们八人的性命。

苏州复归，清政府的心腹大患得以解除。

李鸿章因为在此战役中起到了关键性的作用，居功至伟，于是被朝廷加以重赏，授予他太子太保一职。

李鸿章斩杀降将的事情，一度让常胜军统领戈登很是愤怒。

戈登认为李鸿章言而无信，不懂得大是大非。既然答应了对苏州太平军守将纳降之事，就不应该斩杀他们。因此，戈登甚至一度与李鸿章决裂，气愤难耐，拿起短刀，四处追杀李鸿章。

过去了好久，这件事情才渐渐平息。

对于斩杀降将一事，李鸿章也曾有过愧疚。

苏州一战，李鸿章收获颇丰。此役让淮军大大地树立了威信，同时李鸿章又平步青云，被朝廷加授太子太保，实在应该感谢那八个镇守苏州城的太平军降将。

他后来在写《禀母书》时，又向母亲大人提及这件事情："母亲，此事虽太过不仁，然攸关大局，为防止变生肘腋，所以不得不为。"

抢功风波

苏、常既已平定，江苏地区被太平军占领的只剩下一座孤城天京了。

清政府催促李鸿章即刻率淮军前往天京，协助湘军围攻太平天国老巢，李鸿章却迟迟按兵不动。淮军在苏、常地区继续进行军事操练，扩充军备，休养生息。

当时，围攻天京的湘军，是由曾国藩的弟弟曾国荃统帅的。李鸿章对这件事情顾虑重重。朝廷的命令虽然重要，但是官场上的事情，并不是那么简单。这让他很难做人。

如果派兵北上天京助阵，他怕抢了曾国荃的头功，招致曾国荃的猜忌，从而引起湘、淮两军将帅之间的矛盾，造成不必要的麻烦。如果继续按兵不动，朝廷势必会责难于他。

深思熟虑过后，李鸿章做出了决定，索性率领部队南下，赶赴浙江，准备围剿活跃于浙江一代的太平军。

思维缜密的李鸿章万万没想到，此举还是给他惹来了麻烦。

时任闽浙总督的左宗棠，已在此之前得到朝廷授意和曾国藩的支持，率领湘军一支，在浙江地区与太平军征战多日。

李鸿章宣布带兵南下的消息，惹怒了左宗棠。

浙江是左宗棠的势力范围，出没于浙江地区的太平军，自当是左宗棠眼里的"猎物"，堂堂的闽浙总督，怎能容忍李鸿章来跟他争功？卧榻之侧岂能容忍他人鼾睡？

左宗棠咽不下这口气，于是一纸奏章就将李鸿章告到了京城。在左宗棠的眼里，李鸿章"越境掠功"，实属居心叵测之人。

同出于曾幕的左、李二人，就因此事结下了梁子。两人在接下来的仕途中，明争暗斗，互相倒戈拆台，成了一辈子的冤家对头。

天京不能去，浙江也没有去成，李鸿章窝了一肚子火。平心而论，他不是真想去跟谁抢功，只因经不住朝廷一再催促。李鸿章被尴尬地夹在了中间，进退维谷。

从被左宗棠奏了一本之后，李鸿章赶赴浙江的剿匪计划就此搁浅了。岂料朝廷再次催促，让李鸿章带兵前去支援天京。

左宗棠（1812 ～ 1885）

迫于清政府的压力，天京是非去不可，和曾国荃"抢功"的事情再也无法避免，李鸿章只好硬着头皮上了。

同治三年（1864）五月三十日，李鸿章听闻湘军围守天京的攻城地道就快挖成了，于是便派刘铭传、潘鼎新、周盛波等人率领淮军 27 个营的部队，赶赴天京，支援正在那里跟太平军殊死相搏的湘军。

湘军统帅曾国荃听说淮军要来跟他抢功，于是气愤地拿出李鸿章发来的出

兵咨札来激励他的部下：

"他人至矣，艰苦二年以与人耶？"

曾国荃的意思是，眼看着淮军就要来跟我们抢功了，我们辛辛苦苦两年多跟太平军在这里消耗，到底是为了什么？到了最后的攻坚阶段，难道大家就要眼睁睁地看着吗？难道大家就要眼睁睁地将这份功劳拱手相让于淮军吗？

曾国荃用这些话激励湘军部从，居然收到了奇效。湘军众将士众志成城，都愿竭尽全力争下这功劳簿上的头名。

甲光向日"金陵"开

湘军将士得到鼓励，曾国荃率水、陆两军相互策应，把金陵城团团围住，获得了最佳的时机。

金陵城外围，钟山一带坚固的石头堡垒被拔掉，内外隔绝。

城内的世界，浑浑噩噩：粮食都被吃光了，百姓饿得奄奄一息，甚至到了人食人，到了分子易食的地步。金陵城已是朝不保夕。

同治三年六月一日，一个炎热难耐的日子，太平天国天王洪秀全，自知死亡将至的洪天王，最终选择了自尽，时年50岁。

洪秀全是服药而死的。曾经不可一世的太平天国天王洪秀全，自知一切不可逆转，于是选择了服毒自尽，时年51岁。洪秀全闭上了眼睛，仿佛听到声势浩大的湘军攻克了天京，在战鼓轰鸣声中，他感觉自己迷迷糊糊睡过去了，仿佛在睡梦里依旧做着天子的美梦。他还会从睡梦里再次醒来。在某一个细雨酥润的清晨醒来，他依然是温柔乡里风流倜傥的天子形象，住在天京城里，喜欢封王就封王，喜欢纳妾就纳妾，田园风光无限美好，酒池肉林惬意舒畅，好不快活……（注：曾国藩刊刻的《李秀成自述》："天王（洪秀全）斯时焦急，日日烦躁，即以四月二十七日服毒而亡"）。

这个曾经来自粤地的落第秀才，考场失意者，通过布教，获得了大量的追捧和支持者。广西金田起义后，特别是在定都天京后，洪秀全却再不思图大志，一心享受，淫逸奢靡，最终死在了六朝古都——这慵懒华丽的温柔乡里。

洪秀全死后，忠王李秀成辅佐其子洪天贵福即位，成为太平天国第二任天王。

其时，太平天国的势力范围，仅余下金陵这一座孤城。城内太平军势单力孤，苟延残喘。

曾国荃日夜督战，催促将士猛攻坚垒，深挖地道。短短半月时间，已经秘密打通了十余处通往城内的地道。

然而，忠王李秀成也是不可多得的将才。

在天王洪秀全死后，太平天国号令全部出自其手。李秀成指挥调度得当，知人善任，恩威并施，上下一心。

熬过了最难熬的日子后，一天夜里，在湘军放松警惕的时候，李秀成亲率敢死队数百人，从太平门的缺口溜出去，又派遣另外一支敢死队，换了衣裳，假冒清兵，从朝阳门突围冲入了曾国荃的湘军大营，偷偷点了一把火。

火势蔓延起来，湘军大营顿时乱作一团。

突遇太平军袭击，这让曾国荃实在猝不及防，驻扎在此地的湘军大营损伤惨重，几近瓦解，幸亏救援的部队及时赶到，才避免了更大的灾难。

后来，一向行事谨慎的曾国荃更加小心翼翼。围城、督战，亲自指挥湘军在已经挖好的秘密隧道内装好了火药。火药被点燃，爆炸的时候，似乎如万雷般轰隆巨响，天地为之震颤。

金陵城城墙被震断，倒塌了二十余丈。

胜利的曙光显现了。

湘军士兵叱咤奋进，越过了倒塌在地上断成几截的城墙，向城内冲了进

去。城里的太平军做了顽强的殊死抵抗。

弹丸如雨下过后，金陵城已是流血漂橹。湘军将士是踏着太平军堆叠成山的尸体冲入城里去的。

势单力孤的李秀成，在生命的最后时刻，做了以下这些工作：

他把自己惯骑的一匹战马赠予了洪秀全的幼子洪天贵福。临行之前，李秀成秘密嘱咐，又竭尽全力，掩护了这位太平天国的未来接班人成功逃出生天。似乎，在那时的李秀成看来，只要洪天贵福还活着，太平天国就还有复国的希望。只要太平天国还能复国，那么他也还有希望……

然而，人算不如天算。

李秀成没有了马，于是渐渐跟不上队伍，后面又是紧追的敌兵，不得已，只好寻找地方躲藏。最后，他藏在了南京郊外的农民家里，被人发现，报告给了清军。李秀成被俘获。

6个月以后，洪天贵福逃无地方可逃，躲也无地方可躲，最终在南昌被俘。

这标志着太平天国政权就此彻底覆亡了。

清政府借助汉人组织起来的军队，解除了自己的心头大患。曾国藩的湘军和李鸿章的淮军，在这次剿灭太平军的系列战役中功不可没，于是清政府论功行赏，重重地嘉奖了这几个能力与见识皆非同一般的汉人官吏。

朝廷论功行赏，这一次湘军得了头功，淮军次之。

因曾国荃率领的湘军，攻下了金陵，捣了太平天国老巢，实在让人印象深刻。清政府加赏两江总督曾国藩太子太保的头衔，封了一等侯，世袭罔替。浙江巡抚曾国荃、江苏巡抚李鸿章都被封为一等伯，赏戴双眼花翎。

这是汉人在当时满人执掌的政权之下能够得到的至高无上的荣耀。

事后，湘军统帅曾国藩亲切地拉住李鸿章的手，向他表示感激之情："少荃，愚兄弟薄面，赖子保全。"

李鸿章笑笑，沉默以对，没有说什么。

大事已定，该得的荣耀，都已经一一收入囊中。

李鸿章最应感谢老师曾国藩的一手提携、谆谆教诲，是曾国藩成就了他，让他从一介书生，默默无闻，到今天的淮军统帅、江苏巡抚、一等肃毅伯、双眼顶戴花翎……他迈上了事业的坦途，向权利的巅峰攀登。

第五章

淮军剿捻

捻军起义

早在 1852 年时，淮北地区就爆发了另一场声势浩大的农民运动。捻军，几乎是和太平天国同时崛起的农民组织，他们揭竿而起，反抗清政府的压迫，登上了历史的大舞台，上演了一场属于自己的话剧。

"捻"，乃指捻绳，引申出来的意思，就是合几股为一股，团结一切可以团结的势力，凝聚一切可以凝聚的力量。

1852 年，安徽淮北地区涡阳、蒙城一带，一场百年不遇的大旱让这些地方的庄稼颗粒无收。

当地的农民，面对皲裂干涸的土地，生活无以为继，于是纷纷撇下镰刀，扔下锄头，走到大街上，加入了反抗封建压迫，自谋生活出路的事业。这就是捻军组织最初的起源。

这些失去生活来源的农民，走上街头，茫然四顾，不久以后，他们很快便找到了一个可以让他们凝聚和团结起来的人——张乐行。

一股新的农民起义，风急火燎地出现在了淮北大地上，响应者众多。

1855 年的夏末，张乐行在雉河集召集了捻军各路首领会盟。

张乐行凭借其出众的影响力和良好的人缘，再次确立了他在这个组织中的领袖地位。会议推举张乐行为盟主，称为"大汉明命王"，又称"大汉盟主"。

有了主子，还得定个地方，以方便联系，同时也是保证日后他们想要做强做大的一个稳固根基。于是，捻军各路首领们在会议上确立了把雉河集作为首都。雉河集这个地方乃是捻军的福地，是他们最初聚义的地方。这次会议同时还宣布信条，制定了严格的《行军条例》，设黄、白、红、黑、蓝五色

旗，同时各旗分别设有旗头。

张乐行自领黄旗，其他各路捻军首领，苏天福、龚德树、韩老万、侯士伟分别担任黑、白、蓝、红各旗的旗头。

捻军效仿清朝八旗制度确立了他们的五旗军制，把当时尚处于分散状态的捻军，初步统一起来，形成了一支强有力的地方组织力量，一时之间变成了清政府的心头大患。

1857年春，捻军最高首领——大汉盟主张乐行，率领十余万军队，渡过淮河，然后一路南下，与北上的太平军将领陈玉成、李秀成部队会师。

张乐行与李秀成作了一次愉快的交谈。后来，就有了二师会盟。捻军自愿接受了太平天国的领导，与太平天国联合作战。

两股势力合二为一，虎虎生威。他们在淮河两岸与清军连续作战，打了很多胜仗，甚至一度攻入了湖北地区。

1858年，张乐行又率捻军主力回到了淮北，一面抗击清军进攻，一面以快速流动的方式主动出击河南、山东、江苏等地。他们以这样的方式，歼灭了大量清军。

似乎在一夜之间，遍地四起的捻军，突然变得声势浩大，让清廷惊出一身冷汗。

1860年的冬天，火烧到了眉毛，清政府在别无他法之时，调遣科尔沁亲王僧格林沁全权督办攻捻战事，以解燃眉之急。

捻军与清兵对决过程中，前期，捻军凭借其浩大的声势数次击败过科尔沁亲王僧格林沁的军队，于是信心满满，以为会再次轻易地击败僧格林沁。但这次捻军实行的战略是消极防御，并未采取主动进攻。因此，僧格林沁的军队在此次战役中大举进攻，大胜捻军。同时，捻军根据地雉河集也被清军占领。

捻军最高首领张乐行，在这次战役中不幸殉难。他潜心计划的宏图，随着始料未及的死亡而迅速夭折了。

捻军中有一个叫张宗禹的将领，带着残余的捻军，誓死抵抗。张宗禹是

1864 年的太平天国宫殿，刊登于 1864 年《伦敦新闻图片报》。

张乐行的侄子，在殊死的抵抗中，这个年轻人看到了捻军起死回生的希望。

直到 1864 年的夏天，太平天国都城天京（金陵）失陷，太平天国灭亡。原太平天国遵王赖文光、淮王邱远才两部军队共计 3000 多人，成为没有组织没有领导的武装力量。他们与张宗禹、仁化邦率领的捻军 3 万多余部在湖北、河南两省边界地带，进行了两军第二次会师。

这次会师，使太平军和捻军的实力得到了进一步增强。那些从前被打散、打残的队伍，再一次聚拢而来，发展装大了起来。

捻军残余部队首领张宗禹被封为太平天国梁王。

原太平天国的遵王赖文光，被推举为这支武装力量的领袖人物。

赖文光总结了捻军与清兵之争失利的原因。一是组织松散，二是武器简

陋，三是缺乏训练。

赖文光吸取了从前的经验教训，重新架构了组织，使其对上级无条件服从。然后，又聘请专门的军事人才，加强训练。接着，他摒弃了捻军在与科尔沁亲王僧格林沁的战斗中使用的落后战术，采用了新的游动战术；最后，赖文光在多方面考量之后，为捻军更换了一批先进的装备，改步兵为骑兵，使得捻军也来了个华丽转身，把一盘散沙、士气涣散的队伍，变成了一支约有 10 万人的精兵铁骑。

高楼寨之战

同治四年（1865）五月，赖文光率领捻军十余万部从，继续北上，在山东曹州高楼寨，这支捻军遭遇了僧格林沁的清兵。

两军展开了激战。因为人数悬殊，捻军大获全胜，一雪前耻。清兵一败涂地，科尔沁亲王僧格林沁连同他的蒙古骑兵 7000 余人，全部被捻军击毙。

一时之间，清廷为之震动，朝野上下议论纷纷，都在思索如何迅速地镇压这场持续了数载，搅扰得四方之内不得安宁的"捻乱"。

事实证明，满人和蒙古人都不能依靠。这种情况下，清政府最后被迫无奈，只得借助汉人剿捻。

那个时候，全国上下赫赫有名的汉人武装力量，当属曾国藩的湘军和李鸿章的淮军了。因为镇压太平军有功，他们被加以高官厚禄。曾国藩被封为太子太保，一等侯。李鸿章被加封为一等肃毅伯，赏戴双眼花翎。

这次，剿捻之事，自然落到了他们二人身上。

僧格林沁和他的 7000 蒙古骑兵阵亡后，同治帝加封曾国藩为钦差大臣，统率他的武装力量——湘军，全权督办剿捻之事。

李鸿章作为曾国藩的副手,自然也加入了进来,率领淮军,一路北上,信誓旦旦,誓与捻军斗争到底。

当时,太平天国运动被镇压后,作为湘军统帅的曾国藩,有意无意地想要削弱湘军的力量。这位在官场上叱咤风云的大人物,做事非常老道。他担心位高权重,遭人嫉恨。所以,为明哲保身,只好采取了这种想当然的自救的办法。

所以,当湘、淮二军北上剿捻,尚未从镇压太平军的兴奋之情里挣脱出来的李鸿章,和闷闷不乐的曾国藩就形成了鲜明的对比。

李鸿章对朝廷赋了的剿捻重任,有着十分的希冀,心里非常期待。

曾国藩则是另外一种态度。患得患失,一方面,害怕剿捻不利,会给自己和他辛苦经营多年的湘军造成不可估量的损失。另一方面,又担心大刀阔斧地前进,倘若剿捻顺利,立下了大功,最后朝廷再次加以封赏,他一个势单力孤的汉人,在满眼皆是满人的朝廷里只会招致更多的猜忌和嫉妒。

所以,一直有所保留的曾国藩,对朝廷委派的剿捻之事,并未全力以赴。他只采取了"以静制动"和"聚兵防河"的攻捻战略。

曾国藩的举措让李鸿章很纳闷。李鸿章实在想不通,一贯雷厉风行的曾国藩为何会有如此举措。

李鸿章主动前去与老师就攻捻战略进行过多次的磋商和交涉,结果曾国藩还是笃定地坚持了原来的主张。

消极求稳的战略,让湘、淮二军在与捻军的初次交锋中,连尝败绩。捻军气势渐胜,一路高歌猛进,大举进攻,成功地粉碎了曾国藩强调和注重的防御战略。

消息传到了京城,因督剿"捻祸"不力,曾国藩被朝廷撤销了钦差大臣一职,返回两江总督之任。原来的钦差大臣,则由风头正劲的李鸿章接任,继续督办剿捻之事。

淮军剿捻

李鸿章接过了老师曾国藩的帅印，开始计划大刀阔斧地执行他那些早已在心里谋划了多日的剿捻计划。

当李鸿章派人去曾府取帅印时，曾国藩显得很失落。

此时李鸿章的身份又变了。钦差大臣李鸿章带着清政府的期盼和期许，亲率淮军十数万人，从安徽一路北上剿捻。

初次北上，淮军盲目冒进，栽了好多跟头。罗家集、倒树湾、尹隆河、六神巷——北上的淮军和驻扎在此四个地方的捻军相遇。结果，淮军由于不熟悉地形，盲目冒进，中了捻军的埋伏和包围，接连溃败，毫无招架之力。

初次战争失利，淮军惨败。争功心切的李鸿章，才从盲目冒进的大梦中苏醒。

捻军采用灵活的作战方式，以游击战术为主，打一枪换一个地方。他们善于搞突然袭击，出其不意攻其无备，这让淮军防不胜防。

后来，李鸿章吸取教训，重新改组了队伍。他把数十万的淮军，改编成了"铭""鼎""勋""武毅"四个营。

除此之外，李鸿章还针对捻军的特点，训练了骑兵，增加了骑兵力量。因为捻军主力部队长期在北方平原上驰骋，习惯骑马，而且个个骑艺精湛，这让他们成为马背上的赢家。淮军骑兵追逐捻军一路奔波，眼看着要追上的时候又被捻军轻而易举地甩脱，于是淮军将士们只能"望捻兴叹"。

训练骑兵成为当务之急。

私盐贩子出身的淮军将领刘铭传，一直深得李鸿章的厚爱。这人训练军队、鼓舞士气总有自己的一套绝活儿。

训练骑兵，刘铭传侧重鼓励下士。训练之前，刘铭传翻箱倒柜找来一个价值不菲的元宝，将之吊在淮军大营门口。然后，在看台上点了香，下令骑兵必须在一炷香的时间内绕着营盘跑 3 圈。最先跑完者，可以得到那块元宝。

将帅对下士的鼓舞是有效的。淮军从失利的消极状态里迅速调整过来，重整旗鼓，奋勇操练，个个铆足了劲儿绕着营盘没完没了地跑。直到 3 个月以后，跑得最快的骑兵，已经可以在一炷香的时间内绕着 14 个营盘跑 3 圈了。

对骑兵的突击训练，大大提高了淮军战斗力，他们终于可以跟善于在马背上作战的捻军一决高下了。

同治五年（1866）的秋天，捻军在河南许昌一分为二，分成为东、西二捻。

其中，东捻军由原太平天国遵王赖文光率领，继续留守在河南一带的中原地区，与清军展开周旋。

西捻军由新任梁王张宗禹统帅，继续西行，进入到了陕西境内。

西捻军进入陕西后，因为势单力孤，所以难有大的作为。于是，梁王张宗禹迅速地给自己找到了靠山。他到了陕西，游说当地的回民军队头领，与之缔结了盟约，两军之间开始互通有无，建立了亲密的合作伙伴关系。

西捻军与回民军队配合，共同抗击清兵，取得了灞桥伏击战的胜利。西捻军的势力再一次得到了发展和壮大。接着，他们又继续北上，再图远志，进入到了陕北、山东、河北等地，在广大的北方地区，掀起了很大的动静。

荣升钦差大臣，与捻军几次交手，失利的痛楚仍然在。李鸿章这才明白了曾国藩的用意，理解了曾国藩当初消极备战的深层含义。也许，曾国藩并不全是为了明哲保身。捻军也未必就是那么好对付。

也许就是"初生牛犊不怕虎"，当时的李鸿章虽被赐以双眼顶戴，但跟老师曾国藩的地位相比，他还是略显卑微。因此，完全没有他老师那样的顾虑，只觉得应该竭尽全力，帮助清政府继续剿捻。捻军已分东、西两部，二者之间因为鞭长莫及，所以很少再有什么联系。

李鸿章决定全力以赴，一心一意，专门腾出手来对付驻扎于河南地区的

东捻军。

淮军在河南地区形成了一个看似松散实则密不透风的包围圈。

东捻军被李鸿章的淮军所包围。迷雾重重的包围圈使东捻军防不胜防，攻无可攻，陷于了被动挨打的局面。东捻军突围不成，一连多日，被淮军围追堵截，只能是疲于应付，逃到哪儿算哪儿。

这一战，东捻军损伤惨重，淮军终于旗开得胜，取得了关键性的胜利。

战败了的赖文光率领其残余的部从，一路逃亡而去。在他们逃亡途中，又被淮军打散，开始四分五裂。有的南下湖北，有的东进山东，有的又辗转于江苏地区。

同治七年（1868）一月，经过了一系列的围追堵截，淮军终于在江苏扬州地区歼灭了东捻军的残余势力。其间，李鸿章采用了"倒守运河"的战略，守住了运河西线，使得捻军失去了最后的机会。

赖文光战死沙场，东捻军被消灭。

这一年的八月，西捻军在北进途中，于山东茌平河畔，遭到了淮军致命一击。

西捻军也于这一年覆亡。

前后持续 13 年之久的"捻祸"自此得以平息，清政府内忧得以解除。

朝廷曾先后委派科尔沁亲王僧格林沁，汉族官员曾国藩、李鸿章，督办剿捻事宜。

先是科尔沁阵亡，接着曾国藩因剿捻不力而被撤职，只有"初生牛犊不怕虎"的李鸿章，冒着风险顶了上去。

李鸿章在短短几年时间内，训练出了一支口碑甚佳、战斗力空前的队伍。李鸿章的淮军成功地镇压了太平军，又顺利剿灭了捻军。两件事情做得同样漂亮、干净、利落。

从此，皖籍汉人官员李鸿章，成为政坛上的又一颗新星。他的成绩斐然，大家有目共睹。李鸿章才可斗量，能力卓越。这一切，让清政府和朝里的满族官员对其啧啧称赞，不由得竖起了大拇指，产生了由衷的敬佩之意。

第六章

事业正当时

告假还乡

　　许久没有休假，长期超负荷工作后，李鸿章开始感觉体力不支，身体日渐消瘦，脸色泛黄。已经到了不得不休息的时候，李鸿章向朝廷上奏请假一个月。

　　得到批准后，他即刻收拾行李返回了安徽老家，一为扫墓省亲，二为好好休养。

　　回到了安徽老家，站在淮北平原荒凉空旷的原野上，一眼望去，熟悉的风景早已不见，乡音已改，鬓毛微衰，他不由得感慨颇多。

　　李鸿章自咸丰八年（1858）由皖北军营调往曾国藩处出任曾府幕僚，到同治七年（1868），十年时间一晃过去了。他的事业从最低处开始，一步步迈上了顶峰。在他被授予淮军统帅之后，开始戎马关山，驰驱南北。先南下扫平太平军，又接着北上清剿捻军，每天机要缠身，大事小事不断。十年时间，他竟然未曾获得一次祭扫亲人亡灵的机会。

　　如今，李鸿章已人到中年。

　　45岁，意味着大半生光景过完了，李鸿章也终于实现了儿时的理想。他是科举时代的幸运儿，考中进士，然后被选为翰林院庶吉士，从少不更事的翰林院编修，通过自己的不懈努力，加上高人相助，一路扶摇直上，做到了钦差大臣之职。高官厚禄，荣华富贵，封妻荫子，荣归故里……他想做的如今都做到了，想要的如今也都有了。只是当梦想变成现实的时候，他并没有想象中那么高兴。为此，他付出了太多，也牺牲了太多……

　　李鸿章的父亲李文安已经故去多年。亡父的坟茔上，衰草疯长。坟前松

树、楸树，早已亭亭如盖。

这一年，李鸿章的母亲也已迈过了 70 岁的门槛。母亲在大哥李翰章的照料下，虽然衣食无忧，但李鸿章仍然觉得很愧疚。他一直忙于事业，在战场上摸爬滚打，无暇他顾，根本没有做到一个儿子应尽的责任。

李鸿章原配夫人周氏，那个温和善良的女子，已于 7 年前亡故，病逝于南昌湘军大营。他在事业最忙碌的时候，为让母亲宽心，强忍悲痛，续弦再娶，与前太子陪读赵昀的女儿赵晓莲，结下了另一段尘世姻缘。

这次，当他回到了阔别已久的家里，面对屋檐下站立成排迎接他的妻儿子女，竟然产生了几分陌生之感。儿女都已长大成人，各自为家，对他显得很生疏。平心而论，他事业上所取得的成就，都是以牺牲家庭为代价的。所以，李鸿章扪心自问，他是个不称职的父亲，也是个不合格的丈夫。

他为此写诗自嘲：

> 半生失计从军易，四海为家行路难。
>
> 惟有娇痴小儿女，几时望月泪能干？
>
> 阿爷他日卸戎装，围坐灯前问字忙。
>
> 天使诗人卧泉石，端教道韫胜才郎。

羁旅生涯，东征西讨，一直忙于军务的李鸿章，曾经不止一次想象这样一种温馨的场景。

当有一天，他脱去了戎装，闲坐在灯前，围着娇痴可爱的小儿女，看着他们乐呵呵地傻笑，为他们解答疑惑，教他们认字念书。他一直想象那样温馨的场景，似乎只有经历了那样，他才能算是个合格的父亲。

可是，一切都来不及了。

当他荣归故里时，儿女们已经长大，再不是会望月掉泪的娇痴小孩。所以，李鸿章只能带着遗憾，沉默无语，静静地呷一口茶，想一想心事。

李鸿章这次回家，1 个月的时间，几乎什么也没做。他喜欢上了安静，大门不出，二门不迈。闲来无事，就在家里读读书，散散步，写写字，只当是一种难得的消遣和娱乐。他抽出很多时间陪伴妻儿子女，以图追回那些随风而逝的亲情。对亲情的留恋和追索，是一种久违的体验，让他获得了片刻尘世的安慰和精神的疗养。

在家静养了1个月，身心愉悦的李鸿章，健康状况得到了明显好转。

湖北巡抚

同治八年（1869）二月，1个月的假期已满，李鸿章依依不舍地离开了安徽老家。辞别亲人，他有太多的遗憾、太多的不舍。接到了朝廷新的任命，奉旨赴任湖北巡抚，他又要开始一番新事业了。

李鸿章接到圣旨不久，便搭乘过往的轮船由江苏一路北上，到达了湖北。

"捻乱"已经肃清，到达湖北后，李鸿章便开始着手向朝廷汇报剿捻的成果和进展，为的是让清政府消除对他这个汉人官员的戒心。李鸿章这才理解了老师曾国藩的无奈，逐渐也产生了"曾国藩式"的担忧，于是主动提出了裁撤军队的计划。

他先后把淮军"勋"字营、"树"字营两营军队遣送到了别处，一次性分发给了他们之前所欠饷银。其余淮军部从，大部分仍然留在江苏。

当时，徐州、宿迁一带属于皖、苏交界地段，常有悍匪流寇，骚扰滋事。有一次，事情闹得很大。李鸿章派遣淮军将领吴长庆协同徐州镇道，缉拿了滋事之人。

李鸿章到湖北赴任，轻装上阵，随行时他只带上了郭松林、周盛传的马队。

同治八年（1869）四月，李鸿章刚刚升任湖北巡抚没多久，就接到了朝廷的命令，让他派兵镇守襄樊荆子关。荆子关地处湖北和河南的交界之处，是中原枢纽、北路咽喉，战略意义非常重要，所以需要重兵把守。

李鸿章急朝廷之所急，迅速调遣淮军11个营的军队，开赴襄樊荆子关，守住了鄂西的门户。

淮军将领周盛波所率部队在河南南阳地区剿捻时犯下了不可饶恕的过错。当时，周盛波所率的营勇刚刚打了胜仗，得到了嘉奖，就有点飘飘然。数十人喝得醉醺醺，在失去行为能力的情况下，他们这伙人和南阳唐县少拜寺的砦民发生了激烈的肢体冲突。周盛波纵容其部从大开杀戒，开炮打死了砦民几十人，奸淫妇女数名，使其受辱自尽。

周盛波的行为，造成了恶劣的影响，给淮军脸上抹了黑。

后来，远在湖北的李鸿章听闻此事后，他阴沉着脸色，一宿没有说话。第二天，李鸿章决定严格执行军纪，不偏私情，对周盛波做出了革职查办的严厉处分。

几名寻衅滋事的淮军士兵，后来被揪出来，承认了错误。李鸿章不为所动，面无表情地遣散他们回家。

李鸿章做出了他认为最正确的决定。

周盛波是周盛传的哥哥。周氏兄弟在李鸿章初次回皖招募淮军时就积极响应号召，加入了进来。周盛波作战经验丰富、战功赫赫。在镇压太平天国和剿捻之战中，立过很多功劳。他的妻子和儿子都因此死在了太平军的屠刀之下。

这样一个军事素养过硬的人，

夫人赵小莲和她的女儿李经溥

李鸿章和儿孙们

偏偏犯下了不可饶恕的错误。

严惩周盛波，可以肃军纪、儆效尤。为重塑淮军的形象考虑，李鸿章痛下决心，拿下了周盛波的军权，让他回家休息，检讨思过。尽管在后来，李鸿章又通过其他方式，向朝廷多次建议，重新恢复了周盛波的官职。然而，从这件事情还是可以看出，李鸿章是赏罚分明、公私分明的。

同治九年（1870），销声匿迹多年的苗民起义又一次气势汹汹地来袭，清政府急派李鸿章前去贵州，督办苗乱之事。

贵州苗民起义，一直是清政府的心头大患。

早在乾隆六十年（1795），贵州苗族就因受地方官员压迫起而作乱。湘、川之地的苗民也纷纷揭竿而起响应。清政府调拨兵力数十万，前前后后用了12年的时间，才平息了这场旷日持久的"苗乱"。

当时，因为清政府在苗人居住区域实行官僚统治和"改土归流"的政策，后来大批汉民迁移到贵州山区，寻求可用于农业耕作的土地。清政府此举破坏了当地苗民的生存习惯和生活秩序。移民压力过大，苗民土地迅速转入汉人之手。恶性循环，不久之后，终于酿成了大祸。

苗民领袖石三保和石柳邓领导武装叛乱，促使大量清军分遣队进入苗区，和石三保率领的苗民展开了一场激战。

战争是血腥而残酷的。虽然，这场旷日持久的战争以清兵最终取胜而告终，苗民领袖石三保被押解进京城，凌迟处死于热河行宫。然而，清政府在此战中损失相当惨重。这次战争，被历史学家称为清朝的"中衰之战"。其中，清兵高、中级将领240多人被打死，总共耗费了800亿两军费。

此次，当"苗乱"再起，清政府一再催促李鸿章前去贵州督办此事。

然而，李鸿章就是按兵不动，待在湖北，迟迟不愿前往。他在给朝廷的奏章中，深入浅出地分析了眼下他所遇到的困难。

打仗是要出人出钱的，而现在淮军粮饷短缺，朝廷又不给解决，即使督师南下黔地，也不能保证淮军就一定能打胜仗。

"臣身历行间数十载，稔知无饷则兵不可用。今黔饷奇拙，臣奉命前去，并未奉增的饷款，必仍不免师老而无功之讥，此饷事之为难也……"

后来，朝廷采纳李鸿章的建议，督促江、浙、两广地区的督臣筹款，解决了援黔的专用饷款之后，李鸿章这才欣然前往。

他的淮军智勇之将，如刘铭传、郭松林、潘鼎新等，都是可以独当一面的良领。朝廷凑足了饷银，将士上下一心欢喜。刘铭传、潘鼎新等人先是去往湖北，和李鸿章就"平苗之事"再三商量。商量妥当之后，便率领部从，跟随李鸿章赶赴贵州苗区，镇压了这场叛乱。

打仗总是艰辛的。陌生的地理环境充满了未知的凶险。淮军初到贵州，由于不适应环境，还是栽了许多跟斗。

黔地多崇山峻岭，气候湿冷，苗民习惯了在这样的地方出没作战。

然而，淮军生长于安徽平原，此前行军作战，也多数是在平原地区，不习惯走山路，攀爬一座陡坡后，便气喘吁吁，不能行动，战斗力急剧减弱。淮军分成几路行进，在黔地的崇山峻岭之中，常常被岩谷所阻，十里五里之后，便声息不通。

恶劣的自然环境，给淮军制造了很大的麻烦。

李鸿章充分领教了他的淮军在黔地作战的艰辛，于是便派专人投入指挥，专门训练，补充山地作战知识，配备急救药品，治疗疟疾，等等。在经过了初期的士气不振、精神萎顿之后，淮军经过了彻底的整顿和休整，迅速适应了当地的环境。他们重振士气，与苗民展开了拉锯战。

双方经过激战，淮军终于凭借其出色的战斗力和顽强的意志平息了这场苗民起义。李鸿章又一次为朝廷立下了汗马功劳。

育婴堂事件

1858 年，第二次鸦片战争结束后不久，欧洲列强之一的法国与清政府签订了《天津条约》。

自此，西方传教士开始大量涌入天津，带来了在西方流行了几百年乃至上千年之久的天主教和基督教。

同治九年（1870）六月，天津天主教堂——圣母得胜堂，接连发生婴儿夭折事件。育婴堂中先后有 40 多名婴儿患病而死。

天主教堂里大量婴儿死亡事件，引起了天津民众的注意。

每天，好多民众偷偷跑到坟地围观，有的甚至挖出婴儿的尸体，逐个检查。他们怀疑教堂里的修女不怀好意，以育婴堂为借口，杀死婴儿，作药材之用。

但是，这些风言风语都只是揣测，没有证据。

天津民众本来对传教士就很反感，加上大量婴儿死亡事件，更加重了民众的仇恨心理，以为这些传教士们捡来那些可怜的孤儿，干了不可告人的勾当。

到了六月底，一天，有个叫武兰珍的匪徒被抓到了官府。这人就向官府禀报：传教士王三和望海楼的天主教堂就是凶手，是他们一手策划了这起骇人听闻的阴谋：捡来婴儿，杀死之，然后作药材之用。

武兰珍的口供，激起了民愤。一时之间，天津民众反洋教情绪高涨，纷纷走到大街上，誓要把这些天主教教徒赶出天津。

当时，天津知县刘杰为了弄清事实的真相，押解着武兰珍前去教堂指认那个叫王三的教徒。

后来证明武兰珍撒了谎，圣母德胜堂里并没有一个叫王三的人（遍传堂中之人，该犯并不认识，无从指证）。

当时，法国神父谢福音与三口通商大臣崇厚正在商议这件事情的善后处理办法。这个时候，圣母德胜堂已经被群情激奋的民众团团包围了。

传教士是被冤枉的。那些婴儿本来就身患重病，几乎没有生还的可能。修女们突发慈悲，抱回他们，给他们作临终安慰，没想到却被当地民众误解，居然还有个叫武兰珍的人陷害他们。

传教士与民众发生了激烈的争执。当语言无法解决问题的时候，只能代之以暴力的手段。

双方在教堂门口扭打起来，砖头瓦片一阵乱飞。

法国驻天津领事丰大业（Henry Fontanier）要求崇厚派兵镇压，没有得到满意的答复。丰大业气急败坏，在前往圣母德胜堂的路上遇到了天津知县刘杰。双方理论无果，丰大业怒而开枪，打伤了刘杰的随从和几名仆人。

事发地点已经距离圣母德胜堂很近，有人在路上看见了知县被打，然后跑向教堂，朝着人群高呼。

民众的情绪再一次被煽动起来。数千人聚集的队伍，朝着丰大业冲了上去。结果，丰大业连同他的秘书，在惊愕中死于非命。

圣母得胜堂遭遇了灭顶之灾。

天津教案

"育婴堂事件"引发的天津教案，让法国社会为之震惊。

同治九年（1870）七月，法国驻华公使罗淑亚抵达天津，与中国方面进

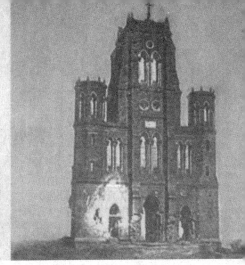

"天津教案"发生地——望海楼

行会晤。罗淑亚对清政府提出的要求包括：惩治凶犯，赔款 50 万两白银，处死天津知府张光藻和直隶提督陈国瑞这些"罪魁祸首"。

罗淑亚用战争威胁：如果清政府在十日之内无法满足他的这些要求，那么法国方面将会宣布对中国开战。

"已驶抵红海的法国第三舰队，以及起航的英国加尔各答舰队，将炸平天津，进攻紫禁城。"

一向怕事的清政府，便把这个烫手山芋丢给了直隶总督曾国藩，命令曾国藩即日起程赶赴天津，与法国驻华公使罗淑亚进行协商，全权处理此事，尽量满足法国方面的要求，以求换得一个和平的结果。

曾国藩带着朝廷颁发的谕旨抵达天津，发布了《谕天津士民》，对天津人民的不冷静行为多有批评和指责。

后来，他见到了快人快语的罗淑亚。两个人就此事进行了一番理论和交谈。

曾国藩对厚葬死者、重修教堂、追究地方官责任等条件，一概同意罗淑亚的要求。但在确认凶手方面，曾国藩发出了自己不同的声音。

他说："常例群殴毙命，以最后下手伤重者当其重罪，此案则当时群愤齐发，聚若云屯，去如鸟散，断不能判其孰先孰后，孰致命，孰不致命……"

曾国藩由此提出了"一命抵一命"的意见。洋人被殴致死 20 人，那么中国官府也可以处决 20 名案犯。

这让罗淑亚目瞪口呆。东方式的自我惩罚，类似于宗族械斗，愚昧落后。

曾国藩就事论事，同意将张光藻、刘杰交由刑部议处，只是因为在教案发生前夕，他们曾张贴布告，宣称有两名人贩子"受人嘱托"，从而助长了谣言的可信度，所以张、刘二人应该为此负责，除此之外，曾国藩便不再答应罗淑亚的其他要求。

罗淑亚一再相逼，曾国藩说："倘若你再逼迫，那么我将惟守死以持之。"

当张光藻和刘杰被发配至黑龙江"效力赎罪"时，曾国藩就拿出 3000 银两，作为张、刘此行的盘缠。此后，他又四处筹集近万两银子，以安抚其家属。在两人临行前，曾国藩又与之促膝长谈至深夜。

判决 15 名案犯后，曾国藩细细翻阅了这些人的卷宗和档案，发现一个叫冯瘸子的人实属误判。然后，又为此事上奏朝廷，释放了这个人。或许是出于怜悯之心，曾国藩对这十几名案犯的家属，给予了每家 500 两银子的赔偿金。

尽管如此，这个委曲求全的交涉结果，还是让朝廷官员和普通民众非常不满。朝廷官员们表达了他们强烈的愤慨，一时之间，曾国藩这个名字就和"卖国贼"画上了等号。

一些在京为官的湘籍人士，以前都是曾国藩的好朋友，这时候，纷纷表达立场，毅然决然地和"卖国贼"划清界限，都以跟"卖国贼"曾国藩是同乡为耻。

当时舆论一片哗然。清政府为平息民怨，又一次翻脸不认人，当即撤销了曾国藩直隶总督的职位，让李鸿章接任。

此时的曾国藩已是精神委顿的老人，走到了人生暮年。

曾国藩卸任了直隶总督之职。随着卸任，他听到了密集如鼓点一般的批评之声，诸如"外惭清议，内疚神明""优柔寡断""才能不过平庸而已""与他的崇高声望名不副实"等等。

在大家眼里，一向雷厉风行的曾国藩突然变得老朽昏聩，平庸无能。

一连串的残酷事实，让他食不甘味，寝不安席，带着遗憾和误会的曾国藩，一年后即去世。

当李鸿章继任直隶总督，负责处理天津教案时，曾国藩知道这其中的困难种种，便以一个过来人的身份询问他的学生："你去与洋人交涉，你准备怎么办？"

李鸿章意味深长地回答："我想……与洋人交涉，不管什么，只同他打痞子腔。"

曾国藩与李鸿章彻夜长谈。

说到了这里，曾国藩突然明白他的学生，也已经宦海沉浮几十年，李鸿章比他更懂得如何应付官场上诸如此类错综复杂的事情，比他更懂得如何才能明哲保身。

"那好，你就按你想的去做吧。"这是曾国藩对他的学生李鸿章最后的叮咛和嘱咐。

李鸿章接替了直隶总督，奉旨办理天津教案，与法国驻华大使罗淑亚重新就有关问题进行了多次商议。

李鸿章吸取老师曾国藩的经验教训，力求与洋人不要形成正面的直接冲突。他用一种痞子的态度，跟洋人打哈哈，不断将谈判的进展，汇报朝廷。

李鸿章曾在一份奏章里这样写道："奏为法国使臣罗淑亚驶至汉口，臣由川境闻信赶回与之商办定议，该使臣已启程取道攀城回京。臣星夜兼程驰回，于二十六日抵鄂，是日该使果已派去法国副领事狄隆同主教梅西满坐轮船溯江迎臣，询知梅主教回汉口将臣在渝议办各使节禀告公使，意见微有参差……"

在另一份奏章里，他又谈到罗淑亚难缠，甚至有点儿不通情理：

"法使罗淑亚必欲将天津府县立即正法，据其照会内称，所闻所查实由府县帮同行凶，又称有主使动手之人，经曾国藩据理驳斥，该使尚悻悻不平……"

再三的磋商，最后的判决结果是将20名死刑犯改为16名死刑和4名缓刑，其余的条件，相比以前都没有什么变化。

李鸿章处理外交事务，态度认真，手段多样，懂得迂回曲折办事。尽管最后磋商的结果，相比之前没有太多变化。但是，法国公使罗淑亚对李鸿章的几句赞扬，还是让清政府大为满意，认为李鸿章在处理外交事务方面的能力要比曾国藩更胜一筹。

于是，在天津教案发生后的 30 年当中，但凡朝廷再有什么重大的外交事件，一切都交由李鸿章全权负责办理。

第七章

洋务运动

师敌长计以制敌

同治十一年（1872），李鸿章因成功调解天津教案，在直隶总督之上又兼任北洋通商大臣，加授武英殿大学士。这一刻，意味着他登上了权力的巅峰。

李鸿章在直隶总督兼北洋通商大臣之任上秉政长达 15 年。在这 15 年的时间里，他参与了清政府有关内政、外交、经济、军事等一系列的重大举措，成为清政府所信赖和依仗的股肱之臣。

李鸿章创建的淮军，因为战斗力出众，影响巨大，在此之后被清政府陆续派去驻防山东、江苏、广西、广东、台湾等地。淮军以其过硬的作风逐渐取代了清朝八旗兵和绿营兵，成为充当国防军角色的常备军。

再后来，李鸿章为主要领袖，以淮军各部主要将领和其幕僚组成的淮系集团，组成了影响力巨大的洋务派。

淮系集团在李鸿章的带领下，开始了中国早期的洋务——自强——近代化运动。

李鸿章主张洋务，主张"师敌长计以制敌"。

以前，总有些傲慢的中国人对西方先进的科学技术嗤之以鼻，称西方人为蛮夷，称那些所谓的现代科技为"奇技淫巧"。然而，随着两次鸦片战争爆发，西方列强凭借先进的武器、装备打得清政府毫无还手之力。清政府像一只垂死挣扎的病猫，任人欺负，只能通过割地赔款求得短暂的安宁。经历这些事情以后，总算让一些迂腐顽固的中国人明白了一个悲哀的事实，即"落后就要挨打"。

魏源先生在他的著作《海国图志》里提出了"师夷长技以制夷"的思想。

李鸿章后来将这句话做了修改，将"夷"改换成"敌"。一个字的差别，看似没什么，但是细嚼之，才能体会李鸿章改动的用意。如此一改，是想让中国人放弃从前那傲慢的姿态，低下头来虚心学习西方先进的科学知识，从而让自己变强变大。

李鸿章提倡洋务，他说："中国士大夫沉浸于章句小楷之积习，武夫悍卒多粗蠢而不加细心，以致用非所学，学非所用。"在此后长达 15 年的时间里，他为中国的洋务运动几乎奉献了自己的后半生。

在洋务运动中，李鸿章做了好多好多的事情。

包括开矿办厂、建筑铁路、开设报馆、翻译馆，派遣留学生到西方各国学习其先进的科学技术知识，等等。只要是外国有的中国没有的，李鸿章都会竭尽全力将其引进来。有时，他甚至亲自俯下身来，像个茫然无知的学生一样继续深入研究学习新知识。他曾从德国引进了一种机器，花费了 3 天时间，研究这台机器的工作原理，然后又将其写成奏章，汇报朝廷，细细陈述之。当时，这个泱泱大国，除李鸿章之外，他写机器工作原理的奏章居然再没有人能看得懂。

李鸿章想通过自己的努力，力图把 19 世纪末期那个死气沉沉的中国从腐朽颓败的泥淖里生拉硬拽出来。

某种程度上，可以说李鸿章倡导的洋务运动延续了晚清政府的生命，延缓了它的衰老和死亡的进程。

从同治二年（1863）至光绪二十年（1894），31 年时间，李鸿章所做的事情大部分都与洋务有关。这 31 年，也是中国以求通过洋务运动实现自强和发展的 31 年。

李鸿章试办江南机器制造局、天津机器制造局、轮船招商局、煤矿、金矿、铁路、电报，开办外国语言文学馆，派遣留学生赴美，实现和日本国的贸易通商关系……

这 31 年，他一个人对中国社会、中国人生活和生产方式的影响，几乎无所不包，无处不在。

许多事情做好了，成为他可以传颂千秋万代的功业。也有许多事情，因各种原因竟至于半途而废。更多的事情，是在中国内忧外患的大环境下做走样了，像一首唱跑调了的歌。

那个时候的李鸿章，已经成为誉满天下的高官。他自视清高，对什么都不放在眼里，自信心开始爆棚。那时的李鸿章也许觉得任何事情只要他想做、只要他愿意做，就一定能够做成。

盲目的自大和自信，导致了他后来的失败。李鸿章言行不一，大讲关系，大徇私情。那些矿务局、电报局、招商局重要岗位上的负责人，大部分都来自淮军集团，来自淮军集团里曾经跟他同生死、共患难的人。李鸿章对这些人委以重任，然而对其才能是否符合岗位需求，是否能够胜任工作，李鸿章却很少过问。结果，导致了这些部门工作效率低下，职能部门机构几乎陷入了瘫痪的境地，却无人问津。

李鸿章所办的商业，无论是机器局还是煤矿、铁矿等，大部分性质都是官督商办。

官督商办，是清政府利用私人资本创办民用工业的一种重要组织形式。最初是为解决军用企业的资金和对原料、燃料、交通运输等需要创办的。这里面的资金，大部分来自民间招募的商贾，有时政府也预先垫付资金，但开办以后需要归还。企业的用人、行政和理财大权全部由官员委任，一般商民无权过问，但是企业盈亏"全归商认，与官无涉"。官方可以坐收渔利，却不承担相应责任。这种企业的封建因素浓厚，组织机构类似衙门，营私舞弊严重，到处充溢着官场中丑陋的积习。

李鸿章兴办洋务，一再被朝廷守旧势力和顽固派阻挠，这些人对他处处设障。结果，李鸿章几乎举步维艰，如履薄冰。

他这31年所做的事情，有好多事情失败了。如果深究其因，其失败的另一个原因，就是为"官督商办"这4个字所累。

江南机器制造局

同治四年（1865）九月，曾国藩和李鸿章在上海共同创办了晚清中国最大的军工企业——江南机器制造局，简称江南制造局，由曾国藩规划，李鸿章实际负责。

这所军工企业建成之后不久，又得到了扩充，先后扩建了十几个分厂，雇用满、汉工人，共 2800 多人，能够制造枪炮、弹药、轮船。后来江南制造局又增加了上海外国语言文学馆、广方言馆等教育机构。

这所军工企业是几个兵工厂中规模最大、财政预算最多的一个。当年投资约 25 万两白银。后来，其每年所需的经费，全部来自淮军军费的截留。

同治六年（1867），曾国藩上奏朝廷从上海海关抽取 10% 的关税，作为机器局补贴之用，又过了两年，补贴的经费提高到了上海海关关税的 20%，相当于每年 40 万两的投入。

江南制造局由最高领导人曾国藩负责督办。

后来，曾国藩卸任。再后来，左宗棠、张之洞等人都曾做过督办，直到李鸿章接任。李鸿章是在任时间最长的督办，也是机器局历任督办中最有威望的督办。

这所军工企业由于有了官员督办，其性质就变成了官督商办。

为了细化领导职责，在督办以下又设立了行政主管。

李鸿章接任督办后，选拔了其淮系集团的亲信冯焌光、沈保靖两个得力助手作为机器局的行政主管。在实际的机械管理方面，李鸿章还是聘请了具有实践经验和扎实理论基础的洋人负责。

江南制造局在投入运营后，因为其规模巨大，从而使得它一跃成为全东亚最大的兵工厂。

厂房、主管、工人、财政拨款……一切事情都已准备妥当后，这所军工企业便开始投入了生产。

在李鸿章的亲力亲为下，江南制造局最先开始了对德国武器的仿制。

同治六年（1867），该厂成功仿制出了德国毛瑟 11mm 的前膛步枪，使用黑火药和铅弹头，威力惊人。这是中国人自己生产的第一种步枪，正常运营后平均每天都可以生产出 15 支毛瑟前膛步枪和弹药。

后来，江南制造局还生产出了中国第一艘自造的汽船。

江南制造局发展到主营造船，李鸿章聘请了造船专家徐寿担任造船总督，开创了造船业的新纪元。

在李鸿章的正确领导下，造船专家徐寿先后主持了十余艘兵轮的设计制造。明轮、暗轮、木壳、铁甲……那时的江南制造局已经无所不能造，其所造船只的吨位从最初的 600 吨发展到了后来的 2800 吨，为中国人自己建造轮船的事业做出了巨大的贡献。

到了 19 世纪末，江南制造局已经成为晚清政府仰仗和依赖的军工企业支柱。制造局如果正常生产，每年可制造子弹 9 万发、地雷 200 枚、枪支 2000 支。

这些中国人自己制造出来的武器装备，缓解了清政府的军事和国防压力。

江南制造局投入生产，其积极作用，就像李鸿章在给朝廷的一篇奏章里说的："庶几取外人长技以成中国之长技，不致见绌相形，斯可有备而无患，有事可以御侮，无事可以示威。"

挑选学生赴美国留学

同治十一年（1872）正月，在曾国藩、李鸿章、容闳等洋务派的支持下，清政府先后派遣四批共 120 名幼童赴美留学。

这是晚清中国开天辟地之大事。

李鸿章上奏朝廷，建议遴选天资聪明的幼童，前赴美国，学习各种中国社会急需的工业技艺和知识。

这件事情关系重大。

远赴万里之遥的美国，而且深造的时间不是一年两年，而需要 15 年到 20 年之久。所以，这是个投入巨大、产出和回报却都极其缓慢的事情。

被选拔出来的学生，需要有坚忍不拔的意志和吃苦耐劳的精神，方可担此大任。假以他日，如若能把这 120 名幼童全部培养成才，锻造成为各行各业里的精英，那就会是非常了不起的事情。

李鸿章为了挑选这 120 名幼童，做了充分的准备工作。带着前瞻性的眼光，他在上海设立了一个赴美留学的专门机构。从全国各地选拔学生。这些学生被选拔出来后，首先要接受为期六个月的培训和考查。考查合格者才会被送往美国学习。

李鸿章严格限定了赴美留学的人数：120 名，再多一个也不要。

之后，又斟酌确定了每批幼童人数为 30 人，先后分为四批，送往美国。

这些学生将来出去以后，不仅要学习外语，还得兼顾着学习中国传统经、史之学。随同幼童一同赴美的，还有几名教授中文课程的老师，负责教授学生们中国传统文化和知识。

李鸿章又根据学生的籍贯、年龄、相貌等分门别类，对其做了详细的登记。

登记完毕后，他再次严明纪律：学生到美国之后，都要勤奋学习。对所学内容，每四个月要进行一次考试测验，不合格者立即取消公费资格。

学生被送出去之前，他们的家长都要代签一份协议。协议里写明的内容包括：赴美留学的时间（15~20 年），签订协议后就不能单方面撕毁协议；不准半途而废，不准加入美国国籍；学成之后需要在外游历两年，增加实践经验，然后回国听从总理衙门统一安排工作，不准擅自在美国另谋职业。

严格的筛选制度，确保了留学生的质量。

同治十一年（1872）七月，120名幼童的遴选工作顺利完成。在李鸿章的策划之下，这些懵懂未知的小孩子带着中国人殷切的期盼，漂洋过海，到了大洋彼岸的美国。

后来，这120名学生中，有50多名学生成为佼佼者。他们相继进入了哈佛、哥伦比亚、耶鲁、麻省理工学院等世界一流名校进行学习深造。

这些学生到美国后，以极强的适应性很快便融入了美国社会。在学习课堂知识之余，读英美文学名著，打棒球，生活过得十分充实。留学生当中，不乏精英人才，比如今天我们说得最多的，中国铁路工程的开拓者——詹天佑。

这一切都是李鸿章的功劳。

轮船招商局

同治十一年（1872）十一月，李鸿章奏请朝廷筹办轮船招商局，以把江、浙地区的漕粮运到全国各地，分运漕粮，进而并拓中国海上贸易。

其实这件事情在很早之前就有人提出来过，只是朝廷一直未予重视。

那还是同治七年的事情。当时，还在江苏督抚任内的曾国藩就与江苏道台许道身、同知容闳，三人商议筹造洋船章程，分运漕粮一事。结果，报告打到了总理衙门那儿，就没了下文。总理衙门迟迟未予回应，后来事情就这么不了了之。

四年以后，李鸿章旧事重提。他的奏章，通篇真知灼见，字字恳切，句句在理，使得总理衙门不得不允准李鸿章的建议。他写道："设局招商试办轮船，分运来年江浙漕粮，筹及闽、沪现造轮船，皆不合商船之用，将来机器局兼造商船，诏令华商领雇……"

1901 年的上海外滩轮船招商局大楼

　　对此李鸿章在心里谋划很长时间了。我们现在条件不成熟，但是可以试运营嘛，就是说可以先买洋船进行试验，上海江南机器制造局眼下已经开始造船，生产运营状况良好。不过由于技术不成熟，所造轮船还是显得略微有些笨重，不符合商业用途。等到再过两年，造船技术进一步成熟后，制造局就可以自己制造商业用船，然后租给中国商人，开展海上贸易。

　　李鸿章慧眼识英，选定了一个叫朱其昂的人负责筹办。朱其昂筹办海运十多年，经验丰富，人聪明能干，对商情又极为熟悉，实在是这次筹办海运的不二人选。

　　得到了允准，择定了合适的人选，又向朝廷讨要到了足够的经费。万事皆已俱备，李鸿章立即派朱其昂前往上海设局招商。朱其昂不辱使命，到了上海后，又在上海找来了谙熟商道的几位名人诸如胡光墉、李振玉等共同商议，参考了他们的意见，广泛宣传政策。经过这些人的不断努力，新成立的轮船招商局，商人纷至沓来，提钱来入股的很多。

　　上海和天津地区需要建造栈房、码头，轮船招商局需要规定保险、股份等事宜。这些，都在李鸿章的监督之下，有条不紊地开始做了起来。

商船揽载货物，报关纳税，一切具体事项也都有了章程可依，有了章程可循。

轮船招商局成立之初，就给朝廷派上了大用。

当时，浙江粮道正为浙江省新漕米数较多而船只较少运输困难的事情犯愁。李鸿章得到了消息，就请令朱其昂调拨招商局商船，分运浙江漕粮，解了朝廷的燃眉之急。

轮船招商局的成立，标志着中国海上贸易从此翻开了新的一页，打破了中国海上贸易一直以来被洋人垄断的历史。

从此，中国沿海的许多港口城市，在码头卸货、在海上畅行无阻的身影里，多了中国商船的影子，中国商船逐渐增多。

筹办轮船招商局，是关系国计民生的大事，其目的正如李鸿章自己所说："使我内江、外海之利不致为洋人尽占。"

与日本通商

同治九年（1870）十二月二十六日，日本呼吁与清政府建立通商合作关系。

日本人态度坚决，而清政府一直扭扭捏捏，不肯答应。深谙国际关系的李鸿章，在深入分析这其中利弊后，还是觉得应该开放同日本国之间的通商关系。

一来因为日本已经派遣特使来到了中国，态度坚定，想要与清政府就两国通商之事展开深入谈判。中国没有再次拒绝的道理。

二来通商之事对于两国来说是平等、互惠、互利的关系，没有谁利用谁，

谁欺负谁的道理。

李鸿章觉得既然日本人来也来了，清政府就顺便卖个面子给他们，制定明细的章程，希望两国之间能够通过商贸往来，维持暂时的和平与安宁。

李鸿章向朝廷上奏折，阐明了中国自元朝以后，同日本国之间不断变化不断更改的双边贸易关系。

日本独居东洋小岛，经历两次大的社会变革，特别是明治维新以后，国力空前强大。他们仗着军事力量强大，欺负周边的小国家，横行霸道惯了。

中国自从元世祖以后，切断了与日本的贸易往来。

然而，就是因为贸易往来被切断，中国的东南富庶之地——苏、浙、闽等距离日本岛很近的这几个省份，经常受其骚扰，遗患无穷。

到了大清顺治、嘉庆年间，因为环境转好，两国商议之后又开放了互市通商。日本岛上有丰富的铜矿，那时候中国经常派船前赴日本购置红铜。

咸丰以后，因为南粤等地经常有土匪出没，滋事扰民，持续多年的双边贸易又被废止了。

现在，虽然官方禁止贸易，禁止两国通商往来。然而，苏、浙、闽等地偷偷前去日本长崎做生意的人还是络绎不绝，屡禁不止。日本商人来中国做生意者也绝对不在少数。

中国目前正处于困难时期，特别是庚申以后，苏、浙等地频频遭受西方列强的侵略，太平军到处滋事。内忧外患之际，日本人没有趁机劫掠，而是提出了通商之事，揣测其心，日本暂时只是想要与中国做生意，谋取经济利益而已。

如果再次拒绝了日本人的请求，势必会引发激烈的矛盾。如此，倒还不如投其所好，以诚相待，建立公平、公开、公正的双边贸易关系。放开贸易往来，中国也不会因此损失什么。再者，建立了双边贸易关系后，中国还可以大大方方地派遣特使驻扎于日本，了解日本政府的最新动向，做到知己知彼。

以前的情况是这样，只有各国派遣特使驻扎中国，而中国没有一个驻扎外国的特使，从来也没有。远的西洋国家就不说了，就说我们的近邻日本，日本近在肘腋，野心勃勃，最近又听说他们与西方各国签订了合约，派遣学生去西方发达国家学习先进的技术和知识。日本人的志向坚定，国家迅速发展，不可小觑，终究会成为中国的心头之患。

日本距西方国家非常遥远，但是距中国仅一海之隔。如果拒绝了日本人的请求，他们肯定会视我们为眼中钉、肉中刺。如果签订了通商合约，两国开展贸易往来，短期来看，可以笼络他们为我们所用，保持两国之间的和平与安宁。这对我们来说就是利大于弊。

李鸿章的奏请，清政府经过再三商议后，觉得也有道理，于是开通了日本的通商贸易，缓解了两国之间的矛盾。

第一家电报局

19 世纪 30 年代，电报问世。

19 世纪 70 年代以后，西洋国家相继都有了电报。

李鸿章喜欢钻研和探索这些层出不穷的新鲜玩意儿。起初，西洋有了现代化的枪炮，接着，他们水路有了轮船，陆路有了火轮车。临渊羡鱼，不如退而织网。李鸿章在其经营试办的几个机器制造局里把这些轮船、枪炮、火轮车一一效仿制造了出来。而在数万里的海洋之上，如果想要互通信息呢？

电报的发明解决了这一世纪性的难题。

电报信息通过专用的交换线路，以电信号的方式发送。该信号采用摩尔斯编码，利用电流做载体，实现了人类远距离传输与交换信息。

自西洋人发明电报后，中国的近邻俄罗斯、日本等国纷纷效仿，实现了快速通信和问答。

唯独只有中国，只有中国还是沿用从前古老的通信方式——通过驿站和马传递书信。即使快马加鞭，日行 600 里，这样的速度，跟电报相比还是等同于蜗牛爬行。电报大大加快了信息的流通。

据悉，从遥远的俄国铺设海底电缆一直到上海，实现电报通信，两地之间互通消息，仅仅只需一日。然而，由上海到北京，选择最快的交通工具——轮船，正常情况下也要六七日才能到达。如果遇到恶劣天气，暴风骤雨突降，海道阻塞，那么至少得有十日才能到达。

光绪六年（1880）八月十二日，李鸿章上奏朝廷，建议设立南洋、北洋两个电报局。

现状是，从北洋到南洋之间，调兵遣将，调拨饷银，这些至关重要的事情，都亟需解决。

如果铺设海底电缆，经费会很高，再加之海水腐蚀，电缆的使用寿命也不会很长。

李鸿章建议由天津陆路穿过运河到达江北。再从江北穿过长江到镇江，由镇江通到上海。选择这条路线的好处有二：一是大部分安置的是旱线，铺设的海底电缆长度短，造价低；二是可以与外国架设的电线接通。

李鸿章还对此做了一番预算。预计，这一工程总共花费也不过十数万两白银，而且工期不会很长，在一两年之内就可以完成。

对于资金来源，李鸿章早就想

光绪帝（1871 ～ 1908）

好了点子。设立南北洋电报局，可以仿照之前的轮船招商局，也可以仿照矿务局，制定详细严密的章程，通过招商集资，采取官督商办的形式。

这里，不仅仅是设立一个电报局就完事了。对于中国来说，电报是新事物，一切都得从头做起。首先，应该设立电报学堂，聘请专职老师教习中国学生。这样一步一步来，跟上世界发展的潮流，跟上其他国家前进的脚步，中国便不至于太被动。

李鸿章请求设立南北洋电报局，完全是为了军事防务。他经过反复思量，权衡利弊，才提出了这条建议。没成想，奏折呈上去以后，光绪皇帝还没说什么呢，朝廷那些守旧势力和顽固派就炸开了锅，纷纷起立表态，无不正气凛然的样子。说什么铺设海底电缆，会动摇祖宗根基，是大逆不道之举，会冒犯神灵，等等。

这些阻挠之声，如响雷滚滚，整整几天，徘徊在紫禁城的上空，久久不散，但是，它们并没有能够阻挡住李鸿章。不屈不挠的李鸿章，经过三番五次上奏，他的据理力争，最后还是得到了光绪皇帝的信赖。年轻的光绪皇帝看懂了其中的深意，不顾那些反对的声音，大胆地允准其设立了电报局。

修筑铁路

铁路是一个国家走向富强的必由之路。

中国幅员辽阔，四千多年以来，从秦始皇开始，实现了车同轨，书同文，创立了举世瞩目的繁华。然而，九州万里，南、北、东、西之地，隔阂不能相通。这在极大程度上阻碍了中国的进一步发展。

是铁路让李鸿章看到了希望。

西洋人刚开始修筑铁路，只是为了运煤。大概是在道光初年，西洋人就成功修筑了铁轨。随着技术进步，火车运行速度加快，开始正常运煤，他们也由此获得了源源不断的财富。

李鸿章上奏朝廷建议修筑铁路。这件事情还是遭到了顽固派的百般阻挠。李鸿章已经对这些负面的声音习以为常，所以还是固执己见，千方百计克服各种困难，以求能够顺利修筑起一条属于中国人自己的铁路。

当初试办开平煤矿时，为了运煤，李鸿章就主张修筑铁路，由于资金不足，这一计划才被搁置。后来，为解燃眉之急，在当地挖掘了一条小河。但其运力有限，随开平煤矿产量的增加，河流运输并不能完全满足需要。

李鸿章觉得，"开煤必须修筑铁路"，两样事物相辅相成。当时，铁路已经成为制约煤矿发展的最大因素。

朝廷顽固势力多番阻挠，并没有吓退李鸿章。李鸿章以一人之力与守旧势力进行过数次争辩，他据理力争，多次向朝廷上奏，争取能让光绪皇帝允许他修筑铁路。

光绪六年（1880）十二月，由河北唐山到胥各庄的铁路开始动工。胥各庄是唐山丰南地区的一个小镇。

这是一条由开平煤矿出资修筑的铁路。因为阻力过大，反对的声音太多，修铁路的事光绪皇帝迟迟未予允准。李鸿章便采取了先斩后奏的办法，直到他从开平煤矿筹齐了资金，择定了工程师和技术人员，唐胥铁路正式动工后，李鸿章才再次将此事奏报朝廷。

生米煮成了熟饭，李鸿章以为朝廷面对既成事实，也只能睁一只眼闭一只眼。他准备为此接受一切随之而来的惩罚或者责难，只要唐胥铁路能顺利修成。李鸿章上奏时还故意把唐胥铁路说成是一条运输煤炭的"马路"。

然而，顽固派势力像疯狗一样，紧紧咬着这件事情不放，认为李鸿章是在冒天下之大不韪。

"机车直驶，震动东陵，且喷出黑烟，有伤禾稼。"这是反对派给出的理由。火车在铁轨上行驶，震动的频率和声音太大，会惊动帝王陵，是对祖宗之大不敬。火车冒出的黑烟，对方圆几十里的庄稼遗患无穷。

这些顽固和愚蠢之极的提议，居然能够大行其道，成为反对火车通行的一个个堂而皇之的理由。清政府拗不过这些反对之声，后来他们采取的决定，让后来人每每想起这件事都会忍不住捧腹大笑。

清政府下令禁止机车通行，于是唐胥铁路上行驶的火车，被迫改用驴马牵拉和拖拽。

我们可以想象这一幕滑稽的场面。

唐胥铁路口，几十只膘肥体健的马弓起了腰，使劲地拖拽一辆拉煤火车，而火车卧在铁轨上纹丝不动。又有几匹马，加入进来。不知道一共尝试过多少匹马，才能让载重量巨大的火车在铁轨上开始缓慢移动……

名噪一时的"马拉火车"，让舆论沸腾了。全国上下乃至世界各地一片哗然。清政府一时之间成为让世界瞩目的焦点。

当时在中国的西洋人亲眼看见了"马拉火车"后，百思不得其解。为什么本来是用机械装置，动力机车牵引的火车，到中国后就变成了"马拉火车"？

这也是让李鸿章百思不得其解的事情，他从没想到朝廷顽固派势力会愚蠢到这种地步，荒唐到这种地步。

为让唐胥铁路恢复通车，李鸿章又四处奔走，求爷爷告奶奶，表情和言语之间凝结了他深深的失望之情。

"中国欲求富强之策，舍此莫由焉"。终于，这一幕荒唐的情景戏剧演到这里总算结束了。光绪八年（1882），李鸿章的据理力争，得到了总理衙门醇亲王的大力支持。唐胥铁路上行驶的运煤火车，又重新恢复使用机车牵引。

过了不久，李鸿章又上奏朝廷，建议将唐胥铁路延长130公里，和天津连通。这一提议得到了总理衙门特别是醇亲王的支持。

光绪十二年（1886），醇亲王大驾光临天津，会同李鸿章商议修路的具体事宜。醇亲王奕譞也曾"闻陈言，持偏论"，和朝廷那些保守派一样反对李鸿

章修建铁路。后来经过中法战争后，醇亲王奕譞才深刻认识到了修筑铁路不仅具有商业价值，其军事意义也同样不容小觑。

醇亲王奕譞巧妙地避开了朝廷的那些守旧势力和反对意见，转而对李鸿章的建议赞不绝口。

李鸿章主张修通到唐山至天津的铁路，最好是从胥各庄那里开始修起。这样于情于理都说得过去。唐胥铁路本来是为开平煤矿修筑的一条运煤专线。从胥各庄开始修筑，这样反对的声浪会小一些，并且经过的地方是在李鸿章管辖的直隶境内。李鸿章是直隶总督，在直隶境内修路，成功的把握肯定会更大一些。

李鸿章采取了稳步前进的策略。一点一点，渐进式地向前修筑。

开平矿务局在李鸿章的授权下，为了方便运煤，申请延长运煤专线。于是，唐胥铁路就以这样的方式延长到了芦台附近的阎庄，变成了唐芦铁路，总长从原来的十多公里延长到了四十多公里。

李鸿章趁热打铁，好像是在反对派一时疏忽开始打盹的时候，他便紧紧抓住了这一大好时机，成立了开平铁路公司，通过招商集股的方式筹到了25万两白银。有了资金，又有了醇亲王鼎力相助，李鸿章不再畏手畏脚，做起事来更加大胆。

这一年年底，李鸿章与醇亲王奕譞商议，又将唐芦铁路延长修建到大沽，然后再接着延长修建到天津。

几年的时间，为了修筑铁路，李鸿章的心弦一直绷得紧紧的，随时准备抵御风险，迎接挑战。他是善于抓住机会的人，从来不会浪费一点机会。当周围反对的声浪四起，他没有放弃，他遇到了事业上的贵人——醇亲王奕譞，并且成功地说动了醇亲王来支持他一心想要修筑铁路的宏伟计划。

那一天，当唐津铁路修通后，李鸿章兴奋地坐上了火车，向窗外痴痴地张望，尖锐的汽笛声响过之后，火车缓缓地启动了。火车的快捷和方便，在那个时候其他交通工具根本没有办法与之相提并论。

天津到唐山的铁路平稳坚实，途中因为停车检修暂停了几分钟外，剩下的总共一百三十多公里的路途，一路畅通，没有任何阻塞和拥堵，全程仅仅只花费了一个半时辰。

第八章

北洋舰队

契 机

同治十三年（1874），对中国蓄谋已久的日本，迅速派兵登陆台湾宝岛，企图以强大的海军力量占领我国台湾。

当时，中国海上军事力量相对还比较薄弱。清政府毕其功于一役，聚集全国各地力量，开赴台湾，和日本海军进行了殊死抗争，最终将日本人驱逐出了台湾。

恭亲王奕䜣（1833～1898）

这件事情发生后，引起了朝野上下不小的震动。

一时之间，大家纷纷建言献策，觉得中国已经能够建立，而且现在是时候可以建立一支真正意义上的海上军事力量了。

恭亲王奕䜣心怀天下，针对这一问题，发表看法，提出了六条紧急机要："练兵、简器、造船、筹饷、用人、持久。"

为响应恭亲王的号召，时任浙江巡抚的丁日昌上奏朝廷，提出了《拟海洋水师章程》。在这份章程里，丁日昌详细阐明了自己的观点，建议中国海军分为三

洋建设。其中，北洋舰队负责山东及山东以北的黄海海域，南洋水师负责山东以南及长江以外的东海海域，两广水师负责福建、南海海域。

丁日昌呈上奏折后，满心欢喜地等待着结果。然而，这奏折被压了下来，一拖再拖，一直悬而未决。

建设三支海军，只要想想那笔数目惊人的经费，就会让清政府皱紧眉头。毕竟这么大的事情，需要的经费几乎就是天文数字，没人敢轻易允诺。

后来，洋务派领袖人物李鸿章得到了消息，按捺不住那颗炽热的报国之心，对丁日昌的建议进行了若干修正。李鸿章上奏朝廷，建议"暂弃关外、专顾海防"。

在洋务派的不断努力下，"海防"之论压倒了"塞防"，清政府终于下定决心建设海军。

光绪元年（1875）五月，朝廷下令由沈葆桢和李鸿章分任南北洋大臣，分头建设南洋和北洋舰队。清政府决定每年从海关税收中抽取400万两白银作为海军军费。这400万两白银计划分为两部分，由南洋水师和北洋舰队共用。

沈葆桢卓识远见，在深入分析经费预算后，觉得400万白银用于建设北洋和南洋两支水师远远不够。于是，就顺势卖了人情给李鸿章。沈葆桢建议朝廷将每年所拨400万两白银，全部用于北洋舰队建设。至于南洋水师，可以暂缓几年建设。沈葆桢向朝廷上奏折说："外海水师以先尽北洋创办为宜，分之则难免实力薄而成功缓。"

清政府慎重考虑了沈葆桢的建议。细细思量，每年400万两白银，如果供两支水师共用，每支水师每年平均只能分到200万两，这些钱确实远远不够。

再者，当时日本刚刚攻打了中国宝岛台湾。日本想要乘机进入中国，吞并中国的野心到了昭然若揭的地步。若以威胁论，日本距离中国最近，对中国的潜在威胁最大。建设北洋舰队，最主要的任务就是负责守卫京城和山东半岛。于是，清政府采纳了沈葆桢的建议，决定首先创建北洋舰队。等到日后北洋舰队做大做强后，"以一化三"，变"一洋水师"为"三洋水师"。

于是，北洋舰队的建军之路由此拉开了序幕。建设北洋舰队这一支现代化的海军，就被提上日程，成了当务之急。

购买战舰

　　光绪五年（1879）年初，忙于筹建海防的李鸿章又多了一件事情。他向朝廷上奏，建议购买海军作战设备。

　　新生的中国海军，起步太晚，基础设施太差。因此，迫切需要一种能够打"硬仗"的新式军舰。李鸿章本来想买铁甲舰船，但是因为种种原因，诸如"经费不济、褒贬不一、将才太少"，这计划被无限期地拖延了下来，反而使他备受责难。李鸿章承受着巨大的压力，面对无数的唾沫星子，选择了继续忍耐和等待。

　　考虑到经费问题，李鸿章放弃了继续购买铁甲舰船的计划，而是把目标转向了一种小型巡洋舰——撞击式巡洋舰。

　　这种巡洋舰是由英国著名舰船设计师乔治设计制造而成。撞击式巡洋舰最明显的特征，归纳起来主要有以下几点：

　　1. 相比铁甲舰船，撞击式巡洋舰体积小，造价低。

　　2. 航速快。

　　3. 外观简洁隐蔽，能够利用装备的撞角和大口径火炮对巨大的铁甲舰船造成足够的威胁和打击。

　　以上三点，就是李鸿章之所以相中了撞击式巡洋舰的主要原因。作为晚清重臣的李鸿章，骨子里始终存有与时俱进的一面。他一直对国际海上军事技术的发展保持着浓厚的兴趣和密切的关注。

　　在这一年的八月，经过李鸿章数次上奏，清政府终于松口，决定向英国阿姆斯特朗公司订购两艘撞击式巡洋舰。阿姆斯特朗公司是当时英国赫赫有

名的军火制造商。

李鸿章详细查看图纸，咨询外国军官，终于在光绪五年十二月的一天，敲定了合同，确定了这项合同的若干细则。

两艘军舰总价 15 万英镑，双方约定了支付方式为分期付款，共分三次付清。合同签订后的半年之内支付第一笔 5 万多英镑的款项，此后半年内支付 5 万多英镑，等到设备制造成功后，支付剩余的 5 万英镑。这次国际间的大宗购买行为，由英国丽如银行负责担保，该行从中收取 1% 的佣金。

光绪六年（1880）四月，朝廷按合同约定的内容，将 5 万多英镑汇到了中国海关在丽如银行的固定账户，中国两艘撞击式巡洋舰的建造计划正式启动。这就是后来声名远扬的"扬威"和"超勇"。

"超勇""扬威"两座撞击式巡洋舰，规格基本相同。主要参数如下：

舰长 64 米，宽 9.75 米，时速 15 海里，排水量 1380 吨。主要采用英国 Howthorn 公司生产的两座往复式蒸汽机，配备 6 座锅炉，可容纳 130 个船员。舰上煤舱储量为 250 吨，最大可存储 300 吨。续航能力为 5000 海里 /8 节。这两艘巡洋舰行驶在海洋里，被水下的舱板遮蔽，用煤堆作为保护物，具有很好的隐蔽性。其舰首和舰尾分别配备了一门 25 吨重的新型后膛炮，可以迅速调整角度，对准前方和旁侧的目标射击，威力巨大，足以穿透任何铁甲战舰。

从同治八年（1869）开始，到光绪十三年（1887）为止，整整 18 年时间，以前是为攻打太平军，后来为筹建北洋舰队，李鸿章曾先后从英、德等国订购了很多战舰。还有上海的江南机器制造局、福州造船厂自己制造出来的小型战舰。这些大小不一、用途各异的战舰，一应俱全。其中包括主战舰 4 艘、防御战舰 12 艘、练习舰 2 艘，还有补助舰 4 艘。这些战舰组成的方阵就是后来北洋舰队的基本雏形。

20 多艘战舰，除过前文提到的"超勇""扬威"两座撞击式巡洋舰，"定远""镇远"两座主攻战舰外，还有作为主攻战舰的"经远""来远"；作为防御战舰的"致远""靖远""镇东""镇西""镇南""镇北""镇中""镇边"……

筹办天津水师学堂

光绪六年（1880）七月二十一日，李鸿章上奏朝廷，在天津建立一所现代化的水师学堂。这是为建立北洋舰队所做的另一项准备工作。

因为恭亲王的鼎力支持，李鸿章上奏的这一道关于筹建水师学堂的折子很快就得到了允准。

前船政大臣吴赞诚得到了李鸿章的青睐。李鸿章任命吴赞诚督办水师学堂，具体负责办学事宜。

一年以后，天津水师学堂在李鸿章的督促、吴赞诚具体负责、许许多多人的关注下如期建成。

为学校物色老师，这是最让李鸿章犯难的事情。新式学堂，计划讲授的内容除中国古典的经、史、子、集、文言外，还有英文、船政、海上航行等具有实际用途的东西。这才是天津水师学堂的办学宗旨，需要学有所长的人来讲授。

李鸿章思忖几天，脑子一直还在原地打转。经、史、子集的老师好找，基本上一抓一大把。中国几千年来沿袭的科举制度，主要考的就是这些东西。然而，在他认识的人当中，好像根本没有一个人懂得船政学的内容。聘请外教，撇开沟通上的难度不说，李鸿章又对他们的底子不是很清楚，一时半会儿找不到合适的外教。

后来，李鸿章去福建考察马尾水师学堂。在福建马尾，一个年轻人出现在了李鸿章的视野，让他眼睛一亮。

这就是当年仅仅只有 25 岁的严复。严复出生于福建马尾的名医世家，

1866 年，严复以优异的成绩考入家乡马尾船政学堂，学习轮船驾驶专业。五年后，以优异的成绩毕业。在军舰上工作两年。

光绪三年（1877），李鸿章曾经选派一批人员赴德国和英国学习船政专业。23 岁的严复，就是这些学员里面的一个。他曾先后在英国朴茨茅斯大学、格林威治海军学院学习。回来后，在福州任教。

很多年以后，这个依然年轻、依然博学多识的中国人潜心翻译了一部大部头的西方专著——《天演论》。这部著作让他一时间名声大噪。当然，这都是以后的事情。

李鸿章和严复做过短暂的交流。25 岁的年轻人面对朝廷直隶总督李鸿章，并未有丝毫畏惧之色。学贯中西的他，就像平时跟学生上课那样，侃侃而谈。

他们还就有关天津水师学堂教务方面的问题，做了短暂的交流。李鸿章兴奋不已。慧眼识英，有时候确实是让人兴奋不已的事情。

次年，26 岁的严复在李鸿章的推荐下就任天津水师学堂第一任教务长。

天津水师学堂规定了招生要求，发布了一份简单的招生简章：必须是 14 岁至 17 岁天资聪颖的少年。身无废疾，文字清通，已经读过两三种中国古典经史之书，能够对此发表一些自己的议论。

天津水师学堂在李鸿章、吴赞诚和严复紧锣密鼓的筹备后，如期开课。当时的严复是已经非常西化的中国人，在西洋留学的经历，让他深受西方教育影响，跟李鸿章沟通，两人的想法基本上一致。他们聘用西洋军官教练，仿照西洋那些发达国家海军教习的章程，制定条例和计划。此外，这所学校所需的经费计划将全部从朝廷拨给北洋海防的经费内支取。

有了专家教习，天津水师学堂所教授的内容，又在原来的大体规划上有了具体的细的区分。所有的专业被框定，分成驾驶和管轮两个大科。驾驶科，顾名思义就是学习如何驾驶轮船，学习驾驶各种各样的轮船、战舰，包括清政府刚刚从英国阿姆斯特朗公司订购的撞击式巡洋舰、从其他国家订购的大型主战舰等。管轮科就是专门学习如何管理和维护这些轮船机械。

天津水师学堂因教育才，因材施教，目的性很明确。开设的课程主要有：英语、算学、几何、代数、三角、天文、测量、驾驶、化学、格致等。除此之外，中国传统的那些经、史文义，也在学习范围内。

除了理论课之外，必要的实践课程也被提及。英国海军、德国海军的海上巡演操法，这些实践真知，后来成为必学内容。

天津水师学堂，规定学制五年。其中，前四年在学校学习各种理论课程，最后一年上船实习。学生毕业包分配，可预见的工作其实就是在北洋海军任职。

光绪十年（1884），第一个五年办学计划顺利完成了。天津水师学堂迎来了第一批毕业生。

这一年十一月，李鸿章向朝廷汇报天津水师学堂五年来的办学成果。

从光绪六年（1880）七月开始筹办水师学堂，派前船政大臣光禄寺卿吴赞诚主持督办。后来，吴赞诚突生重病，申请回家休养。李鸿章又选定了补用道吴中翔继任。

选址办学、招聘老师、招募学生……其间经历了前所未有的困难。当时，北方的风气未开，只有南方福建船政学堂的经验可以借鉴。所学内容：洋人的语言、洋人的学问。对学生来说，这些舶来的洋学问之前闻所未闻，听也未听过。老师讲授起来，困难多多。

几何、代数、平弧、三角、八线……学习这类课程是为洞悉事物的源流。学习级数重学是为掌握轮机炮火原理。学习天文推算、地舆测量这两门课程是为海上驾驶判断天气、星象和方向。

这五年当中，天津水师学堂所聘任的老师们兢兢业业，学生努力好学。无论是学生还是老师，从无倦怠。不管是数九寒天之日，还是燠热难耐之时，学校都在按期上课。

五年过去了。第一批招收的40多名学生伍光鉴等人，对中学、西学、文事、武事都做到了通悉，熟练掌握了驾驶各种轮船、战舰的技术，成为合格的毕业生。放在这些毕业生面前可以选择的出路有三条：上船驾驶、出国肄业、成为学堂帮教。

30多名毕业生相继计划好了他们的出路，走上了工作岗位，成为国家的栋梁。

如果说筹备海防的当务之急，是建立一支军事实力不俗的水师，那么人才就是水师的根本。水师学堂是培养海防人才的摇篮。可以预见的是，天津水师学堂如果能够正常办下去，今后一定会为国家培养更多的海防人才。

水师学堂取得了成绩，因此，李鸿章向光绪皇帝上奏请奖。创立天津水师学堂，开了北方海防之风气，立了中国兵船的根本。从前，广东设立的同文馆，学生在那里学习西方语言和科学。这所学校因为办得好，得到了奖励，有此先例。天津水师学堂创办以来，学生所学知识是广东同文馆的数倍，更应该受到奖励。

李鸿章负责创办的天津水师学堂，从光绪六年（1880）到光绪二十六年（1894），这20年的时间，如期毕业取得毕业证的学生一共有六届，每届40多人，一共240人之多。

谁也未曾想到，这些学生里面的某几个佼佼者，日后会成为中国近代历史上响当当的人物。如谢葆璋，后来成为北洋舰队赫赫有名的舰长；张伯苓，后来成为闻名于世的教育家；甚至，就连日后的中华民国总统黎元洪，也是出自天津水师学堂。在校期间，黎元洪学习成绩优异，表现突出。

北洋成军

光绪十四年（1888）十二月十七日，北洋舰队在山东威海卫刘公岛上正式成军，刘公岛位于威海卫湾口，面临黄海，背对威海湾，是一个军事意义重大的宝岛。

北洋舰队一共有军舰25艘，官兵4000余人，同日颁布实施《北洋舰队章程》。这是具有历史性的伟大时刻。

那时的北洋舰队，威风八面，意气风发。

如果把当时世界海军水平作一个横向比较，那么北洋舰队可以说是一支当时堪称亚洲第一、世界第八（一说世界第六）的海军强队。北洋舰队从同治六年（1867）开始创议，又经过同治十三年（1874）的海防大筹议，再到光绪十四年（1888）正式成立，前后用时共 21 年。

21 年过去后，清政府投入巨资，每年拨款 400 万两白银，用堆叠成山的银子砸出了这支现代化的海军。

于是，刘公岛成为一座"东隅屏藩"。

这支水师的总设计师，就是当时直隶总督兼北洋通商大臣的李鸿章。李鸿章为此辛苦打拼了 21 年。从四十而立到年过花甲，这支现代化的海军不管从战舰配备还是人员操控上，都深受李鸿章的影响，打上了李鸿章的烙印。

从光绪元年（1875），临危受命，创办北洋舰队以来，李鸿章四处奔波。他向清政府讨要经费，三番五次上奏，与朝廷反对势力斡旋。他去山东实地考察，去英国订购战舰，去德国订购战舰，又在天津创办水师学堂，设立海军营务处，在山东威海卫、旅顺修筑军港。

到处都有李鸿章忙碌的影子。

因此，如果说淮军是李鸿章用他充盈的精力哺育的一个儿子，那么北洋舰队也可以说是他另一个儿子，他一把屎一把尿拉扯大的儿子。

我们可以想象，清政府拥有了如此强大的北洋舰队，如果第二次鸦片战争再迟一点发生，或者后来的甲午中日战争再早一点发生，这两场战争的结果肯定会不一样，历史说不定就会重新书写。

我们也只能凭借想象，想象当时位列亚洲第一、世界第八的北洋舰队能够做点什么，才无愧于它的声名远扬。

然而，自从光绪十四年（1888）以后，朝廷拨付的经费一减再减，北洋舰队的建设几乎就到了停滞不前的地步。没有设备更新，也没有多少技术人员引进的北洋舰队，只能凭借早年订购的战舰，勉强支撑。

甲午战争中激战中的镇远号

迅猛的技术革新使已经购买的装备似乎是在仓促之间就已经开始落伍，开始沦落为淘汰品，沦落为无人过问的一堆废铁疙瘩。

我们以"定远"号和"镇远"号为例，清政府耗费巨资订购的这两座快速巡洋舰当时是世界上最先进的军舰，无论是航速还是射程都属于世界一流。然而，不久之后，这两艘战舰就被日本的"吉野"号全面超越。

光绪十四年（1888），也就是北洋舰队正式成军以后，清政府对于继续砸钱购买战舰的事情，越发的没有多少兴趣了。李鸿章几次上奏无果，顽固派千方百计从中阻挠，克扣经费，总理海军衙门睁一只眼闭一只眼，没有任何作为……也许，他们想的是北洋舰队既然已经成军，已经是亚洲第一，世界第八，那么就再没有继续往里砸钱继续购买装备的必要了。已经这么强了，还争什么争？争到第一又能怎么样呢？

第九章
急流勇退

回乡丁忧

光绪八年（1882）三月初七日，李鸿章的母亲病故，他向朝廷奏请回乡丁忧。

此前，李鸿章本来请了一个月的探亲假，奏请去鄂探母。结果，轮船抵达汉口码头前，生命垂危的母亲已然亡故。

相见太难，一别音容，两相渺茫。

他和母亲的再聚，中间隔了 13 年的光阴。13 年以后，李鸿章伤心欲绝地跪倒在了母亲的榻前。然而，那里只有一具冷冰冰的尸体，等他凭吊。除此之外，什么也没有了，什么也不会再有了。

"树欲静而风不止，子欲养而亲不待"，世间最痛苦的事，莫过于此。

就像李鸿章后来在奏折里所写，"对母亲，生不能恭自奉养，殁不能亲视含殓，罪衍山积，负疚何穷"，滴血的句子，不由得让人心生敬重之意和同情之心。

李鸿章奏请回乡丁忧，约定三年为期。母亲生前，他不能守在身边尽孝。现在，他希望通过丁忧来告慰母亲仙逝的亡灵，同时让自己获得良心上的安宁。

他希望朝廷地方政务及北洋中外交涉事宜，交由他人去做，希望朝廷能够尽快找到继任人选。

李鸿章言简意赅地表达了自己的意思。直隶总督他不想再做了，北洋通商大臣他也不想做了。

这么多年，一心以事业为重的李鸿章，对亲情和家人亏欠实在太多了。以至于等到母亲亡故后，他开始怀疑自己，怀疑自己之前所做的那些事情到

底值不值，值不值得为之付出这么多，牺牲这么多。

奏折呈上以后，朝廷不允，迟迟不给批准。

因为李鸿章的位置太过重要，一直以来，清政府太过依赖李鸿章。李鸿章所做的事情，如果换成别人，肯定会搞砸，几乎没有人可以代替李鸿章。撇开直隶总督不提，单是北洋通商大臣这个位置，除了李鸿章，相信没有人可以胜任。没有人能像李鸿章那样深谙洋务之事，没有人能像李鸿章那样懂得海军军备和那些铁甲战舰，同时又具有开阔的眼界。

没有得到允准，李鸿章情急之下又向朝廷推荐了张树声，让张树声顶上他的空缺。

张树声是当年淮军名将，是淮军初创之时就一直跟在李鸿章身边的人。张树声曾经跟随李鸿章南征北战，率领他的"树"字营，同李秀成几经周旋，打了不少胜仗。此后张树声又随同李鸿章镇压捻军之乱，立了功。后经李鸿章推荐，走上了仕途。张树声又善于组织、协调各种关系。

因此，在李鸿章看来，张树声出任北洋通商大臣一职，是再合适不过了。

李鸿章希望朝廷能够委任张树声顶替他，好让他松一口气。他为朝廷尽职尽责，跑前跑后，忙忙碌碌了13年，连母亲最后一面也没见着。所以，现在是时候让他休息一下了。

张树声时任两广总督，为了尽快交接手头工作，李鸿章建议清政府立即催促张树声乘船北上，由广东前往天津，负责直隶地方政务以及北洋通商具体事宜。

赐　祭

又过了四天，申请回乡丁忧的要求被驳回来了。然而，李鸿章却因为此事收到了一份意外之言。

由于北洋通商大臣公务繁忙，清政府又怕张树声不能胜任这个职务，所以只是让其代管。清廷允准了李鸿章百天假期，让其回家料理母亲的丧事，料理完丧事之后必须马上回来工作。

鉴于李鸿章的杰出贡献，为安抚他的丧母之痛，慈禧太后和光绪皇帝经过慎重考虑，联合发了一道谕旨，大赞李母的功劳："内阁大学士直隶总督李鸿章、湖广总督李涵章之母，秉性淑慎，教子有方。今以疾终，深堪轸恻。"

李鸿章很感动。然而，更让李鸿章未曾想到的是，谕旨特别嘱咐：当李母灵柩运送回籍时，沿途地方官员必须妥善照料，等到了安徽合肥，还会赐给李家一方祭坛。

对李鸿章来说，这道谕旨代表了一份莫大的荣耀。在清朝历史上，这还是第一次。

第一次，有汉人官员得到了如此隆重的嘉奖。李氏本是默默无闻的女性，因为儿子李鸿章为朝廷立下了汗马功劳，便成为知书达理、教子有方的典范。已然亡故的李母，一夜之间全国人民共晓之。特别是当李母灵柩从武昌城里被运到合肥的这一段路途中，许多大大小小的官员听从于谕旨的吩咐，提前做好了准备。一律身着缟素，站在路边，站得整整齐齐，目送着灵柩缓慢地离开。官员们的表情严肃庄重，端庄妥帖……

李鸿章被感动得无以复加，老泪纵横。

灵柩运回合肥的一路上，李鸿章亦是经历了无数感动。那些自四面八方而来的人把一条条街道围得水泄不通，都是为了给他母亲送行。

当李鸿章再次颤抖着双手展开谕旨，看到"秉性淑慎，教子有方。今以疾终，深堪轸恻"这些句子时，他终于释然。

谕旨代表了最高规格的赞誉。这样的体面，除了皇亲国戚举办丧事，有几个凡夫俗子能享用？

激动不已的李鸿章急忙拿出纸笔给兄长李翰章去了一封信。在信中，他把这件喜事原原本本地告诉翰章。

李鸿章决定在母亲的棺木入土之前，亲口读出这道谕旨。然后，把写有"秉性淑慎，教子有方。今以疾终，深堪轸恻"这十六个字的黄表纸烧给母亲，用以告慰她老人家的在天之灵。

这些并不都是虚妄之言。

谕旨用"秉性淑慎"形容李母是贴切的，"教子有方"也是客观的。"今以疾终，深堪轸恻"简直说到了李鸿章的心坎上。

李鸿章感激涕零，揣着谕旨，多次凝噎不止。帝王的恩宠是一种难得的荣耀，李鸿章领受这份荣耀，贪恋这份荣耀。也许，他觉得谕旨上恭维母亲的这十六字箴言，是他数十载辛苦工作换来的最有价值的回报。

请辞总督

光绪八年（1882）三月十一日，李鸿章再次上奏请求辞去直隶总督一职。

母亲病亡一事对他来说，是一道过不去的坎儿。他经由此事，似乎看淡了功名利禄。仔细想来，李鸿章已经在直隶总督之任上干了太久。

直隶是清政府单省设总督的行政区之一，管辖范围包括了今天的北京、天津两市，河北省大部分地区，以及河南、山东的小部分地区。由于直隶位处要地，所以一直以来直隶总督都被称为疆臣之首，是最最重要的封疆大臣。

自从同治九年（1870），接替老师曾国藩出任直隶总督兼北洋大臣一职，到今为止，已经整整过去了12年。这一年，是他上任后的第十三个年头。

在此任上，李鸿章经历了他人生中最为风光的十来年。

因为这个万众瞩目的身份，使他在年轻时期做过的那些梦、那些抱负和理想，有了更为广阔的施展空间。

在直隶总督之任上，除过日常行政事务以外，李鸿章先后创建了北洋舰队、创办了天津机器局，制造军事机器，创办了很多近代民用工业。还有，修筑铁路，开办各类专门学堂，选派学生出洋肄业，等等。这些事情大都是在李鸿章的积极张罗之下才取得了长足的发展。也是这些事情让李鸿章在国内外的名气和声望不断高涨。

继续出任直隶总督一职，好处是明摆着的。他的声望和影响力将会得到不断加强，不断巩固。那么弊端呢？有没有弊端呢？他会不会因此招致嫉妒呢？会不会因此招致祸患呢？

母亲去世以来的这些日子，李鸿章改变了很多。鬓间白发增多的同时，他的性格也转变了很多。这些日子，李鸿章总是会情不自禁地想些身前身后之事。

过了这个年，李鸿章就整整60岁了。60岁的他，腰还不弯，背也不怎么驼，他的脊梁依然挺直如松。然而，鬓边白发陡生的事情让他再一次清醒地认识到了自己的衰老。这种衰老不可抗拒，也不可逆。衰老像是椽缝里的蛀虫，一刻不停地蚕食着他的心气，耗费着他的精力，让他感到虚无，让他在转瞬之间心生退意。

人不服老不行。什么年龄的人就该干什么事情。60岁的李鸿章，此刻最想做的事情，就是告老还乡，交出一直紧握在他手中的权力，然后回归乡野，享受一段天伦之乐。

想来，这个时候的李鸿章是彻底顿悟了。淡泊名利的前提是非得名和利

这两样东西都有了，才能将其看淡。李鸿章早已不缺这些。

如果朝廷同意了李鸿章的奏请准许他告老还乡，如果这不是历史，如果这是一出剧本，李鸿章是剧中人物，如果剧本按照这样的剧情顺势往下书写，那么李鸿章在今天背负的骂名会不会减少很多？

我们说历史冷酷无情，冷酷就冷酷在这里，无情也就无情在这里。

我们后来的人总是喜欢假设，但是假设的东西在真正的历史面前往往都会显得苍白无力，没有任何意义。

我们假设朝廷允准了李鸿章告老还乡的请求，那么，李鸿章应该会有一点点失落，那也是人之常情。失落之余，李鸿章肯定也就坦然接受了这个结果。然后，在离开的时候，他便自己默默打点行李，悄悄告别官场，慢慢淡出人们的视线……

奉旨留任

李鸿章的奏请再次被拒绝。

在处理李鸿章的这件事情上，清政府像极了一个耐心细致又有教养的母亲，为哄骗她的孩子高兴，使出了浑身解数。

先是肯定李鸿章的工作，然后好言劝慰一番。

"大学士直隶总督李鸿章现丁母忧，本应听其终制，以遂孝思。惟念李鸿章久任畿疆，筹办一切事宜，甚为繁巨。该督悉心经画，诸臻妥协，深资倚任，且驻防直隶各营，皆其旧部，历年督率训练，用成劲旅。近复添练北洋舰队，规模创始，未可遽易生手，各国通商事务该督经理有年，情形尤为熟悉。"

这段话言简意赅，意思明确：李鸿章啊李鸿章，我们知道你是出了名的大孝子。回乡丁忧本是你的权利，我们也不想剥夺你尽孝的权利。你久居要职，工作庞杂，事务繁忙，我们都能理解。朝廷现在很依赖你，没有你不行啊！你驻防直隶各营，操练淮军，最近又刚刚创建了北洋舰队，还有与各国之间通商事务，你对这些情况很熟悉。如果你走了，这些工作不管再换谁来做，短期之内都无法胜任。所以，你得节哀顺变，看开想开。作为大清臣子，你应当以国事为重，料理完丧事就赶紧回来工作吧。

"朝廷再三思维，不得不权宜办理。李鸿章著以大学士署理直隶总督，俟穿孝百日后，即行回任。际此时事多艰，该督当以国事为重，勉抑哀思，力图报称……"

看到朝廷回复，李鸿章感慨颇多。这些话让他兴奋，也让他为难，骑虎难下。于是继续狠下心来，再次上奏。

他说，自己已经太老，神智昏聩，是对国家再也没有多大用处的人，勉强留任，只会贻误国家大事。再说，自他记事以来，清朝有过的夺情之事，后来都屡遭别人弹劾。他不想留下话柄，日后被人嚼舌根子。

当下的情况是，直隶地区平静无事，并无多少军务机要亟须处理。

两广总督张树声对地方情形还是比较熟悉。张树声出身布衣平民之家，后来又做到淮军将领，对基层情况很了解，一定能够胜任工作。如果说到中外交涉事宜，虽然头绪多，工作量大，但只需谨慎行事，严格遵守之前订立的那些约章，那么，处理起来就会得心应手。

李鸿章继续上奏，再次推荐张树声代替自己出任直隶总督一职。

结果，他的再一次请奏，再一次被朝廷婉言拒绝了。

除了李鸿章以外，没有一个人能够接手这个职务，朝廷不放心其他人接手。如果是在李鸿章治丧期间，这百日以内，让张树声代理其行事职权还可以。但是任命张树声完全替代李鸿章出任这个职务，还是不能让人完全放心。

无奈之下，李鸿章只能继续留任。

第十章

外交生涯

一份外交官的履历

李鸿章在就任北洋通商大臣之前，他的另外一项经常性的工作就是负责处理繁杂多变的外交事务。

每次只要清政府同外国之间发生摩擦，或者但凡有不愉快发生，朝廷都会委派李鸿章出面，作为全权代表，前去跟外国人交涉和谈判。

比如，本文第六章提到的天津教案，双方矛盾激化后，还是李鸿章出面调和，最终才解决了问题。比如，同治十三年（1874），为保护华工切身利益，清政府委派李鸿章出面与秘鲁签订了《中秘通商条约》。

还有，光绪元年（1875）二月，英国驻华使馆的翻译马嘉理，擅自带着一支荷枪实弹的军队经由缅甸闯入了云南。他们在云南胡作非为，开枪打死中国公民。后来，当地人民奋起反抗，团结起来，打着保卫家园的旗号，打死了这名翻译官，并把这支不请自来的英国军队赶出了云南。

"马嘉理案"后来变成了中英两国之间严重的外交事件。因为此事的发生，中英两国关系再一次降到了冰点。

气愤不已的英国公使扬言要对中国宣战。就在这十万火急之时，清政府急忙派出李鸿章前去跟英国代表进行交涉。

李鸿章临危受命，丝毫不惧英国人的威逼和恐吓。他巧妙地利用了国际法，说服了英国，避免了中、英两国决裂的局面。于是，作为谈判结果，在光绪二年（1876）的时候，李鸿章与英国代表签订了《中英烟台条约》。

还有，光绪九年（1883），当中法战争在越南境内展开以后，清政府又委派李鸿章统筹边防战事。当时，李鸿章认为以中国目前的实力还不足以同法

国交战。

他给朝廷建议："各省海防兵单饷匮，水师又未练成，未可与欧洲强国轻言战事。"

在李鸿章的积极努力和争取下，法国政府同意委派驻华公使宝海与李鸿章进行一次谈判。两国之间签订了"李宝协议"。当法国人单方面撕毁"李宝协议"，继续同中国展开激战时，朝廷的主和舆论压倒了主战舆论。于是，李鸿章又接着在光绪十年（1884）四月十七日与法国代表福禄诺签订了《李福协定》。接着，一个月后，他又与福禄诺签订了《中法会战越南条约》，才使战争结束。

李鸿章是有外交天赋之人。

两国之间一旦起了摩擦，李鸿章便在第一时间成为中方代表，前去磋商、谈判。这么多年，李鸿章与形形色色的洋人进行过交涉。有时候，清政府已经满口答应洋人开出的条件。比如赔款多少，割地多少，开放多少通商口岸。因为打不过人家，所以，需要把钱赔给人家，把地割给人家，把通商口岸给人家都开放了，好让人家拿了好处赶紧走人，走得越快越好，越远越好。李鸿章可不这么想，遇到这些事情，他还是会据理力争，争得多少是多少。

在李鸿章的逻辑里，既然是交涉，那么双方就得坐下来，心平气和地好好谈谈。他要跟对方讲条件，要讨价还价。我们打不过，我们认怂了。你们要我们赔500万，那么我不能一口答应你们。我总得还个价吧！我要是不还价，你们会觉得我们太好欺负了。你们会觉得我们像是待宰的羔羊，静静躺在那里任凭你们随便宰随便割。

一场座谈会

早在光绪元年（1875），李鸿章刚刚继任直隶总督时，他就在保定的总督府接见了一个重要客人。这是一位来访的日本使臣，在保定总督府，他和日本使臣进行了一场对谈。

这名日本使臣名叫森有礼。森有礼其实很无礼。两人谈话间，森有礼的口气总是显得那么傲慢，那么无礼。而李鸿章一直表现得小心谨慎，沉稳持重。竭力维持着一个个大国总督的样子。

直隶总督李鸿章和日本使臣森有礼进行的这场座谈，后来一直被中外历史学家们津津乐道。

李鸿章：森大人在京总理衙门见过各位中堂大人？

森有礼：见过。

李鸿章：见过王爷？

森有礼：见过。

李鸿章：森大人多大年纪？

森有礼：整 30 岁。

李鸿章：森大人到过西洋？

森有礼：自幼出外国周游，在美国学堂 3 年，地球走过 2 圈，又在华盛顿当钦差 3 年。

李鸿章：中西学问何如？

森有礼：西国所学十分有用，中国学问只有三分可取，其余七分仍系旧样，已经无用了。

……

这段开场白，年轻气盛的森有礼显得十分傲慢，他对李鸿章非常不屑一顾。

当对谈开始转入了正题，说到朝鲜之事时，两人争辩很激烈。

森有礼：高丽与印度同在亚细亚，不算中国属国。

李鸿章：高丽奉正朔，如何不是属国？

森有礼：各国都说高丽不过朝贡受册封，中国不受其钱粮，不管他正事，所以不算属国。中国只有十八行省。

李鸿章：高丽属中国几千年，何人不知？合约上所说，属邦土。土，指中国各直省，此是内地，为内属，征钱粮，管政事。邦，指高丽诸国，此是外藩，为外属，钱粮、政事向归本国经理。历来如此，不始自本朝，如何不算属国？

森有礼：条约虽有所属邦土字样，但语涉含混。未曾载明高丽是属邦，日本臣民皆谓指中国十八省而言，不谓高丽亦在所属之内。

李鸿章：将来等修约时，所属"邦土"句下，可添高丽、琉球字样。

森有礼：日本欲与高丽通好，高丽不肯。

李鸿章：不是不肯与贵国和好，是它自知国小，所以谨守不敢应酬。其与各国皆然，不独日本。

森有礼：日本与高丽是邻国，所以必要通好。

……

直隶保定总督府内，这场唇枪舌剑，日本使臣森有礼咄咄逼人。日本想要中国同意朝鲜开放与他们的通商关系，从朝鲜谋得利益。因此，一定先要让清政府承认朝鲜是独立自主的国家，不再算是中国的藩属国。

然而，李鸿章并未被吓到。他的态度坚定，理智清醒，依然坚持原则，寸步不让。

两人争得面红耳赤，终至于不欢而散。

李鸿章坚持认为朝鲜是中国的藩属国，从前就是，现在依然是，以后肯定还是。日本不能违背朝鲜国家和朝鲜人民的意志，强迫朝鲜跟其通商，强迫朝鲜为其开放附近的通商口岸。这是有悖于情、有悖于理的事情。

结果，日本使臣森有礼什么也没有得到，除了一张"忠告"题字和一句传话总理衙门的承诺。

李鸿章恪守了一个外交官的底线。

一次会晤

"甲申事变"以后，自知其军事实力尚且不敌清军的日本，决定暂时放缓侵略脚步，同中国维持和平，决定先搞战备，再做他图，可以说这是个"广积粮、缓称王"的谋略。

于是，光绪十一年（1885）四月，日本内阁派出了他们的谈判专家——伊藤博文，为全权大使、陆军中将西乡从道为副使的谈判小组，出使中国，前往天津同清政府就有关朝鲜问题进行磋商和谈判。

伊藤博文到了天津，见到了那个时候已经是大名鼎鼎的李鸿章。

这是一次历史性的会面。

李鸿章不知道，在此之后，他还要同这个叫做伊藤博文的日本人进行好多好多次会面，进行好多好多次交谈。这一次天津会晤仅仅只是一个开始。

伊藤博文是日本的内阁重臣，李鸿章是清政府最可依赖和宠信的大臣。当时，两人在他们各自国家担当的职务以及地位和荣耀都是相当的。不过在世界看来，那个时候的李鸿章已经被人称为"李大架子"，中国那位李大架子可比日本的伊藤博文有名多了。

他们初次见面，李鸿章对伊藤博文这人根本没有看上眼。可能，那个时候在李鸿章看来，伊藤博文其人其貌不扬，小小的个子，也没有什么特别。

面对其貌不扬的伊藤博文，李鸿章就变得口气粗大，高高在上了。他想，日本有什么能耐，有什么了不起？李鸿章的态度傲慢，语言生硬，这让伊藤博文觉得很不舒服。

然而，伊藤博文是带着谈判任务来的，他对李鸿章的傲慢和蛮横佯装不觉，显得大度宽宏，一点也不在乎。只是在后来马关议和之时，伊藤博文曾对身边人窃窃私语，回忆他们当时的天津谈判，初见李鸿章，那时，他们在马关春帆楼，他意味深长地笑笑，说："李中堂之尊严，至今思之犹悸"。

当时，在李鸿章的天津寓所，森严的谈判桌左右两边的椅子上，分别坐了李鸿章和伊藤博文。李鸿章没有想到，这个场景，会在他的余生不断地出现。

伊藤博文忐忑不安，看着满面红光的李鸿章，看着李鸿章不怒自威的面孔，看着他高大的身躯，即使坐在了椅子上，身体还是显得很魁梧。

伊藤博文想说话，吞吞吐吐，话到嘴边，又咽了回去。他调整呼吸，酝酿感情，又过了一会儿，还是觉得紧张，呷了一口茶，然后才开始转入了正题。

伊藤博文：关于朝鲜，关于……朝鲜问题，我们……我们应该好好谈谈。

李鸿章：说吧，这次你们日本又想怎样？又想要什么花样？

伊藤博文：这次内阁派我前来贵国，我们是带着诚恳的态度，想同贵国就有关朝鲜问题达成若干一致意见。

李鸿章：嗯，你说吧。有什么要求，你尽管说，看看我们能不能接受？

伊藤博文：那么……以后，如果朝鲜再有什么重大事变发生，中日双方不管谁要出兵，都要事先知照对方

伊藤博文（1841 ~ 909）

一声，你看这样行吗？

听到伊藤博文这么说，李鸿章心里就很得意，很开心。原来，日本是被中国打怕了，才会提出这样的要求。因为"甲申事变"，日本公开支持朝鲜"开化派"，与"守旧派"展开争斗，结果后来中国应"守旧派"邀请出兵朝鲜，打垮了"开化派"，又一鼓作气击退了其幕后支持的日本军队。

"甲申事变"，朝鲜"开化派"与"守旧派"之争，就像两个顽童干仗，双方打了三五回合之后，都觉得不能把对方怎么样。然后，在这个时候，唯一可行的策略就是跑回家去搬救兵。于是，我们想象，其中一个愤愤不平地对另一个说，有种你站这儿别动，我干不过你，可我有人，我会找人来削你。另一个说，我也有人，你找人，我也找人。

于是，一个找来了日本，另一个找来了中国。双方展开较量，结果不出十个回合，高下立判。

因为当时中国军事实力远远强过日本，所以李鸿章对伊藤博文的要求就显得很大度，满口答应。说来说去，你们日本不就是想让我们以后在出兵朝鲜之前最好跟你们吱个声，打个招呼嘛！这个简单，我们大可以满足你们……

这就是《中日天津会议专条》签订的背景。

这次会晤的结果，就是《中日天津会议专条》的诞生。

李鸿章同伊藤博文签订了《中日天津会议专条》，又称《天津条约》或者又叫《朝鲜撤兵条约》。

条约内容一共议定了三条：

（一）议定了两国撤兵日期，中日应该同时从朝鲜撤兵。

（二）中日均勿派员在朝教练。

（三）朝鲜若有变乱或重大事件，两国或一国如要派兵，应先互行文知照。

表面上看，签订这份条约，中国并没有损失什么。然而，向来善于搞阴谋诡计的日本是动了心思的，他们从中受益颇多。

　　虽然，在此条约签订以后，朝鲜依旧是中国的藩属国，这一事实仍然并未改变，但是日本凭借此约获得了随时向朝鲜派兵的特权。

　　《中日天津会议专条》为后来中日甲午战争埋下了巨大的隐患，它像一个地雷，埋在了隐秘的地底下，在被引爆的那天，产生了举世震惊的轰动效应。

第十一章

中日甲午战争

失　算

1894 年，朝鲜东学党武装起义在全罗道古阜郡爆发了。

朝鲜政府已经无力回天，眼看着起义军像是一丛雨后春笋，唰唰唰地疯长，终于形成了气候，让他们再也无力镇压。

无奈之下，朝鲜政府向清政府伸出了求援之手，希望清政府能够出面，出兵镇压东学党起义军，帮助他们渡过难关。

这个时候，日本其实也在密切关注着朝鲜国内局势发展，他们希望寻找最佳时机，出兵朝鲜，从中谋求利益。

光绪二十年（1894）五月，李鸿章接到了驻朝官员袁世凯发回来的一份报告。这份报告详尽分析了朝鲜国内局势，以及东学党的人数、规模。在这份报告里，提到日本时，袁世凯是这么说的："日本必无他意。"

李鸿章思忖半天，什么叫"必无他意"？什么叫日本"必无他意"？日本人会是省油灯吗？

一向行事谨慎的李鸿章，也有利令智昏的时候。比如这一次，他选择相信袁世凯的报告，没有经过实地考察，没有弄明白日本人的目的和企图，就盲目地出兵朝鲜。

袁世凯本是李鸿章门下吴长庆的一个助手，默默无闻。后来，因为"甲申事变"被派去朝鲜，再后来就摇身一变，成为一名中国驻朝大使。此人是长于算计又工于心计的政治投机分子，为了自己利益，不惜一切代价。比如，后来我们熟知的事情，他取代孙中山先生出任中华民国大总统，厚颜无耻地窃取了辛亥革命的果实。

李鸿章上奏清政府，旋即派出直隶提督叶志超和太原镇总兵聂士成率军1500人，开赴朝鲜，联合朝鲜政府军队镇压东学党起义。

然而，此事一出，日本人终于逮到了机会，于是便以迅雷不及掩耳之势向朝鲜出兵。短时间内，在朝日军的人数突破了8000人。

李鸿章很懊恼，他责备自己太大意，太粗心，以至于轻信了袁世凯的报告。现在可好，引来了难缠的日本人。日本军队开赴朝鲜，摆明了就是想和中国一战，以报当年"甲申事变"之仇。

自"甲申事变"之后，这么多年过去，日本大力发展军事，海、陆两军齐头并进，谋求称雄亚洲的野心不死，其发展的势头之猛，让人瞠目结舌。

李鸿章为了避免战争，又四处奔走，寻求英国和俄国的帮助，希望英、俄两国能够从中斡旋，劝说日本撤兵。

然而，日本态度坚决，一口拒绝了李鸿章的请求。他们的理由很充分，就是《中日天津会议专条》。当时，日本内阁派伊藤博文远赴天津，伊藤博文低三下四，忍辱负重，看够了李鸿章的脸色，费尽了千辛万苦，才签了这么一纸条约。现在，这份条约派上了用场。

李鸿章终于想起来了，《中日天津会议专条》，好像是有这么一个东西。他是曾跟伊藤博文在天津会过面。双方签订了这个条约，条约规定中日双方，不论哪一方要向朝鲜出兵时，都得提前告知对方。然而，就在最近朝鲜"东学党起义"爆发后，朝鲜政府请求清廷出兵时，李鸿章竟然没想到这个条约。

因为清政府决定出兵朝鲜，没有提前告知日本，显然违背了《中日天津会议专条》的精神，坏了外交礼数。所以，日本在此节骨眼上向朝鲜派兵，企图抗击中国，跟中国一战，于情于理就都说得过去了。

李鸿章在无奈之下，只得增派军队入朝，决心跟日本人死磕。

光绪二十年（1894）六月二十三日，日本军队在丰岛发动了突然袭击，击沉了一艘中国运兵船"高升"号。

这一年是甲午年，这一事件标志着中日甲午战争正式爆发了。

开 战

光绪二十年（1894）七月二十五日至九月十七日之间，中日双方打了两场重要的战争。

这就是后来为人津津乐道的平壤之战和黄海海战。其中，平壤之战是双方在陆地上一场较量，黄海海战则是海上军事实力的大比拼。

光绪二十年（1894）八月十日，日本举兵4万，分道开赴平壤，伏击在平壤城外，进行四面环攻，连日以来，炮火连天，情形十分危急。

平壤之战是在李鸿章的授意下，由提督叶志超负责指挥。

牙山兵败，叶志超率领残余部队从牙山退了回来。

畏罪怕死，咎由自取，叶志超到达平壤后又向清政府谎报军情，吹嘘牙山

在平壤城下作战的中国将士

大捷。然后，带着清政府给予的褒奖，大摇大摆地回到了国内。

叶志超是李鸿章选拔的人，这场战争失败的主要原因还是得提到这位提督。提督叶志超最怕死，又谎报军情，导致最后贻误了战机。

选人不慎，用人不淑，李鸿章应该反思。

对于平壤之战的最新情况，李鸿章一一据实奏报了朝廷。

其中，高州镇总兵左宝贵不幸阵亡的消息，让他震惊。

左宝贵久经沙场，功勋卓著，是不可多得的将才。左宝贵本不是提督，只不过是个州镇总兵，然而他的贡献突出，不容忽视。在上给朝廷的折子里，李鸿章希望清政府能够按照提督阵亡的惯例从优议恤。左宝贵血战捐躯，忠勇无双。这样的人值得我们纪念，值得在各省各地为其建立祠堂，将其不屈的亡灵供奉起来，让后人凭吊。

等到提督叶志超回国，清政府闻之大怒。在了解战争实情之后，很多人认为叶志超工作不力，玩忽职守，还谎报军情，才导致了这次清兵溃败。

清政府下令褫革了叶志超提督一职。

李鸿章上奏朝廷，他想极力保举叶志超，希望能够允准叶志超继续留营效力，给这位年轻提督一次改过自新的机会。因叶志超也是安徽人，跟李鸿章是老乡。早年，叶志超曾以淮军末弁的身份跟随刘铭传镇压过捻军叛乱。后来，因为剿捻有功，才被举荐为总兵。

朝廷驳回了李鸿章的请求。如果宽恕叶志超，怎么对得起那几千阵亡的战士？在大是大非面前，清政府还是能够坚持原则的。因为叶志超办事不力，才让清兵遭受重创，所以对叶志超理应严惩。

李鸿章恨铁不成钢，只能无奈地看着叶志超被送往刑部审讯，定斩监候。

后来，在李鸿章的劝慰之下，朝廷还是从轻发落，虽革职查办，但是给叶志超留了一条性命。

黄海海战

在这场中国仓促应对的战争中，陆上战场失利，海上战场也传来噩耗。

光绪二十年（1894），九月十七日，即平壤陷落的第三天，日本联合舰队在鸭绿江口大东沟附近的黄海海面又挑起一场激烈的海战，这就是著名的黄海海战，亦称大东沟海战。

光绪二十年（1894），七月二十五日，日本联合舰队在朝鲜丰岛海域突然袭击北洋舰队的"济远"和"广乙"两艘巡洋舰，随后击沉了英籍"高升"号运输船，俘获"操江"号炮舰，甲午战争随即全面爆发。

八月十日，日本联合舰队逼近威海，光绪皇帝责难北洋舰队提督丁汝昌，因此北洋大臣李鸿章不得不命丁汝昌赴黄海巡航以平息皇帝的愤怒和缓解舆论的压力。

九月十二日，北洋舰队十余艘主力舰由威海出发，赴鸭绿江口的大东沟布防。而日本海军方面也派出了"吉野""高千穗""秋津洲""浪速""松岛""千代田""严岛""桥立"等主力舰徘徊在鸭绿江口，寻找与北洋舰队决战的机会。

此时，李鸿章虽然认识到日本"阴险叵测"，但对紧迫局势茫然莫辨，依旧把赌注押在西方国家的调停和"倭畏我铁舰，不敢轻与争锋"的侥幸心理上，采取消极的"避战保船"策略，不敢邀击敌舰决战于海上，舰队只是做些护航陆军任务。

十月十七日凌晨，北洋舰队完成护航任务，丁汝昌部署部分舰船监守大东沟，然后率领"定远"等10艘主力军舰在大鹿岛东南方向抛锚、训练。10

时，"定远"舰发现东北海面几缕黑烟，判定是日本联合舰队来袭，丁汝昌立即指挥舰队起锚向西南方向迎敌。

此役中，由于清军方面采取了极为错误的阵法和战法，加之弹药不充足，因此舰队损失重大。海战的结果：北洋舰队损失"致远""经远""超勇""扬威""广甲"（"广甲"逃离战场后触礁，几天后自毁）5艘军舰，死伤官兵千

北洋舰队在黄海海战中激战的场面

遭日本鱼雷攻击的"定远"舰

余人；日本联合舰队"松岛""吉野""比睿""赤城""西京丸"5舰受重创，死伤官兵600余人。

尽管有部分舰只临危而逃，但大部分清军将士在这场惨烈的战斗中，奋不顾身，拼死作战。其中，尤以"致远"舰管带邓世昌表现最为突出。

黄海海战爆发伊始，北洋旗舰"定远"即受伤起火。见到旗舰身处险境，邓世昌命令"致远"舰立即出击，向日本联合舰队开炮。同时，他又命令"致远"舰横在"定远"舰前，为其遮挡着炮弹。紧接着在"定远"舰右侧，由林泰曾、杨用霖指挥的"镇远"舰也挺身而出，与"致远"舰并力抗击日舰，共同护卫旗舰。

旗舰转危为安，但"致远"舰却为此付出了巨大的代价。由于防护力较弱，"致远"舰的舰体多处被击穿，海水大量涌入舰内。尽管"致远"舰全体将士利用一切工具努力排水，但舰体仍无可挽回地发生倾斜。

面临生死抉择的关键性时刻，邓世昌做出了一个令世人都为之惊叹的决断："倭船专恃'吉野'，苟沉是船，则我军可以集事！"邓世昌决定驾舰冲向正在自己左舷外驶过的日本舰艇"吉野"号。此后战场上出现的事迹几乎是现代每个中国人都耳熟能详的，在黄海的波涛上，遍体鳞伤严重侧倾的"致远"舰如同一匹孤傲圣洁的独角兽，迎着硝烟弹雨，不断加速，加速，无畏地向日本"吉野"号直撞而去……

"吾辈从军卫国，早置生死于度外，今日之事，有死而已！"冒着密集的弹雨，邓世昌屹立在甲板上，大声激励着将士们。全舰官兵视死如归，同仇敌忾的怒吼声响彻"致远"舰上空。

日舰官兵见状大惊失色，拼命逃窜，并向"致远"舰连连发射鱼雷，"致远"舰不幸被击中，全舰官兵共252名壮烈战死。

邓世昌死后，光绪皇帝为其写下了"此日漫挥天下泪，有公足壮海军威"的挽联，谥壮节公，追封太子少保衔。而临阵脱逃的"济远"舰管带方伯谦被以"临阵退缩，致将船伍牵乱"的罪名斩首。

此役北洋舰队虽遭受较大损失，但实力尚存。然而李鸿章为了保存实力，

命令北洋舰队躲入威海港内，不准巡海迎敌。自此，日本夺取了黄海的制海权，对甲午战争的后期战局产生了决定性影响。

错误的决策

光绪二十年（1894）十月二十四日，日军从庄河登陆辽东半岛，金州、大连湾等地相继失守。

十一月二十一日，日军突破防守，占领旅顺。

李鸿章对旅顺后路的战略要地估计不足。对金州设防没有太在意，驻扎在此地的兵力太过薄弱，根本无法抵挡前来进犯的日军。

疏于防备，再加上用人不善，李鸿章这一连串的错误决策，使得这场战争还未开始，就已经预告了最后结局。

在辽东半岛南段，旅顺是要塞，后路是金州。大连夹于两者中间，与之相邻的则是大连湾。

如此重要的地理位置，在战争爆发之前，此地设防却很薄弱。缺兵少将不说，军械设备还很落后。

金州雄踞大黑山西边，是辽东半岛连接东北腹地与大连、旅顺的咽喉要地。因其战略位置重要，所以金州自古以来就是兵家必争之地。

当时，日本所编《日清战争实记》一书，对金州做了这样一番描述："金州为辽东半岛雄镇，东依大和尚山之险，南邻大连湾炮台，是去旅顺口的第一要害。先拔之，则可破大连，大连湾陷则旅顺无援，旅顺落于我手，即可长驱直攻直隶。"

说明在此战之前，日本已经对中国辽东半岛作了深入考察、深入分析，而且已经制订好了一份长期明确的作战计划。

计划就是这样，先图金州，而后大连湾，最后是旅顺。

战斗打响了。炮火连天。

辗转难眠的一夜，李鸿章接到了直隶候补导员刘含芳的电报："旅顺已于二十一日失守……"

眼前掠过这些字的时候，他的脑袋嗡的一下，像是给人打了一闷棍："辽东半岛""金州""大连湾""旅顺""失守"……

所有补救措施都已无用，太迟了，一切都太迟了。

李鸿章来不及多想，愧疚难耐，情难自禁。遵照程序，他只得将这份电报转发给总理衙门。临到转发之前，李鸿章又在上面写了这么几句："自请从重治罪，仰荷圣恩，若不加重遣，仅予薄惩，感愧悚惶，罔知所措。"

李鸿章觉得他辜负了朝廷一直以来对自己的信任。所以他希望朝廷一定对他重罚，一定得治他的罪。

如果要周密布防，必须从金州一带设重兵把守，才能以防万一。日军是从金州东北三皮子窝登岸的。旅顺海口的守台兵将们因为顾此失彼，所以不能远防。日军占领了金州，又扑上了大连湾，那么旅顺就顺理成章地陷入守无可守的绝境。

如果分析失败缘由，中国方面除了布防不到位，还有因为驻守旅顺的营兵大部分是新募而来的。这些新兵缺乏训练，就在短时间内仓促上阵。他们配备的两样武器，是落后的毛瑟枪和旧式大炮。即使就是这些十分落后的武器，新兵还不能做到熟练使用。

反观日军，除了目标坚定、口号一致、训练规整外，他们所使武器都是小口径快枪以及连珠快炮，不但射程远，而且速度快。

——对比这些有关战前筹备之事宜，中国如此潦草敷衍对待，焉能不败？

全军覆没

日军占领旅顺后为了实施进一步的进攻计划，日本集结25000人的军队，组成了一支"山东作战军"，气势汹汹来犯威海卫。

日军海陆两军通力配合，联合舰队为这25000人陆军队伍提供运输和掩护。此时的联合舰队，依然规模宏大，拥有25艘主力战舰，15艘鱼雷舰艇。

然而，这个时候的北洋舰队所有舰艇包括主力战舰、撞击战舰、防御战舰……加起来只有27艘。

又是因为布防不到位，防守战略出现了极大的失误。

清政府对日军主攻方向做了错误判断，于是把大部分兵力都驻守在奉天、辽阳、京津一带。这样一来，山东半岛几乎就无兵可守，如一只绵羊暴露在了敌人的眼皮子底下。

直到日军已经开始从大连湾、旅顺一代登陆山东半岛时，慈禧太

慈禧太后（1835～1908）

丁汝昌（1836～1895）

后还心存幻想。

这个权力欲望极强的老女人又一次起用了恭亲王奕䜣。这一次，她是希望奕䜣和李鸿章两人出面去跟日本人讲和。慈禧太后只想苟安，保住她的权力和地位，只要能够避免战争，那么其他一切都好商量。

日本断然拒绝了中国方面议和的请求，决心一战。

无奈之下，中国只好仓促应战。

时任直隶总督又兼北洋通商大臣的李鸿章，被任命为总指挥。北洋舰队提督丁汝昌、管带刘步蟾紧跟其后，顺带帮助李鸿章出谋划策。

日本"山东作战军"总指挥是伊东佑亨。

丁汝昌很早就认识伊东佑亨。对他来说，伊东佑亨已经是老熟人了。记得北洋舰队刚刚组建的那年，他们应邀出访日本，丁汝昌作为总指挥，率领北洋舰队几座标志性舰艇前赴日本，临到日本码头，他们看见岸边升起中国龙旗，迎接礼很庄重。

当年，伊东佑亨对北洋舰队如此热情如此友好的接待，未料今日却兵戈相见。

北洋舰队在李鸿章指挥下，水陆相依，陆军固守大小二十几座炮台，所有舰船全部依托岸上炮台作简单防御。

看看这个时候北洋舰队所拥有的：27艘舰艇、23座炮台、160余门岸炮、19营守军、41营驻军，总共60营30000人的兵力。这已经是他们全部的家当。

威海卫是军事重镇，北洋舰队几乎所有的兵力和装备全部集结在威海卫，想来日本正是掌握了这一点，才决定从山东半岛登陆，伺机进攻威海卫。

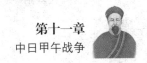

光绪二十年（1894）十二月二十四日，日本"山东作战军"在联合舰队护送下，从他们业已占领的大连湾出发，最终在山东半岛荣成湾登陆，占领了荣成湾滩头的阵地。

清军在此处驻扎兵力太少，没能抵抗住日军炮火侵袭，被迫后退。

"山东作战军"乘势进攻荣城，集中火力，猛烈发炮。

清军无法抵抗，荣城失守。

十二月三十日，日军聚集起了他们全部兵力，分拨两路，进犯威海。与此同时，联合舰队也从海上开始正面进攻，三军合力，企图一举歼灭北洋舰队。

光绪二十一年（1895）正月初四，两路日军同时进发，对威海卫港南岸炮台形成了包围。

北洋舰队整个陷入了日军设下的包围圈。

第二天，日军发起总攻。

驻守在南岸炮台的清兵，没有坐以待毙。他们奋力抵抗，击毙了一个日军少将。然而，清兵终因寡不敌众，付出了重大的牺牲。

以一当十，是有可能的。如果硬要以一当百、以一当千，那就是痴心妄想了。人数上的劣势注定了战争的结局。

后来，南岸的摩天岭、杨枫岭等炮台相继失守。百尺涯、龙庙嘴、鹿角嘴等炮台也难逃一劫，落入了日军之手。

炮台相继失守，后果很严重。落入敌军手中的炮台，给北洋舰队带来了极大的隐患。

为了避免日军利用这些海岸炮台作为据点，乘机轰炸北洋舰队，北洋舰队提督丁汝昌当机立断，下令将邻近的炮台炸毁。最后，除清兵自己炸毁的皂埠嘴以外，南岸炮台全部失守。

正月初七，日军又开始分成两路，同时进攻威海卫以及北岸炮台。

北岸炮台守将戴宗骞是个贪生怕死之徒，他的懦弱和无能导致了北岸士兵士气涣散，驻守炮台的士兵提不起精神。在日军接连炮火轰炸下，戴宗骞逃走了，守台士兵一看守将都逃走了，上行下效，于是当即也作了鸟兽散。

北岸炮台也到了无人把守的境地，丁汝昌只好又下令将北岸炮台全部炸毁。

这些从前经过精心设计的防御功能出色的炮台，不是被日军夺取就是在被逼无奈的情况下由北洋舰队士兵自己炸毁。

如此一来，威海之防尽堕，北洋舰队全面陷入了被动局面。这些铁甲战舰被封锁在了港内，进不可进，退无处退。

日军发出了投降书，希望清兵乖乖投降，束手就擒。

水师提督丁汝昌断然拒绝了日军的诱降，想起当初威风凛凛的北洋舰队出海巡逻的情景，想起他被邀请去日本访问的情形，再想起伊东佑亨，心里满满当当的都是痛。

丁汝昌决心跟日军血战到底。

北洋舰队拒绝投降，这让日军认清了现实，软的不行只好又来硬的。

日军出动他们的联合舰队，对威海港口发起了又一波更为猛烈的进攻。除此之外，他们还修好了南岸炮台上的七尊大炮，直接从海岸上发射炮弹，企图轰炸北洋舰队。

北洋舰队在丁汝昌率领下，全军上下拧成了一股绳，奋起反抗，发炮还击。

结果，日本也有两艘战舰相继被击中，身负重伤，退出了战斗。

到了初八晚上，疲惫不堪的北洋舰队又遭到了日军偷袭。因为北洋舰队守备松懈，当晚，有几艘日军鱼雷艇偷偷开进了港口，居然没有被发现。

北洋舰队被日军偷袭，作为主力战舰的"定远"号舰艇，在毫无防备的情况下，被日军鱼雷艇射中。"定远"身负重伤，搁浅在了岸边。

正月十二日，北洋舰队又一次遭到了日军偷袭。

日军故伎重演，北洋舰队还是因为布防薄弱，损失惨重。

北洋舰队"来远""威远""宝筏"三艘战舰，又被日军鱼雷艇击中，沉入了海底。

正月十三日，日军联合舰队又一次发动总攻。

残余清兵奋力抵抗。

日军野心不死，欲一举歼灭北洋舰队。清兵誓死守护，准备决一死战。

于是，中日双方开始在海面上互相发射炮弹，顷刻之间海面上硝烟弥漫，火光四溅，遮蔽了天日。

在这千钧一发之时，拼死抵抗的清兵抵挡住了侵袭，让日军损失惨重。

日本联合舰队里的"松岛""桥立""千代田""秋津洲""浪速""扶桑"等战舰，相继都被击中。日军士兵死伤众多。

清军驻守的一个炮台弹药库被日军炸毁，炮台上的守军被迫后撤，一直撤到了刘公岛上。日军气势骤然大涨，开始加强火力，更为猛烈的攻击，让北洋舰队不知所措。

激烈的战斗在继续，清兵将领中又有一个贪生怕死之徒冒出来了。

北洋鱼雷艇管带王平，眼看着敌军攻势越来越猛，于是率领 10 余艘鱼雷艇和 2 艘汽船乘机逃跑了。这位贪生怕死的管带驾驶鱼雷艇逃跑的时候，根本顾不上看看后面有没有追兵。王管带在前面飞也似的逃遁，日本联合舰队在后面穷追不舍。

一个贪生怕死之徒，被日舰击中后一头栽进了茫茫大海，死并不足为惜。

我们可惜了北洋舰队辛苦打造训练出的数十艘鱼雷艇，这些鱼雷艇因为王管带的率领，贸然行进，以至于惨遭厄运，全部被日舰击沉。

悲哀的事实，令人绝望的结果。

正月十四日夜，封锁威海卫东口的铁链，被日军战舰打开了。

从此，威海卫港口门户大开，如一片空旷的田野。

深陷于绝望之中的清兵，等着救援部队到来。救兵总也不来，希望渺茫，惶恐无助，人人都会感觉气馁、失落，如同被霜打过的茄子。

后来，日军偷偷串通北洋舰队的几名英国船员，在北洋舰队里煽动反面情绪，夸大日军的攻击能力，散布谣言，威逼北洋舰队投降。

北洋舰队提督丁汝昌再次拒绝了日本人的诱降条件。

为了避免北洋战舰落入日军之手，提督丁汝昌痛定思痛后做出了最无奈的决定——炸沉他们自己的战舰。

正月十六日，管带刘步蟾严格执行丁汝昌的命令，在"定远"号战舰被炸沉后，他毅然决然地选择了自尽。这又是一个悲壮的故事。

　　驻守在威海卫的北洋舰队，终于弹尽粮绝，无力可支。

　　水师提督丁汝昌依然没有放弃，他疯狂地想要突围，但遭到了绝大多数北洋舰队将领的反对。

　　于是众将纷纷散去，剩下丁汝昌和几名志同道合的管带，这些将死之人，出神地望着眼前不远处碧波万顷的海面。海像一面镜子，映出了他们悲凉落寞的人生。

　　当战争炮火止息时，丁汝昌做出了他人生的最后一个决定：自杀殉国。

　　北洋舰队全军覆没了。将士们死的死，伤的伤，走的走。那些大大小小的战舰沉的沉，伤的伤，搁浅的搁浅，现在，就只剩下他一个光杆提督。

　　丁汝昌自觉没脸回去交代，于是选择了自杀谢罪。

　　也许，他选择自杀是对这个国家最好的交代，也是对自己最好的安慰。同时，跟随丁汝昌一起自杀殉国的人，还有驻扎于刘公岛上的北洋护军统领张文宣、"镇远"号管带杨用霖。

　　最后，日本联合舰队从刘公岛上登陆，占领了威海港。北洋舰队余留在岛上的几艘战舰，全部成为日军缴获的战利品。这些战舰全部被插上了日本国旗。

　　有一艘叫"康济"号的战舰，被解除武装，归还给了中国。"康济"号载着丁汝昌、张文宣、刘步蟾等人的灵柩，凄然离开了威海卫，向烟台驶去。

　　蒙蒙细雨之下，遍野哀鸿。凄凄惨惨，惨惨戚戚。

　　没有什么能够告慰海上阵亡的将士，除了沉默和哀痛。

战败因由

甲午一战，李鸿章苦心孤诣经营了二十年的北洋舰队全军覆没了。

如此残酷的现实，像烈火一样炙烤这个七十多岁老臣的心。

这一年，李鸿章已经 72 岁。李鸿章怎么也想不通，一个人口比我们少十倍，土地面积只有巴掌大的国家，才刚刚从愚昧中醒来，这个国家怎么会是我们的对手呢？怎么会让我们败得如此难堪呢？

要知道，根据当时的世界军事年鉴统计的结果，北洋舰队的实力，放眼全亚洲都没有一个对手。

北洋舰队是一支在亚洲排名第一、世界排名第八的威武之师，仅次于英、美、俄、德、法、西、意七国。它拥有装甲 14 英寸、配备 12 英寸的巨炮 7000 吨主力舰两艘，各式巡洋舰、鱼雷艇数十条。每次在海上操演，船阵的规模宏大可观，旌旗蔽日，气势非凡。

若论日本海军实力，其全部吨位炮位及海战的潜力，都远远落后于中国。当时，日本海军实力充其量只能排在世界第十六位。

甲午战争的失败，彻底改写了历史。本来应该是胜的一方，结果一败涂地；本来应该败的一方，结果却大获全胜。

如果分析当时的形势，就是这样。

就连当时的日本人自己，在开战之前，都已经对战争形势做了分析和预判。

日本对此战的预判，有两种结果：

一、小输。联合舰队退回日本。

二、大输。日本全体军民退回北海道，甚至西伯利亚的荒芜之地，等待命运的宣判。

然而，谁也没有想到，北洋舰队一触即溃，就像是纸糊的老虎，看着威武，其实一刺即破。

清政府苦心经营20年的北洋舰队，到最后变成了颠顶松散、贪污腐化、派系倾轧的地方。

所有人到最后都看着李鸿章，看他战胜的时候，乘机从中捞得大把好处，沽名钓誉；看他战败了，便在一边冷漠观望，撇清自己，至于幸灾乐祸，从中作梗就更是再正常不过之事了。

北洋舰队成立之初，朝廷经过海防大筹议，总理海军衙门按照计划给北洋舰队拨款，这些钱要占当时年度财政收入总额的4%～10%。之后，二十多年以来，总共花费过亿两白银。然而这些钱，真正用于北洋舰队建设的，每年不过120万两。

因为体制的腐败，因为缺乏有效监督，所以公款挪用、中饱私囊的现象屡禁不止。这些事情早就成为朝廷默许、官场默认的惯例。李鸿章深陷其中，他参与这个游戏，是这游戏里的一分子。虽然他官居要职，但也无能为力，无法改变那样的现状。

后来的事情，实在令人伤心。

以身殉国的北洋舰队提督丁汝昌，曾给上级写了一份报告。

这份报告里，丁汝昌提及黄海海战时，心痛难忍。他说，如果"定远"号上的重型炮弹再多上几枚，那么日军联合战舰里的"吉野"号就会中弹起火。那么，说不定黄海海战就会是另外一种结果。

还有，因为时任户部尚书的翁同龢，早年与李鸿章有过过节。两人不睦，发展至后来，居然结了死仇。

翁同龢做户部尚书时，便找借口，克扣了北洋舰队两年的经费。

那两年之内，中国北洋舰队因为缺钱，所以未曾购进一船一炮，而日本海军借此机会壮大了自己，乘着中国没有财力购买，日本便倾其全国财力，

从欧美各国大笔购进各式各样的巡洋舰、铁甲战舰、鱼雷艇等，其海军实力在一两年之内得到了突飞猛进的发展。

日本联合舰队里的"吉野"号、"浪速"号、"秋津洲"号等铁甲战舰，都是在这个时候从欧美各国相继购买回来的。

光绪二十年（1894），慈禧太后过六十大寿。

当时，慈禧太后垂帘听政，已经很久很久了。这个叶赫那拉氏，在权力场上追风逐日，多年以后，她终于心生厌倦，开始考虑如何安度晚年的事情。她想找个好去处，颐养天年。

就这样，她想到了清漪园。清漪园确实是个极好的去处，这座后来改名叫颐和园的行宫花园，就在北京城里，专供清朝皇帝享乐之用。

乾隆十五年（1750）的时候，乾隆皇帝为了孝敬其母孝圣皇后，先后动用了448万两白银，重修此园。

然而，到了咸丰十年（1860）的时候，清漪园被英法联军焚毁，大部分地方已破破烂烂得不成样子了。

慈禧太后一念之间，动了重修颐和园的想法，筹措银两就变成了一件大事。

于是，朝廷那些平日里善于溜须拍马的王公大臣，就开始忙活了。

当时，据说朝野之间有这样一种议论：挪用海军经费重修颐和园，让慈禧老佛爷颐养天年，是理所当然的事情。

因此，为慈禧太后办好六十岁的寿辰就成为光绪十四年（1888）以后，清政府着力操办的第一大事和第一要事。

至于其他事情，都得为这件事情让路。如果颐和园不能按期完工，那么老太后肯定会心里不乐。北洋海军建设的速度可以暂且放缓，用于建设海军的经费可以少拨，甚至可以连续两年不拨。

时任总理海军事务大臣的醇亲王奕譞有另一个更为耀眼的身份，他是光绪皇帝的父亲。因此，醇亲王在海军事务大臣之任上，考虑最多的不是如何筹建北洋舰队，在醇亲王的脑子里，他儿子光绪的皇位是不是稳固，儿子的身体是不是健康，这些可要比海军衙门这官职重要多了。

　　于是，我们可以想象，醇亲王为讨慈禧太后的欢心，会如何挖空心思，如何变本加厉地挪用海军经费，为了让颐和园的工程早点竣工，为了让慈禧太后早点搬进颐和园，为了让那个权力之巅的老女人把手中权力早日过户给他的儿子……这是人之常情。为了达成心愿，弄到钱，醇亲王只能从每年朝廷拨付给北洋舰队的经费里一点点克扣了。

　　光绪二十年（1894），慈禧太后终于迎来了她的六十大寿。

　　举国欢庆之日，慈禧太后当然很开心。她一开心就要封赏，给那些对她好的人加官晋爵。

　　一直竭力反对挪用北洋海军经费修缮颐和园的李鸿章，居然也得到了封赏。在慈禧太后看来，这个不趋炎附势的李大架子，才是清政府里不可多得的忠臣。慈禧太后殊恩特配，破格授予了李鸿章"三眼花翎"。

　　三眼花翎，这是清朝开国以来，汉人得到的最高荣誉。这样的荣誉原先只有满族的贝子或者贝子以上的贵族才有资格享有，就连李鸿章的老师曾国藩，也仅仅只是被授予了双眼花翎而已。

　　这一年，李鸿章71岁。被赏赐三眼顶戴花翎，标志着李鸿章已经达到了他事业和人生的顶峰。

　　然而光绪二十年（1894）对清政府来说实在是个多事之秋，也就是在这一年，甲午中日战争让李鸿章的命运从此急转直下，从人生功业的顶峰，跌到了一个事业的最低谷。

　　这年九月份以后，甲午战争全面打响，因为平壤败退、旅顺失守，李鸿章给朝廷汇报了战争的最新进展，顺便因为自己过失，请求处罚。无论是陆军还是水师，清军总是屡战屡败，这让年轻的光绪皇帝很生气。光绪皇帝一气之下，剥夺了慈禧太后赏给李鸿章的三眼花翎。

　　剥夺已经封赏的荣耀，让李鸿章觉得羞耻和难堪不已。李鸿章听闻这个不幸的消息之后，脸涨得通红，瞬间有一种幻灭感，一头撞死的心都有了。

对于才领奖不过几个月还沉浸在荣誉之巅的李鸿章来说，这样的惩罚，比流放或者砍头更让他难以接受。

然而事已至此，又是谁之过错呢？

第十二章

马关条约

赴日议和

李鸿章又恢复了身份，他被选定作为头等全权大臣，赴日议和，这是清政府对他的信任。之前，赴日求和的使臣张荫桓与他的亲家公邵有濂不被日本人待见，去日本逛了一圈，又灰溜溜地回来了。

李鸿章在被选定为议和大臣后，他又向几位军机大臣推荐了时任户部尚书的翁同龢。

翁同龢何许人也？老奸巨猾，搞了一辈子阴谋，自然知道李鸿章此次推荐他的用意。李鸿章推荐他，是要让他来共同承担中日甲午战争失败的后果，说得直接点，就是临死了想拉个垫背的。

赴日议和，签订不平等条约，被日本人鄙视，回国后又接着招致国人一番痛骂。这些事情都是可以预见的。

从前，翁同龢当户部尚书，克扣北洋舰队的经费，跟李鸿章多有过节，两人之间的不愉快多了去了。

翁同龢觉得李鸿章是在乘机报复他，于是，极力推辞，拒绝赴日和谈。

李鸿章又推荐了另外几人，朝廷允准之后跟随李鸿章一起赴日议和，分别是马建忠、伍廷芳、罗傧禄，还有李鸿章的大儿子李经方。

这几个人都有来历。

马建忠曾协助李鸿章办过洋务，担任过轮船招商局会办、上海机器织布局总办，后来还处理过清政府跟朝鲜的外交事务，深得李鸿章赏识。

伍廷芳早年自费留学英国，回到香港后担任律师，成为香港立法局第一位华人议员。在光绪八年（1882）的时候，进入了李鸿章的视野，被李鸿章看中，在李鸿章的幕府里做事。后来出任法律顾问，也曾经参与过中法谈判。

罗俸禄是福州船政学堂毕业的高材生，早年留洋海外，光绪六年（1880）进入李鸿章幕府，在北洋舰队营务处工作，同时兼任李鸿章的英文秘书。

李经方原本是李鸿章的六弟李昭庆之子，因为在同治元年（1862）的时候，李鸿章已经快40岁，还是膝下无子。李母很着急，觉得李鸿章经常四处奔波，到老来还是膝下无子，这样万万不行。于是就自作主张地将李昭庆之子李经方过继给了李鸿章作为嗣子寄养。

后来，虽然李鸿章又在同治三年（1864）生下了儿子经述，但是仍然将经方作为嗣子，李鸿章一直习惯了称呼李经方为"大儿"。

李经方考中举人后，接连几次参加会试不中，于是在李鸿章的安排下，经方就一直留在北洋大臣衙门锻炼。李鸿章督办外交，身边一直带着李经方。经方曾任驻日公使，对日本情况比较熟悉。李鸿章选择让经方跟他同去，一是因为他自己已经年过古稀，行动不便，一路上得有个人照顾。第二个原因，也是考虑到经方比较熟悉日本情况。

光绪二十一年（1895）三月十四日，以李鸿章为首的全权大臣和议和团代表，乘坐德国商船"公义"号，从天津出发，开始赴日和谈。

三月十九日，李鸿章等人到达日本马关。

临去之前，李鸿章已经从张荫衡、邵有濂等处获悉，日本派出的全权大臣是他们的内阁重臣伊藤博文，还有外务大臣陆奥宗光。不说陆奥宗光，一个伊藤博文，就够他们代表团对付的了。

李鸿章记起他和伊藤博文曾在天津有过的一面之缘。那是很久很久以前的事情了。那次，李鸿章根本没有将伊藤博文放在眼里，甚至也没正眼瞧过这个日本人。只记得他小小的个子，长相普通，也没啥特别之处。伊藤在跟李鸿章的会谈中，表现的是一副诚惶诚恐、战战兢兢的样子，讲话也吞吞吐吐。只是后来，怪李鸿章自己太轻敌，太疏忽，才跟伊藤签订了那个看起来并没什么实质内容的《中日天津会议专条》。此约埋下的隐患，导致了中日甲午战争爆发。

想到这里，李鸿章就恨得咬牙切齿。那次天津会谈，他因为一时疏忽，才吃了大亏。这会儿到了马关，一定要好好会会这个伊藤博文。

　　李鸿章等一行人抵达马关后，招致了当时日本一些文人无情的奚落和嘲讽，还有酷爱汉语和诗文的日本人写了一首七绝诗：

> 四亿人中第一翁，败余来仰圣恩隆。
>
> 卑辞厚礼请和议，不似平生傲慢风。

　　这是李鸿章早就料到的。

　　"卑辞厚礼"，是的，日本人说得没错，赴日和谈，他需要"卑辞厚礼"，需要低三下四，需要点头哈腰。这是战败国的代表团应该展现的一种样子。"不似平生傲慢风"，说得也对，当初的"李大架子"，现在，他已经没有资格像从前一样傲慢了。马关不是天津，这里可不是他的福地，不在他的管辖范围内，不是他可以振臂一呼就号令天下。当然，在日本内阁重臣伊藤博文眼里，李鸿章也不再是当年那个神气活现的直隶总督了。

　　甲午一战，中日两国地位发生了天翻地覆的变化，他和伊藤博文的身份也跟着发生了变化。北洋舰队全军覆没。李鸿章二十多年的心血付诸东流。接着，他被剥夺了三眼顶戴，在国人面前颜面尽失。何况是作为战胜国的日本，在马关，日本人当然有理由嘲笑他，奚落他，挖苦他。

　　此次前来议和，或者被日本人说成是"祈和"，李鸿章的目的就是想让中国尽量少花点银子，少赔点钱，少割点地。他要努力争得一分是一分。如果他做到了，那么就是豁出去他这张老脸也值了。

首次会谈

光绪二十一年（1895）三月二十日，下午两点半，中日双方全权代表首次举行会谈。会谈地点由伊藤博文定在了马关春帆楼。

全权大臣李鸿章、参议李经方、参赞罗俸禄，马建忠、伍廷芳以及两名日语翻译等随从人员，一起登船上岸，又坐上轿子，前往位于日本山口县下

《马关条约》谈判签字时的春帆楼

关市的春帆楼。

春帆楼本来不叫春帆楼，只是个有名的小饭馆。这家饭馆里的招牌菜是河豚菜，伊藤博文经常来这里光顾河豚宴，后来他把中日和谈地点定在这儿后，就给起了春帆楼这个名，并把这3个汉字，亲笔题写在门口的牌匾上。

"春帆楼"，春天大海上自由自在行驶的帆船，预示顺利和祝福之意。伊藤博文熟悉汉语，便取了这个吉祥中又带点雅致的名字。春帆楼位于高处，站在二楼阳台，可以尽情俯瞰。山丘下是大海，大海边有日本军港，军舰不断穿梭来往，海上黑烟滚滚。

也许，伊藤博文花了这么多心思，就是想要让李鸿章看到日本海军力量的强壮，希望以此震慑李鸿章，让李鸿章看到这些就会感到压力，感到一种让他喘不过气来的压力，从而使得日本代表团牢牢掌握会谈主动权。

李鸿章一行辗转几个小时，终于到了议和地点——春帆楼。

在楼下稍作休息，这期间，李鸿章的大脑高速运转。他坐在长沙发上，双眼紧闭，思绪闪烁不断，眼前是些虚幻的图像：光绪二十年（1894），曾经那么威武那么壮观的北洋舰队……后来，李鸿章以飞快的速度回忆了慈禧太后老佛爷临走之前交代给他的"议和尺度"。他希望尽量理清思路，把自己调整到最佳状态，沉着应战，等着接下来跟伊藤博文针尖对麦芒式的交锋。

李鸿章不断告诫自己，保持冷静，不要再像上次天津会谈一样，那么操之过急，那么随意潦草，只图自己心中一时之快，却置国家前途和利益于不顾……

过了不多久，李鸿章一行人上楼，步入二楼会议大厅。

日本出席会议的代表，早都已经到场了。

伊藤博文、陆奥宗光，除这两人以外，还有其他几名助手、随从共五人，一起出席这次具有历史意义的会谈。

二楼会议桌前，伊藤博文、陆奥宗光等人站了起来，不置可否地笑，欢迎李鸿章一行到来。

李鸿章坐下后，才发现伊藤博文给他们预备凳子，都比日方代表的矮

一截。

中日双方议和团人员，分坐在长条会议桌的两边。

伊藤博文："李总督别来无恙啊！"

李鸿章："伊藤先生别来无恙！"

伊藤博文："自天津一别，甚是想念。甲午战后，李总督似乎也老了不少嘛！"

甲午战败、北洋舰队全军覆没、旅顺失守的消息传来后，李鸿章一直竭力支撑的一片天，轰然坍塌了，他在一夜之间，须发全白，他直挺的腰也变得佝偻了，整个人看起来就像是得了一场大病。

李鸿章："中方损失惨重，我心有愧。"

伊藤博文："按照惯例，本日应办第一要事，我们日中双方应互换全权文凭。"

李鸿章从一裹早已准备好的黄绸布包袱里拿出了绘有黄龙图案的圆筒，圆筒里就装着这次议和的全权证书，另外还有一份英文翻译书。李鸿章将其一并拿出来，交给伊藤博文。

伊藤看过后，也将日方全权证书连同一份英文翻译交给李鸿章过目。

互相看过全权证书，没有意见。

于是伊藤博文为接下来的正式谈判颁布了四条命令：

（一）除中日双方谈判人员外，其他人不得进入会场。

（二）各报报道，必须经过日本新闻检查机构审查，方可付印刊登。

（三）除官厅外，任何人不得携带凶器。

（四）中方代表团人员出入的旅店，必须由日本安保人员随时稽查。

接下来，中日双方进入了实质性的谈判阶段。

伊藤博文："李总督，此次前来议和，中方诚意如何？"

李鸿章："甲午战后，中国诚心想与贵国修好。如果不是诚心，我都已经这把年纪了，肯定不会千里迢迢跑到贵国来听您说风凉话。"

伊藤博文："哦，贵国要有诚意那自然很好。"

李鸿章："甲午战争，中国惨败，让我们看到了贵国海军实力这几年的突飞猛进。我们从长夜美梦中惊醒，痛彻心扉。耻辱性的失利，让我们获益匪浅，产生了继续发奋图强的动力。"

伊藤博文："李总督说得好。贵国既然战败了，就该认怂，就该承担作为战败国不可推卸的责任。"

说完这句话后，伊藤博文直截了当地提出了日方早已经商定好的条件。

"天津大沽口、山海关等地的清兵须全部缴械，此外，天津至山海关这一段铁路交由日本管理。还有，中国既然要求停战，那么停战期间日方损失的全部军费均须由中国承担。"李鸿章听完后，大吃一惊，心想日本人未免太过贪婪。日本人狮子大开口，这些条件，他如何能答应？他要答应了，那不就是投敌卖国吗？他不就是卖国求荣的汉奸吗？

日本希望收缴天津大沽口、山海关等地的清兵武器。他一旦答应，那么中国岂不就是等于白白失去了直隶地区包括北京城的防御吗？

李鸿章摇头："万万不可！万万不可！伊藤先生，您要求太过严苛了，中方怕是不能答应。我身为直隶总督，天津、大沽、山海关都在直隶管辖范围内。伊藤先生试想一下，如果换作是你，你会怎么做？"

伊藤博文就笑，说："李总督啊李总督，需要我再次提醒您一下，中国是战败国这个既定的不可更改的事实吗？"

马关春帆楼，一场唇枪舌剑。双方争执不下。日本人似乎咬定青山不放松，一定要李鸿章答应他们那些无礼的请求。

李鸿章断然拒绝。

据说，之前日本情报机构的侦察人员，已经破译了李鸿章与清政府之间来往的电报密码。通过电报，获悉了慈禧太后授予李鸿章的"谈判尺度"。

这个谈判尺度，后来被人大书特书，而在此时，日本议和团所有人员都已经心知肚明。

慈禧定了一个大概尺度，"割地以一处为断，赔款以一万万两为断"，剩下的让李鸿章自己发挥，能少赔就尽量少赔，不能少赔，那么就按这个标准

签字画押即可。

中日双方会谈，谈判暂时陷入了僵局。

李鸿章步行回到了下榻的地方——净土宗引接寺，这是伊藤博文专门为李鸿章准备的寓所，环境幽谧，气候宜人。

带伤谈判

几天以来，李鸿章都是早出晚归，从净土宗引接寺到春帆楼的两点一线，他忙得焦头烂额，心里烦躁不安，想尽了各种办法对付伊藤。结果，李鸿章自以为言之凿凿，理论充分的反驳，都被人家"不要忘了中国是战败国"这一句话给噎了回来。

光绪二十一年（1895）三月二十四日下午，中日双方第三次谈判结束了，还是没有取得一点实质性的进展。

李鸿章缓步走出春帆楼，他太累了，心力交瘁，于是坐上了前往寓所的轿子。

轿子走在半途人多的地方，突然冲出来一个蒙面男子，挡在了道路中央。在抬轿子的人来不及反应之时，蒙面男子迅速掏出枪来，照着李鸿章的面部射了一下，然后迅速逃离了人群。

这一场刺杀行动，如此突兀，让人来不及反应，来不及多想。它的发生和结束，都是那么迅疾，那么突然。迅疾、突然得都让人误以为这是一场意外，而不是谋划已久的行刺。

李鸿章左颊中弹，顿时血流如海。鲜血染红了他崭新平整的官袍，也见证了这位中国老人的一颗赤子之心。

身负重伤的李鸿章，被紧急送到了当地的一家医院，进行抢救。

昏迷之前，72 岁的李鸿章，潸然落泪，望着从他面颊上不断流淌下来的鲜血，李鸿章表现得很得体。他没有哭天抢地，也没有哭爹喊娘，只是一字一顿地说："此血可以报国也。若舍予命而有益于国，亦所不辞……"

如此的慷慨激愤，让人心生敬佩。这是一个直隶总督应该具有的风范和气质。

不久之后，行刺者就被抓住了。这起行刺事件，系 21 岁的日本浪人小山丰一郎所为。据查，小山原是日本右翼"神刀馆"成员，不希望中日停战，更不愿意看到中日双方坐下来议和。"神刀馆"成员希望战争能够一直打下去，所以决定刺杀李鸿章，借此激化两国之间的矛盾，从而将战争进行到底。

这个日本浪人的想法，与日本政府的想法大相径庭。

日本政府拟定谈判方略，说到底还是希望借助战争逼迫清政府与其签订不平等条约，让日本能够从中获益，仅此而已。

听闻李鸿章被日本浪人小山丰一郎行刺的消息，国际社会舆论一片哗然，纷纷发表声明，谴责日本。

让伊藤博文最担心的事情还是发生了。

日本人的把柄落到了西方各国列强手中，日本浪人的行为有失妥当，无异于授人以把柄。

伊藤很生气，在小山丰一郎被抓捕入狱后，他显得有点气急败坏，苦心孤诣营造出来有利于日本的谈判环境，竟然被一个右翼分子鲁莽的行为粗暴地破坏了。

李鸿章遇袭，意味着在谈判桌上日本当即失去了主动权。甚至可以说这件事情对日本的影响，比战场上一次大的溃败更严重。

清政府听闻李鸿章遇袭的消息后，迅速发来慰问电报，同时还给李鸿章几句叮咛和嘱咐之语。大概意思如下："朝廷已经获悉你遇袭一事，我们对此深表关切和同情。你遇袭这事，是坏事，又是好事。如今，舆论哗然，西洋各国纷纷谴责日本卑鄙无耻之行径。这正是日本理亏的时候，你应该抓住时机，据理力争。"

收到清廷发来的电报，李鸿章还是有点感激，同时又有些隐隐的担忧。议和任务还没有完成，他很想去据理力争，然而，他做不到了。现在他成了个废人，躺倒在了净土宗引接寺寓所里的病榻上，睁着双眼，整宿整宿地失眠。弹片残留在皮肉里，等到麻药药劲儿一过，左颊部位就传来阵阵钻心刺骨的痛，那么难以忍受，让他气喘不止、汗流浃背。整个人疲惫不堪，累到虚脱，像是被人不慎踩到脚底下的蚂蚁，正在做着一些垂死的无谓的挣扎。

已经 72 岁高龄，李鸿章固执地不愿再做大手术，后来这颗子弹就一直留在他的脸颊里了。

春帆楼上的会谈还在继续。因为李鸿章遭此不测，儿子李经方接过了李鸿章的大旗，负责与日方代表继续进行谈判。

这几天，会谈结束后，伊藤博文都会来寓所看望李鸿章，带来有关议和的最新进展。

最让人振奋的消息是日本迫于国际社会的压力，终于同意停止对中国宣战，双方可以坐下来好好谈。

一颗子弹换来了日本无条件停火的协议，李鸿章觉得心里痛快许多，至少说明他的血没有白流。

这之后，中日双方议和进入了一个新阶段，即敲定赔款数额问题。

伊藤博文之前要求三万万两，现在减为两万万两。

中国议和团成员李经方，在春帆楼二楼会议室转述了父亲李鸿章的意思："赔款两万万两，数额过巨，实非今日我国所能承担，能否再减轻？"

伊藤博文很生气："本备忘录是在尽量予以减轻而后所拟定，实无再减之余地，尚乞谅解。今后，如战争继续，赔款数额将不止于此……贵国土地富饶，人民众多，幅员辽阔，广大无比。"

李经方还要再争，被伊藤博文制止住了。

"不要忘了中国是战败国这一事实。不要忘了日本联合舰队现在已经拥有六七十艘战舰。这些战舰全部集结在广岛和神户港，准备随时待命呢！"

这天下午，伊藤博文又去看望李鸿章。

静养几日后，李鸿章气色好了许多，只是左半边脸还是有些浮肿，肿块未消，因为子弹残留在皮肉里，无法消融，整张脸就显得有一点点扭曲，一点点变形。这也算是日本留给他余生最难忘的记忆了。

难以泯灭的记忆，里面包含了刻骨铭心的痛楚。

再次见到伊藤博文，李鸿章微微颔首，一笑置之。

伊藤博文随同李鸿章走出了寓所，走到大街上，又坐轿到了春帆楼，上了二楼，站在二楼阳台上，凭栏远眺。远处是绿色的山丘，近处是繁忙的蔚为壮观的日本军港。

李鸿章忽然明白了伊藤博文的用意。

伊藤博义带他到这里，名义上是看风景，其实只是想让他看看日本海军潜藏的威力还有多大。是不是蓄势待发，还可以再打一次甲午战争呢？

驻足春帆楼，站在二楼宽敞的阳台上，出神地凝望着不远处的繁荣昌盛的日本军港，李鸿章与伊藤博文，心态不一，心情也大不同。

两人私下聊天，仍然针锋相对。

李鸿章：今日我国国库连年亏空不止，希望阁下多多体谅。赔款数额如此巨大，将会很快为世人所知晓。彼时，外国资本家将会乘虚而入，给中国造成难以磨灭的影响。

伊藤博文：关于此事，以敝人之地位，不能进行任何谈论。

李鸿章：如果订立的合约不可更改，那么中国不想违约，从而让贵国再因此事挑起战争。为了防患于未然，希望阁下能够减轻所提条件。

伊藤博文：已经充分考虑了贵国情形，在可能减轻的限度内，已经减到不能再减。因此不能允许再减轻分毫。

李鸿章：贵国是战胜国，中国是战败国。照理说，战胜国要求战败国不论什么条件，战败国都得点头哈腰地答应。但是贵国提出的条件如此苛刻，中国实在难以接受。

伊藤博文：那么，李总督的意思就是拒绝我们日方提出的要求？

李鸿章：不，绝对不是那样。我和我的国家求和之心非常恳切。这一点，

伊藤先生大概早就有所洞悉。我只是坦率地表达了我国的实际情况而已。

伊藤博文：既然如此，那就没有再减的道理了。

李鸿章仍然不依不饶，赔款减不下来，他也认了。现在他想就割地问题，再跟伊藤博文好好谈谈。

李鸿章：历来欧洲各国交战，从来没有一个战胜国要求将侵占之地完全割让的先例。比如，普法战争。德国人曾经在此役中占领了法国的大片疆土，然而他们提出的割让要求，却极其宽大。现在，贵国要求将奉天南部所占之地，即几乎整个辽东半岛全部割让，还有对没有占领的台湾也提出了割让要求。贵国提出的这些要求，是不是有点过分了？

伊藤博文：李总督就只知道一个普法战争吗？这样的事情早就已经屡见不鲜了。普法战争，只是特例而已。

李鸿章：当年，英法联军兵临北京城下，他们也没有提出割让土地的要求。

伊藤博文：英、法两国虽然没有要求割让土地，但是他们有其他企图。再者说来，就算英、法两国没有要求割让，并不代表日本没有资格要求中国割让辽东半岛。不要忘了中国是战败国。

李鸿章又被噎住，突然之间，整个人就像一只泄了气的皮球。他意识到不管自己再怎么巧舌如簧，再怎么能说会道，到头来还是会被伊藤博文这句话给顶回去。

没有理由，也不容分辩，日本是战胜国。因此，所有条约内容都由他们说了算。中国是战败国，因此没有什么资格讨价还价。

谈判到这里就又戛然中断了，没有再能持续下去。

李鸿章与伊藤博文并肩走下了春帆楼。

黄昏的海风吹起来，一切都在海的呼啸声中幻灭了。

耻辱的《马关条约》

　　光绪二十一年（1895）四月十七日，谈判终于陷入了死局，到了无法再谈的时候，李鸿章发送秘密电报给清政府，汇报了日本方面提出的各种要求。

　　清廷发来电报：照此执行。

　　得到了允准，李鸿章还是不忍心，思虑再三后，又回到春帆楼，请求与日本全权大臣面议。

　　在这次会议上，李鸿章再三请求，刻意磋磨，希望日本能够再减少一点赔款数额，哪怕再减少两千万，这两千万就当作是他回家的路费。

　　结果，李鸿章的请求被伊藤博文断然拒绝了。

　　日本方面在这件事情上毫不相让，赔款数额两万万两，不再减少一分一厘。唯一的声明是，这些钱中国方面如果能在三年内还清，可以不用支付利息。其他的，再没什么好谈的了。

　　李鸿章不得不咬咬牙，厚着脸皮在那份日本人早就备好了的条约上签字，写上了自己的名字。

　　这就是让每一个中国人都会感觉耻辱和愤怒的《马关条约》。

　　内容一共有十一款，字数两千多字。

　　　　大日本帝国大皇帝陛下，及大清帝国大皇帝陛下，为订定合约，俾两国及其臣民重修平和，共享幸福，且杜绝将来纷纭之端，大日本帝国大皇帝陛下，特简大日本帝国全权办理大臣内阁总理大臣从二位勋一等伯爵伊藤博文，大日本帝国全权办理大臣外务大臣从二位勋一等子爵陆奥宗光，大清帝国大皇帝陛下，特简大清帝国钦差头等全权大臣太子太傅文华殿大学士北洋通商大臣直隶总督一等肃毅伯爵李鸿章，大清帝国钦差全权大臣二品顶戴前出使大臣李经方，为全权大臣，彼此较阅所奉谕旨，认明均属妥实无阙，会同议定各条款，开列于左……

正式文件繁复冗长的开头，巨细靡遗地交代了签订合约的双方人员各自身份。

李鸿章的身份很多，头衔也很多。

因此，文书里介绍他的句子，就显得很长，很拖沓，似乎要长出上一口气，才能接着读下去。

钦差大臣、文华殿大学士、北洋通商大臣、直隶总督、一等肃毅伯爵……如果这份文书，只是记载了这么一个繁复冗长的开头，没有内容，没有过程，也没有结果，那该有多好。李鸿章一生功事，他的身份和头衔，如果不是写在这张纸上，就随便写在哪里，随便写在其他什么地方，那会是一张多么霸气的简历……

后来，这《马关条约》，我们在历史教科书中曾经数次窥见过它的面目，它被简单归纳成了如下几条。

（一）中国从朝鲜半岛撤军，并承认朝鲜的自主独立，中国不再是朝鲜的宗主国。

（二）中国割让台湾岛及附属岛屿、澎湖列岛和辽东半岛给日本。

（三）中国赔偿日本军费2亿两白银。

（四）中国开放沙市、重庆、苏州、杭州为商埠，日本轮船可以沿内河驶入以上各口。

（五）允许日本人在中国通商口岸设立领事馆和工厂，以及输入各种机器设备。

......

签完了《马关条约》，李鸿章的任务就算"圆满"完成了。

跟伊藤博文挥手告别时，李鸿章麻木的痛感又再次被这种伤感的情景激活了，像是冬眠的动物，在即将到来的春天又再次苏醒过来。

李鸿章又像是得了一场大病，整个人憔悴了一圈。腰背佝偻着，脸上裹着厚厚的纱布。他的伤疤太深，太痛，无处可以治疗，也无人可以安慰。

回首十年前天津阅兵时的情景，当时的他，曾是何等的威风，何等的意气风发。一切真是恍若一梦。

李鸿章扭过头去，暗暗发誓：从此以后，终身不履日地。

船只起航回程的时候，李鸿章默默地闭上了眼睛，不禁自嘲：造化弄人，造化弄人，都是造化弄人啊！

母亲去世后，李鸿章也曾有过一阵恍惚，一度想要辞职告老。当年，他三番五次上奏，但朝廷就是不予批准。

命运似乎注定了让他做这"卖国贼"。

现在，他就真是名副其实的"卖国贼"了。

李鸿章这"卖国贼"的身份自从《马关条约》签订之后，就是想推也推脱不掉了。那是烙印一样的东西，深深地糅进了他脊梁骨上夹带的肉里。

从此以后，他会被人指着脊梁骨骂。

比如："卖国求荣""苟且偷生""卑鄙无耻""丧权辱国"……日本议和，在丧权辱国的条约上签字，他做的事情，似乎都明明白白地指向了这些贬义色彩十分浓烈的词语。

回程途中，李鸿章已经在设想当国内四万万民众看到这份由他签字确认的议和文书时，种种义愤填膺、愤怒非常的样子。

国人一定恨死了他，会想把他撕成碎片，一口一口吃进肚里，以缓解心头之恨。

他将会被钉上历史的耻辱柱。

他会成为秦桧那样的人，或者说他已经变成了下一个秦桧，不但遭到当世之人无情的唾骂，甚至，也会遭到千千万万个后世之人强烈的鄙视。

如果说，"一将功成万骨枯"，那么李鸿章这算不算"一失足成千古恨"的典型代表呢？

以前漫长的归途，现在突然感觉到了短暂。好像是一眨眼的工夫，李鸿章乘坐的轮船已经从日本港口开到了天津码头。

他回来了，是带着一份丧权辱国的条约一起回来的。

归国之后，李鸿章没有马上进京汇报。

对于日本议和之事，他已经再没有颜面汇报什么。不知道要说什么，也不知道怎么说。于是，临时决定什么也不说。实在推脱不过之事，就先交由儿子经方出面打理。

至于日本议和，最后都谈了些什么？中日双方达成了哪些协议？割地多少？割的哪里？赔款多少？几年还清？开放多少通商口岸？开的哪里？这些，《马关条约》里都有。条条框框，一字一句，都写得很清楚，写得很详尽，不用他再费尽周折另拟奏折了吧。

李鸿章选择留在天津寓所养病。他渐渐老迈孱弱的身体，经此一劫之后，似乎就彻底垮了。

每天，李鸿章就是足不出户，也能隐隐听到大街上传来的骂声。

舆论对他一浪高过一浪的声讨，似乎到了极限。

"卖国贼""卖国贼""卖国贼"……是大街上游行的队伍，步伐整齐，口号洪亮，似乎是回响在云霄之上的声音，过一会儿，又像是落在了带着回音的空旷的房间……

这是天津人民自发组织的游行和示威活动。

可想而知，北京是什么样儿，威海是什么样儿，旅顺是什么样儿。甚至，还有台湾。台湾并未参与这场中日战争，但是作为协议的一部分，它被割让给了日本。这才是最大的屈辱。

病榻上的李鸿章，心里想了很多。不知道台湾人民这会儿怎么骂他，骂他的娘？骂他的老子？

73岁的老人，他的眼眶再次湿润了。

后来，李鸿章还是牵挂此事，越是想放下，就越是放不下。于是，又挣扎着坐起来，用颤抖的右手提笔写了一道准备上给光绪皇帝的奏折。

这份奏折，李鸿章是考虑了很久才开始动笔写的。他要给光绪皇帝说些自己的心里话，也许还没等他写完，革职查办的圣旨就会递到他手上。那么，这可能将是他人生的最后一份奏章了：

"敌焰方张，得我巨款和沿海富庶之区，如虎添翼，后患将不可知。臣昏耄，实无能力。深盼皇上振励于上，内外臣工齐心协力，及早变法求才，自强克敌，天下幸甚……"

赴任两广总督

《马关条约》的签订，在全国引起了强烈的反响，人人视之为奇耻大辱，一时之间，舆论哗然。签订此条约的李鸿章，自然被推到了舆论的风口浪尖。

他成了"卖国贼"的代名词，他的名字跟卖国贼画上了等号。

光绪皇帝迫于社会各界压力，解除了李鸿章直隶总督兼北洋通商大臣的职务。

然而，跟日本割让台湾的交接手续，还未办妥。于是，朝廷又派李鸿章跟儿子李经方赴台处理此事。

李鸿章推辞了，坚决不去。

这次，他要做一回自己的主。李鸿章还给儿子李经方找了借口：经方身体不适，赴台之事还是另派别人为好。

清政府批驳了一通李鸿章。

办理割让台湾的交接手续，是属于跟日本议和事件的一部分。这件事情，还没有最后完成。因此，李鸿章不得为儿子李经方推脱。如果办不好，还得拿你们李家父子是问。

话说到了这份上，就像是木已成舟，再没有挽回余地。

无奈，李鸿章只得继续当这替罪羊，继续被骂"卖国贼"了。

匆匆赴台，与日方代表办理交接手续，签字，画押，把风景秀丽、物产丰富的宝岛台湾拱手让人，在极度的不情愿中完成了清政府交给他的这最后一项任务。

李鸿章得以彻底解脱。

现在，他是人见人恨、人见人骂的"卖国贼"，是过街的老鼠，人人喊打。

他想自己如果不坐轿子，大摇大摆地行走在北京的大街上，大家看到他，将会怎么骂他。

"你这人居然还有脸活着？你怎么还不去死？你丢尽了中国人的脸……"，诸如此类。

然而，过不久，光绪皇帝在解除了李鸿章直隶总督兼北洋大臣的职务后，又顶着压力，给他安排了新的差事——两广总督，外兼治河大臣。

也许，光绪皇帝和慈禧太后两人对李鸿章心里有愧，才又给了他两广总督这个职务，让他南下广东投个闲差。这样，不至于让李鸿章晚景太过凄凉。还有，选派李鸿章作为治河大臣，因为黄河总是会发大水，李鸿章脑子灵活，到时候一定会想出些让人拍案叫绝的治河妙招。

朝廷上下谁人不知道李鸿章是替罪羊？李鸿章去日本议和，赔款、割地、开放通商等都是清政府一一点头同意，授意李鸿章后，他才敢签字确认。

然而，外界和舆论的声讨，只能指向一个人的时候，李鸿章就只能背黑锅了。要不然让舆论谴责慈禧太后？谴责光绪皇帝？谴责这腐朽堕落的已经渐至穷途、渐趋末路的清政府？

毕竟，那样太不现实。

后来，李鸿章还是带着谕旨南下广东赴任去了。他想在临死之前，再做点有意义的事情。

可以预见的是，如今，当他卸下了直隶总督和北洋通商大臣这两顶帽子之后，应该不会再像过去那么忙了。让他去做两广总督，就有点类似于过去的戍边。过去，历朝历代，朝廷动不动就把犯了点错误的人发配边疆，永远不再召回。

李鸿章想，两广总督外加治河大臣，这个职务，虽然都不是什么要害之职，甚至根本无法和直隶总督相提并论，但应该还是能让他做点实事。

如果黄河发大水，他可以在黄河边上督工。干累了，就坐下来好好休息一下，听着黄河之水滔滔不绝流向远方之时，还可以顺带着思考一番人生。

从前，他的兄长李翰章，也曾做过两广总督。听说两广之地民风彪悍，盗贼纵横，他得去好好治治……

第十三章
出访欧美

《中俄密约》

光绪二十二年（1896）四月，73 岁的李鸿章开始了他的欧洲之行。李鸿章前后历时大半年，200 多天时间，先后出访了俄国、德国、比利时、法国、英国等国家。

俄国是第一站。

光绪二十二年（1896）六月三日，当时身在俄国的李鸿章，在清政府的授意下，同俄国签订了《御敌互相援助条约》，后来又被称作《中俄密约》。这是清政府指派李鸿章出使俄国的一项重要任务。

话说甲午战争后，中国被迫割让辽东半岛给日本。在国际舆论一致的压力之下，特别是俄国做好人，联合德、法两国一起，向日本施压，最后达成一致，中国追加了对日本的战争赔款，让日本退还了辽东半岛。

俄国人"路见不平拔刀相助"，这让清政府很感动。一时之间，中、俄两国好像突然变成了盟友。

清政府对俄国的好感顿时大增，于是专门派李鸿章出使俄国，主要还是希望能够继续改善中俄关系，从而谋得一些好处。

《中俄密约》就是在这种背景下产生的。

李鸿章一行，随同俄国总理大臣维特到了莫斯科，随后经过几天秘密商议，双方签订了《中俄密约》。

这份密约内容主要有以下六条：

（一）今后，日本如果侵占远东或中国以及朝鲜土地，中俄两国应以全部海、陆军相互援助。

（二）如果非两国共商，缔约国一方不得单独与敌方议和。

（三）开战时，中国所有口岸均准许俄国兵船驶入。

（四）为使俄国便于运输部队，中国允许黑龙江、吉林等地建造铁路，以达海参崴，该事交由华俄道胜银行承办经理。

（五）无论战时或平时，俄国都可能通过该路运送军队军需品。

（六）此约自铁路合同批准日期开始生效，有效期十五年。

根据密约第四条内容，俄国修建的西伯利亚大铁路，毫无障碍地穿过了中国领土，直达海参崴。这使得俄国对远东地区的控制权进一步加强。

李鸿章看得清楚，俄国人并非善茬，就这密约里讲明的第四条的内容，进一步滋长了俄国人的野心，会使俄国爪牙伸入中国远东地区，可能会遗患无穷。

然而，当时为了抵御日本，为了抵御日本可能对中国实施的进一步侵略计划和行动，已经被日本打怕了的清政府，只能委曲求全，委托李鸿章跟俄国签订了这份密约。

后来的事情，超出了预料。

《中俄密约》签订后不久，在李鸿章还未回国之前，有关密约的内容，就已经公开化地作为头条新闻，发表在了上海当地的一家报纸上。这让清政府大为震惊。清政府暗地里追查泄密者，誓要对其实施惩罚。

不知道日本人会怎么看。如果这条新闻传到日本，会让日本人惊出一身冷汗吗？

一时之间，舆论哗然，国内民众看到新闻后，普遍都认为这是继《马关条约》之后的又一份不平等条约，是真正的丧权辱国。

中国对日本奴颜婢膝，那还有情可原，因为甲午战争，中国毕竟失败了。这次对俄国低三下四，奴颜婢膝，与其签订这份不平等条约，又是唱得哪一出呢？

李鸿章"卖国贼"的身份，刚刚熄灭，这回又再次被舆论的薪火点燃了。

荷、比、英、法之行

光绪二十二年（1896）六月十三日，李鸿章离开了俄国，坐火车前往计划中的下一站——德国。

光绪二十二年（1896）七月五日，李鸿章离开了德国，经过一天短暂的旅途，到达了荷兰。

荷兰是欧洲面积较小的国家，与德国和比利时毗邻，但是因其最早兴起海上运输业，它的殖民主义事业扩张到了全球很多地方。所以，这么一个小国家在很短的时间内摇身一变，成为欧洲一霸。

李鸿章出席了荷兰政府为他准备的国宴，与荷兰国王进行了亲切的交谈。

由于行程太紧，李鸿章只在荷兰逗留了三日，于八日清晨离开了荷兰，赶赴计划之中的下一站——比利时。

李鸿章到达比利时，在比利时首都布鲁塞尔，觐见了比国国王利奥波尔德二世，出席了比利时国王为其准备的隆重的晚宴，在晚宴上，利奥波尔德与李鸿章交谈甚欢，两人就卢汉铁路修筑问题，交换了意见。除此之外，作为军事家的李鸿章还应邀参观了比利时军队的军事演习，参观了当地一座军工厂。

李鸿章对比国的军事装备大加赞赏，这些先进装备和武器，给他留下了深刻的印象，让他不禁联想到自己苦心经营十多年的北洋舰队，也许主要还是因为设备落后，才在甲午战争中被日本海军全歼。如若当时有钱，再购进一支巡洋舰，那么那一仗，中国也许就赢了呢。

结束对比利时的访问后，李鸿章一行又匆忙出发，赶往法国，于七月十三日来到了法国巴黎。

Le Petit Journal
SUPPLÉMENT ILLUSTRÉ

LES HOTES DE LA FRANCE
Le vice-roi Li-Hung-Chang, ambassadeur extraordinaire de Chine

1896 年李鸿章访法期间，法国杂志上登载的李鸿章画像。

　　李鸿章赶上了好日子，是时正值法国国庆。对法国人来说，这是一个举世瞩目的大日子。

　　李鸿章在爱丽舍觐见了法国总统富尔后，第二天，应邀参加了法国国庆盛大的阅兵仪式。

　　巴黎是浪漫之都，塞纳河穿城而过，历史悠久，使城市平添了几分浪漫和诗意。在河边走走，放眼望去，平坦广阔的巴黎盆地，一览无余。

　　李鸿章夜游塞纳河，在河边慢慢踱步，用心体会如此安逸闲适的城市，不时会有金发蓝眼的法国人说着笑着从他面前走过。微风拂过他的脸颊，似乎熨展了他横生的皱纹，又让他年轻了好多岁。

李鸿章还就"照镑加税"问题同法国外交部长汉诺多进行了磋商，参观了巴黎当地几家报社、久负盛名的艺术博物馆——卢浮宫，还有巴黎大学等等。

这些参观和考察活动，使得李鸿章大开了眼界。法国的政治、经济制度、文化，对他来说都是新事物，新事物的冲击力让他久难忘怀。

李鸿章欧洲之行的最后一站是英国。

光绪二十二年（1896）八月二日，李鸿章结束了对法国的访问，准备前往英国。

法国政府派出了专门的轮渡，送别李鸿章，横穿英吉利海峡，到达英国。

在伦敦，李鸿章觐见了赫赫有名的维多利亚女王，又专门前去拜访了英国前首相克莱斯顿。

在朴茨茅斯军港，参观英国海军舰队的时候，李鸿章大为感慨。英国海军行列整肃，军容雄胜，看起来就是一支训练有素的军队。

当年，清政府向英国造船公司订购的两艘撞击式巡洋舰就是从脚下这个军港出发，开往中国，最后组成了世界第八的北洋舰队……可是，后来一切都化作了泡影。

李鸿章在英国同样也受到了热情的接待，还有无数的追捧。他像现代演艺圈里身价百倍的明星一样，走到哪里都有人来围观。

当时，有个博闻强识的英国人见到李鸿章之后，无法抑制内心的激动，于是写了一段话，来描述他们眼中看到的李鸿章："他像来自另外一个世界的身材奇高、容貌慈祥的异乡人。他蓝色的长袍光彩夺目，步伐和举止端庄，向每个人投以感激和优雅的微笑……"

最后一站

　　光绪二十二年（1896）八月二十二日，李鸿章结束了欧洲之行，又乘船横渡大西洋，前往北美访问，主要是对美国和加拿大这两个北美国家的访问。

　　经过数天海上航行，李鸿章于八月二十八日抵达美国纽约。

　　美国人民很热情，也很友好。

　　年轻的海军舰队分列两侧，夹道欢迎。

　　当时，正在海滨度假的美国总统克利夫兰特地赶往纽约，接见了这位中国的铁血宰相。双方又就"照镑加税"问题进行了详细的磋商和探讨。之后，

1896 年，李鸿章与美国总统克利夫兰（左二）会面的情景。

李鸿章又在美国外交部人员的陪同下，进行了一系列访问和参观活动。

比如，会见美国基督教教会领袖。在跟教会领袖的会谈中，李鸿章突然想到了太平天国的洪秀全，让他心里一阵悸动。洪秀全当年起家的时候，就是跟某位西方基督教教士偷偷学了点招数，然后才开始创立了什么拜上帝教的。还好，美国传教士行事向来谨慎，来中国传教的人，素质都还比较高，跟中国当地人没有发生什么大的摩擦和矛盾，不像法国传教士，一来就惹是生非。

后来，李鸿章还到了费城，参观了位于费城的美国独立厅、自由钟等具有明显纪念意义的东西。

李鸿章美国之行的最后一站是华盛顿。在美国首都华盛顿，他参观了美国国会和图书馆。

李鸿章想，这个新兴的北美洲国家，从建国到现在也不过只有区区100多年的历史。它摆脱了英国殖民统治后，开始了自身的蓬勃发展。社会面貌日新月异，让世人为之瞩目。这样一心一意谋发展的国家，值得中国学习和借鉴的地方，实在太多了。

九月五日，李鸿章一行结束了对美国的访问，又乘船北上，前往加拿大。

途经美国和加拿大边境的尼亚加拉大瀑布，美好的自然风光让李鸿章心情大好。

抵达加拿大，在加拿大外交部人员陪同下，出席活动，又参观了著名城市多伦多，去了加国西海岸的城市温哥华。

至此，李鸿章的出访活动，总算结束了。欧洲六国还有北美两国，总共历时200多天，途经两万多公里。

这大半年时间，李鸿章走了他一生所能走的最远的路。

回程的时候，李鸿章突然很感慨。出访途中的一幕幕，都在心里留下了清晰的印象和记忆。也许，已经73岁高龄的他，今后再也没有机会长途跋涉远渡重洋了。

这一年九月十四日，李鸿章搭乘美国太平洋轮船公司的轮船，横渡太平洋，踏上了归途。

到达日本横滨的时候，因为中途要换乘轮船，当李鸿章看到眼前负责周转运送人员的是一只日本轮船的时候，他坚决不下船。

日本是伤心之地，那些愤恨，那些耻辱，依然留在马关春帆楼会议大厅里的桌子上，那么多人看着，他提笔在一份代表丧权辱国的协议书上签下自己的名字的事情，仿佛还在昨天，原来一切都没有走远。他曾暗暗发誓，终身不履日地。

身边随行的人员没办法，只好在美国轮船和招商局轮船之间架起一块小小的木板。

73岁的老人，冒着掉进水里的危险，颤颤巍巍地走过了木板，又在随行人员的搀扶下，坐上了中国的轮船。中间，他没有让自己的身体，沾染日本一丝一毫的尘土，毕竟他像他所说的那样，做到了"终身不履日地"。

第十四章

凄凉晚景

资助维新

出访欧美的 200 来天，一路上的所见所闻，让李鸿章眼界大开。他心里一直有个问号，为什么甲午战争中国本来是被看好的胜利的一方，反而会失败呢？不败而败，实在是让人匪夷所思。

也许，从大的方面看，归根结底还是因为李鸿章苦心孤诣开创的洋务事业，每走一步都会受到朝廷守旧派的百般阻挠。正是那些反对和阻挠的声音，才导致了后来甲午一战惨败的结果。

李鸿章希望借助甲午战争失败的教训，唤醒那些仍然沉睡的中国人，希望他们能够从长夜迷蒙中觉醒，促成中国的发奋图强，加快中国洋务和现代化的步伐。

李鸿章回国后不久，听闻中华大地上已经有几个有识之士，组建了学会，出现了一些倡导变法和图强的声音。这让李鸿章很激动。

听说，有个叫文廷式的帝党大臣，在北京发起了强学会，引来了拥趸无数。一时之间，强学会发出的推行变法图强的宣言，成为中国的希望之声。

后来，康有为又辗转上海，成立了上海的"强学会"，又在上海创办了他们的会报——《强学报》。强学会推行变法图强的意图，再明确不过，这跟李鸿章的思想不谋而合。

听到"强学会"成立的消息后，李鸿章便在第一时间慷慨解囊，捐助了一千金，并且表明了他也想要加入"强学会"的想法。

然而，这个组织中却有很多人反对李鸿章加入。他们反对的理由着实充分，诸如此类：李鸿章签订了丧权辱国的《马关条约》，是个地地道道的卖国

贼。"强学会"的性质是爱国主义组织，怎么能让卖国贼加入呢？即使他捐助再多的钱，也不能洗净他"卖国贼"的罪名……

维新思想家陈炽在强学会中担任提调职务，这位陈提调，做事非常果断，一口否决了李鸿章想要入会的请求。

年迈的李鸿章，一腔炽热的报国之心，没有转化为别人的理解和尊重，而是贴上了冷板凳。

现实对这位老人，未免太过残酷了一点。

一日为师，终身为父。如果一日为娼，终身也再洗脱不了娼妓的恶名吗？

也许，这句话用在晚年的李鸿章身上再合适不过了。

自从签下《马关条约》后，"卖国贼"这个名字，就像缰绳一样牢牢地捆住了他，让他难以挣脱。

世事轮转，沧海变成了桑田。李鸿章再不是多年以前那个让人心生畏的直隶总督了。现在，在中国大地上，他成了个不受待见的人。甚至，连加入一个名不见经传的组织也会被拒绝。似乎，被人鄙夷、嘲讽、挖苦，已经成为常态。他变成了过街老鼠，带着会传染人的疟疾，只有人人喊骂，人人喊打。

杀声又起

李鸿章回国后不久，令他没有想到的是，国内局势在极短时间内开始变得混乱一片。北方地区爆发了声势浩大的义和团运动。

这件事情的起因是，光绪二十五年（1899）十月，山东平原县杠子李庄，教民欺压群众，义和团便冲击当地教堂。知县蒋楷急忙派兵镇压，然而，清兵还是没能抵挡得住团民的冲击。朱红灯率领的300多人，与清军展开了激战。团民取得了最终的胜利。

后来，以华北农民和部分清军为主体，以"扶清灭洋"为口号，针对在华的西方人和华人基督徒的保国保种暴力运动，正式爆发了。这就是历史上有名的义和团起义。

一时之间，杀声四起，让人不寒而栗。

此时，军事实力羸弱不堪的清廷还在甲午战争的阴影里徘徊着，无力围剿义和团。后来，随着事情越闹越大，英、法、德、美、日、俄、意、奥（奥匈帝国）等国派遣的联合远征军开来了。局势变得不可控制，八国大使联合照会清政府，并将舰队进驻天津大沽口，步步紧逼，扬言要剿除义和团。

在如此混乱的局势下，北京已经不适合常住。于是，光绪皇帝和慈禧太后二人临时逃往西安，决定在西安躲一阵子。

刚刚从风光旖旎的欧洲回来不久，看到国内这么一个烂摊子，李鸿章委实痛心不已。

当时，只有东南地区尚还太平，时任两江总督的刘坤一、时任湖广总督的张之洞等人，在盛宣怀的联络下，进行了秘密的会晤。李鸿章作为两广总督也参与了此事。刘坤一、盛宣怀等人跟李鸿章都是老朋友，他们之间商议，达成了一致的决定，倡导东南互保，决计按兵不动，不想卷入这场战争，希望以此避免东南地区的半壁江山陷入跟北方一样混乱的境地。

这时候，又有一个有识之士出现了。李鸿章是在很久之后，才听闻这个人的名字。

他就是大名鼎鼎的孙中山，孙中山刚刚从日本回来，听说他想要策划"两广独立"，是个做大事的人。

李鸿章一度想要跟孙中山见面聊聊。一个是活在封建专制体制里的元老重臣，一个是民主进步的新思想的代言人。他们是两个具有划时代意义的人物。

我们可以预料的是，如果孙、李二人见面，如果他们进行过深度的沟通和交流，两个伟大的思想之间的碰撞，一定会火花四溅。

李鸿章很想会会这位青年才俊，经由陈少白和刘学询两人向年轻有为的孙中山传达了自己想要见面聊聊的意思。然而，孙中山的回答模棱两可。李鸿章也就明白了，孙中山对他存有戒心。他明白自己已经是臭名昭著的人，孙有戒心，也实属正常，因此，李鸿章也就不作他想。这件事情遂就此作罢，没了下文。

随着义和团运动越闹越大，清廷为之恐慌不已。

然而，恐慌归恐慌，也只能坐以待毙了。对于缺兵少将的清政府来说，已经很难组织起一支具有十分战斗力的部队来镇压义和团运动。如今，只能寄希望于八国联军，幻想八国联军能够出面镇压义和团，帮忙解围。

奉旨北上

随着义和团运动在京津地区迅猛发展，外国列强多次胁迫清政府出面予以镇压。然而，陷入内忧外患的清政府，根本无兵可出。

光绪二十六年（1900）四月，义和团在北京近郊发展起来，俄罗斯帝国公使提出镇压。随后，美国、英国、法国、德国等各国公使联合照会清政府，命令其剿除义和团，并将舰队聚集在天津大沽口，以示威胁。

后来，越来越多的清兵，加入了义和团。

各国公使眼看清政府已经无力控制形势，于是策划直接出兵干涉。

光绪二十六年（1900）六月，英、法、德、美、日、俄、意、奥等八国，派遣联合远征军5万人，入侵中国。

义和团被消灭了。

后来，八国联军秘密制定的侵华政策，相继得到了各自政府的批准。

这样，八国联军侵华战争，终于爆发了。

西洋人漫画《降服中国龙》，其深刻揭露了 1900 年列强侵略中国，瓜分中国的野心。

清政府被逼无奈，只得硬着头皮宣布与各国进入战争状态。在丝毫没有准备的情况下，仓皇应战，而且是对八国联军。因此，战争的结果也就可想而知了。

存亡危急之时，清政府发电报给南方各省的封疆大臣，要求他们立即率兵北上，联合政府军队，共同灭洋。

李鸿章作为两广总督，自然也是其中一员，收到了朝廷发来的电报。

过了不久，李鸿章在北上途中，又收到了一份谕旨。

这是慈禧太后给他的一纸任命书——"着李鸿章为全权大臣"。

慈禧太后一句话，又让李鸿章官复原职。

然而，时间过去了太久，重新被任命为直隶总督兼北洋大臣的李鸿章，此时此刻，再也没有了当初的那种激动之情。

李鸿章的心理压力很大。

与八国联军之战，结果早就摆在了那里，打不打都是一样。这与胆怯不

胆怯没什么关系，与怕死不怕死也没什么关系。恰当的比喻是"以卵击石"。危如累卵的朝廷，凭什么能打赢八国联军呢？就靠包括他在内的这几个南方省份的总督们？

两个月以后，大清帝国都城——北京，彻底沦陷了。曾经花费巨资修建的圆明园，那些奇珍异宝，被列强们洗劫一空。偌大的园子里，就剩下些搬也搬不走挪也挪不动的石头，也被砸了个稀巴烂，横七竖八地躺在秋天枯黄的草地上……

这是光绪二十六年初秋的北京，放眼四望，满目疮痍。

李鸿章接到清政府的命令后，处理完了手头上一些事情，然后就从广东北上，于九月二十九日抵达天津，然后再从天津坐车前往北京。

李鸿章到达北京的时间是十月十一日。那个时候，强盗们已经抱着他们喜欢的东西，转身离开。为期两个多月的战争，画上了最后的休止符。

北京城里到处弥漫的硝烟散尽了，如同一桌饕餮大餐，被分食殆尽，只剩下些狼藉的杯盘，等着人来收拾。

李鸿章就是奉命前来收拾这个烂摊子的人。

油灯将枯

作为战败一方的清廷，只得再派李鸿章来跟战胜国谈判。

可以预料的是，双方经过谈判，又会达成一系列的不平等协议，诸如清政府免不了又得割地、赔款、开放通商口岸等。

李鸿章又再次成为那个背黑锅的人。

每次去收拾烂摊子，他的名声就会变臭一点，变脏一点。他从前高大魁伟的形象，就会迅速矮下去一大截。

这次临去谈判之前，李鸿章又被恢复了身份。

"大清国钦差大臣便宜行事太子太傅文华殿大学士北洋大臣直隶总督部堂一等肃毅伯"，这是他作为一名谈判代表的头衔。

李鸿章进京之后，一直住在贤良寺。

熟悉的建筑，熟悉的风貌，这座位于北京冰渣胡同北边的寺庙，历来都是外省朝廷重臣进京朝见的住处。犹记当年，他第一次进京，就居住在此。之后，作为钦差大臣、直隶总督，他无数次进京朝见，都住在贤良寺里。

没有想到的是，这里将会成为他人生的终点。

移步走进贤良寺，一一呈现在眼前的熟悉的风景：碑亭、前殿、正殿、经楼、东西配殿、寮房等。看到这些，李鸿章心里五味杂陈。

在贤良寺住了一夜，第二天，李鸿章起得很早，计划去拜会英国公使和德国公使，想就有关议和之事，跟两位公使好好谈一谈。

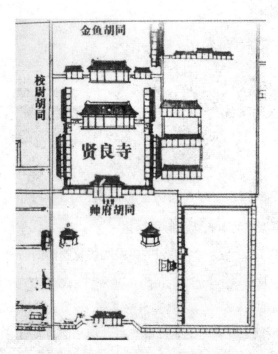

《乾隆京城全图》原稿影印件的贤良寺部分

结果，英、德两国公使趁此机会跟李鸿章漫天要价，双方并未谈拢，没有就任何一个问题达成任何一致的协议。

走出了谈判地，李鸿章很失望，辛苦奔忙一天，好话说了一大堆，说得他口干舌燥，竟一无所获。他想一个人走走。

已经是十月的北京，天气开始微微变凉，秋风萧瑟，落叶满街。

李鸿章在走回贤良寺的路上，不幸感染了风寒。回

到住所后，他开始感觉体力不支，人有些累了，想睡觉，躺在床上，头一沾枕，便昏昏沉沉地睡过去了。

后来，李鸿章就开始一病不起。

他的体力逐渐耗尽，开始吐血不止，仿佛油灯将枯，剩下最后一丝微弱的火光，支撑着生命。

李鸿章生病的消息不胫而走，这让那些故作拖延的联军政府终于沉不住气了。

李鸿章的健康问题，让他们恐慌不已。这是跟他们的切身利益息息相关的事情，倘若这位全权大臣有什么不测，有什么闪失，比如突然撒手人寰的话，那么清政府会再派谁来收拾这个烂摊子呢？

听闻李鸿章生病的消息后，清政府也很紧张，急传太医前往贤良寺给李鸿章诊病。他一死，谁又能接手这个烂摊子呢？所以，朝廷又催促李鸿章尽快加紧谈判进度。好像议和一事对李鸿章来说，比死亡更急迫也比死亡更重要，好像如果谈判还没有结束，李鸿章就一定不能死。

李鸿章也想尽快结束谈判，但是"议和大纲"却迟迟不能确定下来，这让他很焦急。一焦急，就气血攻心，吐血不止，身子就更虚弱了。

垂死病中惊坐起

光绪二十七年（1901）一月十五日，李鸿章和军机大臣庆亲王颙琰联名在"议和大纲"上签了字。

这份"议和大纲"就是后来《辛丑条约》的雏形。

可想而知，当生命垂危的李鸿章在议和大纲上签字后，会遭受到来自全国人民怎样的羞辱和谩骂。国人的骂声，一浪高过一浪。诸如：卖国者秦桧、误国者李鸿章、李鸿章卖国求荣枉为中国人等等。

贤良寺里，面色枯槁的李鸿章，只能静静地躺在病榻上，静静地聆听那些关于他的是是非非。

虽然李鸿章已经在"议和大纲"上签了字，然而，八国联军仍然没有撤军。他们这么做的目的是希望能够进一步确定赔款数额。列强提出要求：清政府只有把赔款数额定下来，他们才能撤军。

于是，李鸿章不得不挣扎着坐起来继续与洋人进行交涉。

是是非非，短短长长。关于赔款数额，双方意见和想法差别太大。

10亿，9亿，8亿，经过几次激烈的争执，李鸿章积极地争取，强忍病痛，指挥身边的随从官员，希望能够把赔款数额降到最低，希望能够把清政府的损失降到最低。

赔款数额从一开始的10亿两白银，降到了4.5亿两。

当双方谈到4.5亿两的时候，这些国家派来的公使都很生气，愤愤不平，态度坚决地表示这个数额不能再降了。4.5亿两，是个意味深长的数字。当时，中国人口总数正好是4.5亿。

这个赔款数额，是对每个中国人的羞辱。

李鸿章接受了这个羞辱。他本想再争一争，跟这些外国公使好好谈谈，再讨个价，再还个价，然而，他争不动了，他太累了。生命的能耗，已经用到了极限，再没有什么能够支撑。

光绪二十七年（1901）九月七日，全权大臣李鸿章代表大清帝国与11个国家签订了《辛丑条约》。这是中国近代史上最为著名的不平等条约。

那时，接到朝廷命令之后，李鸿章挣扎了半天，强忍疼痛，虚汗直流。他被人扶着从床上坐起来，用颤颤巍巍的右手，将"李鸿章"3个字写在了这份代表了无限屈辱和不公平的条约上。

《辛丑条约》，总共12款，19个附件。

李鸿章一条一条看下去。

第一条是赔款问题："清政府赔款各国（11国）白银4.5亿两，分39年

《辛丑条约》签订现场

还清，年息 4 厘，本息共计 982238150 两，以海关税、常关税作担保。"

第二条是割地："划定使馆区，将北京东交民巷划定为使馆区，在区内中国人不得居住，各国可派兵驻守"

——这就是让东交民巷这块地方成为国中之国了。

……

李鸿章看得有一点儿出神。他已经老眼昏花了，看一会儿，眼睛就会酸痛、发胀。一滴浑浊的眼泪掉下来，滴到了纸上。

他签得很用力，似乎想把一辈子攒下的劲儿都用上。

因为身体太虚弱的缘故，李鸿章的签名，3 个字挤在了一起。乍一看去，像是一个大大的"肃"字。

也许，那一瞬间，他想到的是朝廷授予他一等肃毅伯的身份。

耻辱的条约，不忍直视，耻辱的名字，将会让这个行将就木的老人，永生难忘。

李鸿章确定这是他一生中写得最难看的 3 个字，它们挤在一起，张牙舞爪，歪歪扭扭，不像样子。

尘世挽歌

光绪二十七年（1901）十一月，北京的天气，一夜之间从秋高气爽的晴天，变得萧瑟了不少。

秋天即将过尽，满天飞舞的落叶，飘飘荡荡，像是人们刻意洒落的冥纸钱儿，告慰一个不屈的亡灵。

贤良寺里，那个生命垂危的老人——李鸿章，正在勉力挣扎着，度过他余生残存的最后几个时辰。

李鸿章已经穿上了藏蓝色的印花寿衣，卧在病榻上，开始回忆自己的一生。平生所做之事，都在眼前飞快地闪过。

少年科第，中年戎马，老年洋务。一辈子做了那么多事，但其实庸庸碌碌，好像什么也没做成，什么也没做好。

这一天，李鸿章跟身边的人讲了些临终遗言。下面的这些话，听来多少有点自嘲的意思。

他说："我办了一辈子的事，练兵也，海军也，都是纸糊的老虎，何尝能实在放手办理，不过勉强涂饰，虚有其表，不揭破，犹可敷衍一时。如一间破屋，由裱糊墙，东补西贴，居然成一间净室。虽明知为纸片糊裱，然究竟绝不定里面是何等材料，即有小小风雨，打成几个窟窿，随时补葺，亦可支吾对付。乃必欲爽手扯破，又未预备何种修葺材料，何种改造方式，自然真相破露，不可收拾，但裱糊匠又何术能负其责？志大才疏，亡国之臣，何堪称能？先拒疆防，又断海防，何故吹捧？"

说完这些，李鸿章发出了一声叹息，又吩咐身边侍从，拿来纸笔，给朝

廷上了最后一道奏折。

"臣等伏查近数十年来内，每有一次构衅，必多一次吃亏。上年事变之来尤为仓促，创深痛巨，薄海惊心。今议和已成，大局稍定，仍希望朝廷坚持定见，外修和好，内图富强，或可渐有转机……"

李鸿章嘴唇一启一合，似乎想说什么，可是再也说不出来。他的眼睛里闪烁着无助的泪花，像一个做了错事的孩子，被家长训斥后，那种委屈表情，让人无限同情。

李鸿章的部下周馥赶到的时候，正好看到了这一幕。

周馥很难过，定定地站在厅堂里，静静看着李鸿章在生命最后的时刻痛苦挣扎。李鸿章是他的恩师，曾经很赏识他，在事业上给过他很多帮助。

周馥痛哭道："老夫子，有何心事放不下，不忍去耶？公所经手未了事，我辈可以办了，请放心去吧！"

听到这里，李鸿章突然目张口动，欲语泪流。身边人意会了他的意思，于是又赶紧拿来了纸和笔。

他还想交代点什么，说不出来，于是只好借助纸笔表达了。老人最后一次回光返照，在随侍搀扶下，勉强坐了起来，写下了这首临终诗。

劳劳车马未离鞍，临事方知一死难。

三百年来伤国乱，八千里外吊民残。

秋风宝剑孤臣泪，落日旌旗大将坛。

海外尘氛犹未息，诸君莫作等闲看。

短短 56 个字，似乎充盈着无尽的沧桑和悲凉之意。

李鸿章想，很多年以后，也许在某几个闲暇之夜，会有一些人想到自己，想到那个无奈地接受命运安排的自己，想到那个必须要做卖国贼和汉奸的自己。也许，这样的怀念不会持续太久。在每个人生短短几十年之后，在所有的当事人离开之后，关于自己的故事就不会再被人关注了吧。

想象汹涌，又无从想象。

过了一会儿，李鸿章终于闭了眼睛，渐渐止了气息，像是睡着了的样子，永远地睡着了。

光绪二十七年（1901）十一月七日，大清国钦差大臣便宜行事太子太傅文华殿大学士北洋大臣直隶总督部堂一等肃毅伯李鸿章，走完了他的生命历程，享年78岁。

不久之后，李鸿章去世的消息传到了慈禧太后那里。听闻这一噩耗，连慈禧太后也难过得当场落泪，无奈地叹息："如今，大局未定。倘有不测，再也没有人分担了。"

李鸿章是给朝廷分担不测和麻烦的人，他死之后，再也不会有那些逼良为娼的事情来找他了。朝廷上下皆为之一震。

从咸丰十年（1860）到光绪二十六年（1900）的40年时间，李鸿章几乎参与了晚清政府的所有大事。

他从翰林院出来回乡督办团练，接着组建淮军、镇压太平军、剿捻、平息苗乱、督办洋务、筹建北洋舰队、马关议和、签订《辛丑条约》……内政外交，没有一件事情能跟他脱离关系。

李鸿章的死，成为一个时代的转折。成为一个界限，以此为界，旧的时代似乎注定就要过去了，新的力量在正在跃跃欲试，蠢蠢欲动，等着积蓄力量，伺机而发。

李鸿章的死，安详落寞，犹如一曲缓缓奏响的尘世挽歌。

从前，在那些属于年轻的日子，他东奔西走，追名逐利。那么多年过去了，他得到了他想要的一切——至尊无上的荣耀，同时又几乎失去一切，他变得臭名昭著，为此他也沾染了世间所有的苦痛和悲伤。而后，这些苦痛和悲伤又在临终之前被时间的双手慢慢抚平，渐渐熨展。

只等这最后的挽歌奏响，一切都快要结束了，因为一切都到了结束的时候。

北京的十一月，是悲伤的季节。

追悼和纪念

李鸿章去世之后，全国各地掀起了一片追思狂潮。

曾经跟李鸿章共事的同僚、朋友们，皆纷纷上书朝廷，希望能为之建立专祠。

新任直隶总督袁世凯，奏请朝廷，在天津为李鸿章立祠。

袁世凯的心情可以理解，他是李鸿章晚年器重和提拔的人。袁任直隶总督，可以说没有李鸿章的鼎力提携，就不会有袁世凯的飞黄腾达。

天津这座城，是李鸿章实现其一生抱负和希望的地方。天津武备学堂、天津总医院，还有人尽皆知的天津大沽口。多少枪支巨炮，多少战备巡洋舰，是在李鸿章监视和运作下，从地球另一端漂洋过海，卸在了天津大沽口。

李鸿章对天津的影响，像烙印一样，不可磨灭。

袁世凯写这份奏章，言之凿凿：奏为故督驻津日久，功德在民，请建立专祠……

末了，袁世凯写道，臣与李鸿章相从甚久，知之较深。李鸿章的为人、他的品行、他的建树，都不必多说了。奏请给李鸿章建立专祠，并不是曲意逢迎，而是出于自己的真诚之感。

除天津外，相继奏请为李鸿章建立专祠的地方还有江宁、苏州、上海、合肥、浙江、山东、河南。

两江总督刘坤一，沉痛哀悼李鸿章，奏请在江宁为之建立专祠："已故大学士一等侯爵前署两江督臣李鸿章于本年九月卒于京师。朝廷饰终之典至优及渥，并准立功省份各建专祠，江宁既为立功省份，而食福者，非一事；被泽者，非一时……"

江苏巡抚恩寿，也写了奏章："奏为大学士上臣功德在民追崇遗爱呼恳建祠……"

工部左侍郎盛宣怀，奏请在上海为李鸿章建立专祠："原任大学士李鸿章上年殁于京师。朝廷笃念忠荩，饰终之典备极优崇，并准予京师及立功省份建立专祠。江宁、苏州已先后奏准在案，上海虽非省会，然为李鸿章淮军发轫之地，又为李鸿章开办洋务、商务之初基……"

盛宣怀言下之意，连江宁、苏州都能建专祠，上海这地方，凭什么不能建？淮军是在上海发展壮大的，再者，李鸿章开办洋务，建立军工厂、设立外国语言义学馆，这些事情，都是在上海做的。因此种种，上海也应该是李鸿章建过功、立过业的地方，上海也应该赶时髦，建立李鸿章专祠，好好纪念纪念这位对上海有过功劳的先贤志士，上海是先进的代表，上海绝不能落在江宁、苏州后头。

就这样，盛宣怀的奏请，也被允准备案。

各国公使也纷纷赶来贤良寺院吊唁李鸿章，为此，李鸿章家人专门搭建临时凉棚，设立灵堂，当时，吊唁的中外人士不下千人。《纽约时报》在李鸿章逝世后第二天发表报道《李鸿章的葬礼》："各国公使今天下午穿着黑礼服，按中国习俗亲自前往李鸿章最后办公地点吊唁。中国士兵们正在街道附近排成行站着岗，周围聚集着有秩序的一大群人。这城市的所有的官员大多站在院外迎接公使们。"

……

似乎是在一夜之间，天下骤变。人们想起了李鸿章的种种好处来，想起他鞠躬尽瘁、兢兢业业的一生来，都突然为之惋惜不已。

李鸿章去世后，他生前的功名荣辱，几十年宦海沉浮，以及落寞又颇显凄凉悲苦的晚景，成为后来人们一直津津乐道的话题。

《清史稿·李鸿章传》对他一生做了如下的评价：

"中兴名臣，与兵事相终始，其勋业往往为武功所掩，鸿章既评大难，独

欧美等国公使前往贤良寺吊唁李鸿章

主国事数十年，内政外交，常以一身当其冲，国家倚为重轻，名满全球，中外震仰，近世所未有也。生平天下为己任，忍辱负重，庶不愧社稷之臣，惟才气自喜好以利禄驱众，志节之士多不乐为用，缓急莫恃，卒致败误。疑谤之起，亦岂无因哉？"

　　李鸿章的一生毁誉参半，就像这段《清史稿》对他的评价一样，短短几行字，言简意赅地总结了他的一生，说他是中兴名臣，同时又说他好以利禄驱众，才造成了后来的那些事情。

　　梁启超先生在其代表作《李鸿章传》里，对李鸿章有褒有贬，痛斥其不学无术，说他是造化小儿，浪得虚名。同时，又说他是致力于中国之现代化的第一人。

　　唐德刚先生在其著作《晚清七十年》评价李鸿章，说中国自有外交以来，只出了两个半外交家。其中一个是李鸿章，另一个是周恩来，还有半个是顾维钧。

李鸿章去世至今，已经 100 多年过去了。

100 多年之后，在世人心中，李鸿章的形象仍然像是一团缭绕不断的烟尘，一层挥之不去的暮霭，复杂难辨，模糊不清……

附　录

李鸿章传（梁启超著）

序　例

　　此书全仿西人传记之体，载述李鸿章一生行事，而加以论断，使后之读者，知其为人。

　　中国旧文体，凡记载一人事迹者，或以传，或以年谱，或以行状，类皆记事，不下论赞，其有之则附于篇末耳。然夹叙夹论，其例实创自太史公，《史记：伯夷列传》《屈原列传》《货殖列传》等篇皆是也。后人短于史识，不敢学之耳。著者不敏，窃附斯义。

　　四十年来，中国大事，几无一不与李鸿章有关系。故为李鸿章作传，不可不以作近世史之笔力行之。著者于时局稍有所见，不敢隐讳，意不在古人，在来者也。恨时日太促，行箧中无一书可供考证，其中记述谬误之处，知所不免，补而正之，愿以异日。

　　平吴之役，载湘军事迹颇多，似涉支蔓。但淮军与湘军，其关系极繁杂，不如此不足以见当时之形势。读者谅之。

　　《中东和约》《中俄密约》《义和团和约》，皆载其全文。因李鸿章事迹之原因结果，与此等公文关系者甚多，故不辞拖沓，尽录入之。

　　合肥之负谤于中国甚矣。著者与彼，于政治上为公敌，其私交亦泛泛不深，必非有心为之作冤词也。顾书中多为解免之言，颇有与俗论异同者。盖作史必当以公平之心行之，不然，何取乎祸梨枣也？英名相格林威尔尝呵某画工曰 Paint me as I am，言勿失吾真相也。吾著此书，自信不至为格林威尔所呵。合肥有知，必当微笑于地下曰：孺子知我！

光绪二十七年十一月既望

著者自记

第一章　绪论

天下惟庸人无咎无誉。举天下人而恶之，斯可谓非常之奸雄矣乎？举天下人而誉之，斯可谓非常之豪杰矣乎？虽然，天下人云者，常人居其千百，而非常人不得其一。以常人而论非常人，乌见其可。故誉满天下，未必不为乡愿；谤满天下，未必不为伟人。语曰："盖棺论定。"吾见有盖棺后数十年数百年而论犹未定者矣。各是其所是，非其所非，论人者将乌从而鉴之。曰：有人于此，誉之者千万，而毁之者亦千万；誉之者达其极点，毁之者亦达其极点。今之所毁，适足与前之所誉相消；他之所誉，亦足以此之所毁相偿。若此者何如人乎？曰是可谓非常人矣！其为非常之奸雄，与为非常之豪杰，姑勿论，而要之，其位置行事必非可以寻常庸人之眼之舌所得烛照而雌黄之者也。知此义者，可以读我之《李鸿章》。

吾敬李鸿章之才，吾惜李鸿章之识，吾悲李鸿章之遇。李之历聘欧洲也，至德，见前宰相俾斯麦，叩之曰："为大臣者，欲为国家有所尽力。而满廷意见，与己不合，群掣其肘。于此而欲行厥志，其道何由？"俾斯麦应之曰："首在得君。得君既专，何事不可为？"李鸿章曰："譬有人于此，其君无论何人之言皆听之。居枢要侍近习者，常假威福，挟持大局。若处此者当如之何？"俾斯麦良久曰："苟为大臣，以至诚忧国，度未有不能格君心者。惟与妇人女子共事，则无如何矣。"李默然云（*此语据西报译出。寻常华文所登于《星轺日记》者，因有所忌讳，不敢译录也*）。呜呼！吾观于此，而知李鸿章胸中块垒牢骚郁抑，有非旁观人所能喻者。吾之所以责李者在此，吾之所以怒李者亦在此。

自李鸿章之名出现于世界以来，五洲万国人士，几于见有李鸿章，不见有中国。一言蔽之，则以李鸿章为中国独一无二之代表人也。夫以甲国人而论乙国事，其必不能得其真相，固无待言。然要之李鸿章为中国近四十年第一流紧要人物，读中国近世史者，势不得不曰李鸿章；而读李鸿章传者，亦势不得不手中国近世史。此有识者所同认也。故吾今此书，虽名之为"同光以来大事记"可也。

不宁惟是，凡一国今日之现象，必与其国前此之历史相应。故前史者现象之原因；而现象者前史之结果也。夫以李鸿章与今日之中国，其关系既如此其深厚，则欲论李鸿章之人物，势不可不以如炬之目，观察大中国数千年来政权变迁之大势，民族消长之暗潮，与夫现时中外交涉之隐情，而求得李鸿章一身在中国之位置。孟子曰："知人论世，世固不易论。"人亦岂易知耶？

今中国俗论家，往往以平发平捻为李鸿章功，以数次和议为李鸿章罪。吾以为此功罪两失其当者也。昔俾斯麦又尝语李曰："我欧人以能敌异种者为功。自残同种以保一姓，欧人所不贵也。"夫平发平捻者，是兄与弟阋墙而监弟之脑也。此而可功，则为兄弟者其惧矣。若夫吾人积愤于国耻，痛恨于和议，而以怨毒集于李之一身，其事固非无因。然苟易地以思，当夫乙未二三月、庚子八九月之交，使以论者处李鸿章之地位，则其所措，置果能有以优胜于李乎？以此为罪，毋亦旁观笑骂派之徒快其舌而已。故吾所论李鸿章为功罪于中国者，正别有在。

李鸿章今死矣。外国论者，皆以李为中国第一人。又曰："李之死也，于中国今后之全局，必有所大变动。"夫李鸿章果足称为中国第一人与否，吾不敢知；而要之现今五十岁以上之人，三四品以上之官，无一可以望李之肩背者，则吾所能断言。李之死于中国全局有关系与否，吾不敢知；而要之现在政府失一李鸿章，如虎之丧其伥，瞽之失其相，前途岌岌，愈益多事，此又吾之所敢断言也。抑吾冀夫外国人之所论非其真也。使其真也，则以吾中国之大，而惟一李鸿章是赖，中国其尚有瘳耶！

西哲有恒言曰："时势造英雄，英雄亦造时势。"若李鸿章者，吾不能谓

其非英雄也。虽然，是为时势所造之英雄，非造时势之英雄也。时势所造之英雄，寻常英雄也。天下之大，古今之久，何在而无时势？故读一部二十四史，如李鸿章其人之英雄者，车载斗量焉。若夫造时势之英雄，则阅千载而未一遇也。此吾中国历史，所以陈陈相因，而终不能放一异彩以震耀世界也。吾著此书，而感不绝于余心矣。

史家之论霍光，惜其不学无术。吾以为李鸿章所以不能为非常之英雄者，亦坐此四字而已。李鸿章不识国民之原理，不通世界之大势，不知政治之本原，当此十九世纪竞争进化之世，而惟弥缝补苴，偷一时之安，不务扩养国民实力，置其国于威德完盛之域，而仅摭拾泰西皮毛，汲流忘源，遂乃自足。更挟小智小术，欲与地球著名之大政治家相角，让其大者，而争其小者。非不尽瘁，庸有济乎？孟子曰："放饭流歠，而问无齿决，此之谓不知务。"殆谓是矣。李鸿章晚年之着着失败，皆由于是。虽然，此亦何足深责？彼李鸿章固非能造时势者也。凡人生于一社会之中，每为其社会数千年之思想习俗义理所困，而不能自拔。李鸿章不生于欧洲而生于中国，不生于今日而生于数十年以前，先彼而生、并彼而生者，曾无一能造时势之英雄以导之翼之。然则其时其地所孕育之人物，止于如是，固不能为李鸿章一人咎也。而况乎其所遭遇，又并其所志而不能尽行哉？吾故曰：敬李之才，惜李之识，而悲李之遇也。但此后有袭李而起者乎？其时势既已一变，则其所以为英雄者亦自一变，其勿复以吾之所以恕李者而自恕也。

第二章　李鸿章之位置

中国历史与李鸿章之关系　本期历史与李鸿章之关系

欲评骘李鸿章之人物，则于李鸿章所居之国，与其所生之时代，有不可不熟察者两事：

一曰：李鸿章所居者，乃数千年君权专制之国，而又当专制政体进化完满达于极点之时代也。

二曰：李鸿章所居者，乃满洲人入主中夏之国，而又当混一已久，汉人权利渐初恢复之时代也。

论者动曰：李鸿章近世中国之权臣也。吾未知论者所谓权臣，其界说若何。虽然，若以李鸿章比诸汉之霍光、曹操，明之张居正，与夫近世欧美日本所谓立宪君主国之大臣，则其权固有迥不相侔者。使鸿章而果为权臣也，以视古代中国权臣专擅威福，挟持人主，天下侧目，危及社稷，而鸿章乃匪躬蹇蹇，无所觊觎，斯亦可谓纯臣也矣。使鸿章而果为权臣也，以视近代各国权臣风行雷厉，改革庶政，操纵如意，不避怨嫌，而鸿章乃委靡因循，畏首畏尾，无所成就，斯亦可谓庸臣也矣。虽然，李鸿章之所处，固有与彼等绝异者，试与读者然犀列炬，上下古今，而一论之。

中国为专制政体之国，天下所闻知也。虽然，其专制政体，亦循进化之公理，以渐发达，至今代而始完满。故权臣之权，迄今而剥蚀几尽。溯夫春秋战国之间，鲁之三桓、晋之六卿、齐之陈田，为千古权臣之巨魁。其时纯然贵族政体，大臣之于国也，万取千焉，千取百焉，枝强伤干，势所必然矣。洎夫两汉，天下为一，中央集权之政体既渐发生，而其基未固，故外戚之祸特甚，霍、邓、窦、梁之属接踵而起，炙手可热，王氏因之以移汉祚，是犹带贵族政治之余波焉。苟非有阀阅者，则不敢觊觎大权。范晔《后汉书》论张奂、皇甫规之徒，功定天下之半，声驰四海之表，俯仰顾盼，则天命可移，而犹鞠躬狼狈，无有悔心。以是归功儒术之效，斯固然矣。然亦贵族柄权之风未衰，故非贵族者不敢有异志也。斯为权臣之第一种类。及董卓以后，豪杰蜂起，曹操乘之以窃大位，以武功而为权臣者自操始。此后司马懿、桓温、刘裕、萧衍、陈霸先、高欢、宇文泰之徒，皆循斯轨。斯为权臣之第二种类。又如秦之商鞅，汉之霍光、诸葛亮，宋之王安石，明之张居正等，皆起于布衣，无所凭藉，而以才学结主知，委政受成，得行其志，举国听命，权倾一时，庶几有近世立宪国大臣之位置焉。此为权臣之第三种类。其下者，则巧言令色，献媚人主，窃弄国柄，荼毒生民，如秦之赵高，汉之十常侍，唐之卢杞、李林甫，宋之蔡京、秦桧、韩侂胄，明之刘瑾、魏忠贤，穿窬斗筲，无足比数。此为权臣之第四种类。以上四者，中国数千年所称权臣，略尽于是矣。

要而论之，愈古代则权臣愈多，愈近代则权臣愈少。此其故何也？盖权臣之消长，与专制政体之进化成比例。而中国专制政治之发达，其大原力有二端：一由于教义之浸淫，二由于雄主之布画。孔子鉴周末贵族之极敝，思定一尊以安天下，故于权门疾之滋甚，立言垂教，三致意焉。汉兴，叔孙通、公孙弘之徒，缘饰儒术，以立主威。汉武帝表六艺黜百家，专弘此术以化天下，天泽之辨益严，而世始知以权臣为诟病。尔后二千年来，以此义为国民教育之中心点。宋贤大扬其波，基础益定。凡缙绅上流，束身自好者，莫不兢兢焉。义理既入于人心，自能消其枭雄跋扈之气，束缚于名教以就围范。若汉之诸葛，唐之汾阳，及近世之曾、左以至李鸿章，皆受其赐者也。又历代君主，鉴兴亡之由，讲补救之术，其法日密一日，故贵族柄权之迹，至汉末而殆绝。汉光武、宋艺祖之待功臣，优之厚秩，解其兵柄；汉高祖、明太祖之待功臣，撼其疑似，夷其家族。虽用法宽忍不同，而削权自固之道则一也。洎乎近世，天下一于郡县，采地断于世袭，内外彼此，互相牵制，而天子执长鞭以笞畜之。虽复侍中十年，开府千里，而一诏朝下，印绶夕解，束手受吏，无异匹夫。故居要津者无所几幸，惟以持盈保泰守身全名相劝勉。岂必其性善于古人哉？亦势使然也。以此两因，故桀黠者有所顾忌，不敢肆其志，天下藉以少安焉。而束身自爱之徒，常有深渊薄冰之戒，不欲居嫌疑之地，虽有国家大事，明知其利当以身任者，亦不敢排群议逆上旨以当其冲。谚所谓"做一日和尚撞一日钟"者，满廷人士，皆守此主义焉，非一朝一夕之故，所由来渐矣。

逮于本朝，又有特别之大原因一焉。本朝以东北一部落，崛起龙飞，入主中夏，以数十万之客族，而驭数万万之生民，其不能无彼我之见，势使然也。自滇、闽、粤三藩，以降将开府，成尾大不掉之形，竭全力以克之，而后威权始统于一。故二百年来，惟满员有权臣，而汉员无权臣。若鳌拜，若和珅，若肃顺、端华之徒，差足与前代权门比迹者，皆满人也。计历次军兴，除定鼎之始不俟论外，若平三藩，平准噶尔，平青海，平回部，平哈萨克布鲁特敖罕巴达克爱乌罕，平西藏廓尔喀，平大、小金川，平苗，平白莲教、天理教，平喀什噶尔，出师十数，皆用旗营，以亲王贝勒或满大臣督军。若夫平时，内而枢府，外而封疆，汉人备员而已，于政事无有所问。如顺治、康熙间之洪承畴，雍正、乾隆间之张廷玉，虽位尊望重，然实一弄臣耳。自余百僚，更不足道。故自咸丰以前，将相要职，汉人从无居之者（将帅间有一二，则汉军旗人也）。及洪、杨之发难也，赛尚阿、琦善皆以大学士为钦差大臣，率八旗精兵以远征，迁延失机，令敌坐大，至是始知旗兵之不可用，而委任汉人之机，乃发于是矣。故金田一役，实满、汉权力消长之最初关头也。及曾、胡诸公起于湘鄂，为平江南之中坚，然犹命官文以大学士领钦差大臣。当时朝廷虽不得不倚重汉人，然岂能遽推心于汉人哉？曾、胡以全力交驩官文，每有军议奏事，必推为首署；遇事归功，报捷之疏，待官乃发。其挒谦固可敬，其苦心亦可怜矣。试一读《曾文正集》，自金陵克捷以后，战战兢兢，若芒在背。以曾之学养深到，犹且如是，况李鸿章之自信力犹不及曾者乎？吾故曰：李鸿章之地位，比诸汉之霍光、曹操，明之张居正，与夫近世欧洲日本所谓立宪君主国之大臣，有迥不相侔者，势使然也。

且论李鸿章之地位，更不可不明中国之官制。李鸿章历任之官，则大学士也，北洋大臣也，总理衙门大臣也，商务大臣也，江苏巡抚、湖广、两江、两广直隶总督也。自表面上观之，亦可谓位极人臣矣。虽然，本朝自雍正以来，政府之实权在军机大臣（自同治以后，督抚之权虽日盛，然亦存乎其人，不可一例）。故一国政治上之功罪，军机大臣当负其责任之大半。虽李鸿章之为督抚与寻常之督抚不同，至若举近四十年来之失政，皆归于李之一人，则李固有不任受者矣。试举同治中兴以来军机大臣之有实力者如下：

第一　文祥、沈桂芬时代　同治初年
第二　李鸿藻、翁同龢时代　同治末年及光绪初年
第三　孙毓汶、徐用仪时代　光绪十年至光绪廿一年
第四　李鸿藻、翁同龢时代　光绪廿一年至光绪廿四年
第五　刚毅、荣禄时代　光绪廿四年至今

　　案观此表，亦可见满汉权力消长之一斑。自发、捻以前，汉人无真执政者。曾文忠汲引沈文定，实为汉人掌政权之嚆矢。其后李文正，翁师傅，孙、徐两尚书继之，虽其人之贤否不必论，要之，同治以后，不特封疆大吏汉人居其强半，即枢府之地，实力亦骤增焉。自戊戌八月以后，形势又一变矣。此中消息，言之甚长，以不关此书本旨，不具论。

　　由此观之，则李鸿章数十年来共事之人可知矣。虽其人贤否才不才未便细论，然要之皆非与李鸿章同心同力同见识同主义者也。李鸿章所诉于俾斯麦之言，其谓是耶？其谓是耶！而况乎军机大臣之所仰承风旨者，又别有在也。此吾之所以为李鸿章悲也。抑吾之此论，非有意袒李鸿章而为之解脱也，即使李鸿章果有实权，尽行其志，吾知其所成就亦决无以远过于今日。何也？以鸿章固无学识之人也。且使李鸿章而真为豪杰，则凭藉彼所固有之地位，亦安在不能继长增高，广植势力，以期实行其政策于天下。彼格兰斯顿、俾斯麦，亦岂无阻力之当其前者哉？是固不得为李鸿章作辩护人也。虽然，若以中国之失政而尽归于李鸿章一人，李鸿章一人不足惜，而彼执政误国之枢臣，反得有所诿以辞斧钺，而我四万万人放弃国民之责任者，亦且不复自知其罪也。此吾于李鸿章之地位，所以不得断断置辩也。若其功罪及其人物如何，请于末简纵论之。

第三章　李鸿章未达以前及其时中国之形势

李鸿章之家世　欧力东渐之势
中国内乱之发生　李鸿章与曾国藩之关系

李鸿章，字渐甫，号少荃，安徽庐州府合肥县人。父名进文，母沈氏，有子四人，瀚章官至两广总督，鹤章、昭庆，皆从军有功。鸿章其仲也，生于道光三年癸未（西历一千八百二十三年）正月五日。幼受学于寻常塾师，治帖括业，年二十五，成进士，入翰林，实道光二十七年丁未也。

李鸿章之初生也，值法国大革命之风潮已息，绝世英雄拿破仑窜死于绝域之孤岛。西欧大陆之波澜，既已平复，列国不复自相侵掠，而惟务养精蓄锐，以肆志于东方。于是数千年一统垂裳之中国，遂日以多事。伊犁界约，与俄人违言于北；鸦片战役，与英人肇衅于南。当世界多事之秋，正举国需才之日，加以瓦特氏新发明汽机之理，艨艟轮舰，冲涛趻浪，万里缩地，天涯比邻；苏彝士河开凿功成，东西相距骤近，西力东渐，奔腾澎湃，如狂飚，如怒潮，啮岸砰崖，黯日蚀月，遏之无可遏，抗之无可抗。盖自李鸿章有生以来，实为中国与世界始有关系之时代，亦为中国与世界交涉最艰之时代。

翻观国内之情实，则自乾隆以后，盛极而衰，民力凋敝，官吏骄横，海内日以多事。乾隆六十年，遂有湖南、贵州红苗之变；嘉庆元年，白莲教起，蔓延及于五省，前后九年（嘉庆九年），耗军费二万万两，乃仅平之。同时海寇蔡牵等，窟穴安南，侵扰两广闽浙诸地，大遭蹂躏，至嘉庆十五年，仅获戡定。而天理教李文成、林清等旋起，震扰山东、直隶；陕西亦有箱贼之警。

道光间又有回部张格尔之乱，边境骚动，官军大举征伐，亘七年仅乃底定。盖当嘉、道之间，国力之疲弊，民心之蠢动已甚，而举朝醉生梦死之徒，犹复文恬武熙，太平歌舞，水深火热，无所告诉，有识者固稍忧之矣。

抑中国数千年历史，流血之历史也。其人才，杀人之人才也。历睹古今已往之迹，惟乱世乃有英雄，而平世则无英雄。事势如是。至道、咸末叶，而所谓英雄者，乃始磨刀霍霍，以待日月之至矣。盖中国自开辟以来，无人民参与国政之例，民之为官吏所凌逼，憔悴虐政，无可告诉者，其所以抵抗之术，只有两途，小则罢市，大则作乱，此亦情实之无可如何者也。而又易姓受命，视为故常；败则为寇，成则为王。汉高、明太，皆起无赖，今日盗贼，明日神圣，惟强是崇，他靡所云。以此习俗，以此人心，故历代揭竿草泽之事，不绝于史简。其间有承平百数十年者，不过经前次祸乱屠戮以后，人心厌乱；又户口顿少，谋生较易；或君相御下有术，以小恩小惠微结民望，弥缝补苴，聊安一时而已，实则全国扰乱之种子，无时间绝，稍有罅隙，即复承起。故数千年之史传，实以脓血充塞，以肝脑涂附，此无可为讳者也。本朝既龙兴关外，入主中华，以我国民自尊自大蔑视他族之心，自不能无所芥蒂，故自明亡之后，其遗民即有结为秘密党会，以图恢复者，二百余年不绝，蔓延于十八行省，所在皆是。前此虽屡有所煽动，而英主继踵，无所得逞，郁积既久，必有所发。及道、咸以后，官吏之庸劣不足惮，既已显著，而秕政稠叠，国耻纷来，热诚者欲扫雰雾以立新猷，桀黠者欲乘利便以觊非分，此殆所谓势有必至，理有固然者耶。于是一世之雄洪秀全、杨秀清、李秀成等，因之而起；于是一世之雄曾国藩、左宗棠、李鸿章等，因之而起。

鸿章初以优贡客京师，以文学受知于曾国藩，因师事焉，日夕过从，讲求义理经世之学，毕生所养，实基于是。及入翰林，未三年而金田之乱起，洪秀全以一匹夫揭竿西粤，仅二年余，遂乃蹂躏全国之半，东南名城，相继陷落，土崩瓦解，有岌岌不可终日之势。时鸿章在安徽原籍，赞巡抚福济及吕贤基军事。时庐州已陷，敌兵分据近地，为犄角之势。福济欲复庐州，不能得志，鸿章乃建议，先取含山、巢县以绝敌援。福济即授以兵，遂克二县。

于是鸿章知兵之名始著，时咸丰四年十二月也。

当洪秀全之陷武昌也，曾国藩以礼部侍郎丁忧在籍，奉旨帮办团练，慨然以练劲旅靖大难为己任，于是湘军起。湘军者，淮军之母也。是时八旗绿营旧兵，皆窳惰废弛，怯懦阘冗，无所可用；其将校皆庸劣无能，暗弱失职。国藩深察大局，知非扫除而更张之，必不奏效，故延揽人才，统筹全局，坚忍刻苦，百折不挠，恢复之机，实始于是。

秀全既据金陵，骄汰渐生，内相残杀，腐败已甚。使当时官军得人，以实力捣之，大难之平，指顾间事耳。无如官军之骄汰腐败，更甚于敌。咸丰六年，向荣之金陵大营一溃，十年，和春、张国梁之金陵大营再溃，驯至江浙相继沦陷，敌氛更甚于初年。加以七年丁未以来，与英国开衅，当张国梁、和春阵亡之时，即英法联军入北京烧圆明园之日。天时人事，交侵洊逼，盖至是而祖宗十传之祚，不绝者如线矣。

曾国藩虽治兵十年，然所任者仅上游之事，固由国藩深算慎重，不求急效，取踏实地步节节进取之策；亦由朝廷委任不专，事权不一，未能尽行其志也。故以客军转战两湖江皖等省，其间为地方大吏掣肘失机者，不一而足，是以功久无成。及金陵大营之再溃，朝廷知舍湘军外，无可倚重，十年四月，乃以国藩署两江总督，旋实授，并授钦差大臣，督办江南军务，于是兵饷之权，始归于一，乃得与左、李诸贤，合力以图苏皖江浙，大局始有转机。

李鸿章之在福济幕也，福尝疏荐道员，郑魁士沮之，遂不得授。当时谣诼纷纭，谤讟屡起，鸿章几不能自立于乡里，后虽授福建延邵建遗缺道，而拥虚名，无官守。及咸丰八年，曾国藩移师建昌，鸿章来谒，遂留幕中。九年五月，国藩派调湘军之在抚州者，旧部四营，新募五营，使弟国荃统领之，赴景德镇助剿，而以鸿章同往参赞。江西肃清后，复随曾国藩大营两年有奇。十年，国藩督两江，议兴淮扬水师，请补鸿章江北司道，未行。复荐两淮运使，疏至，文宗北行，不之省。是时鸿章年三十八，怀才郁抑，抚髀蹉跎者，既已半生，自以为数奇，不复言禄矣。呜呼！此天之所以厄李鸿章欤？抑天之所以厚李鸿章欤？彼其偃蹇颠沛十余年，所以练其气，老其才，以为他日

担当大事之用；而随赞曾军数年中，又鸿章最得力之实验学校，而终身受其用者也。

第四章　兵家之李鸿章（上）

　　李鸿章之崛起与准军之成立　当时官军之弱及饷源之竭　江浙两省得失之关系　常胜军之起　李鸿章与李秀成之劲敌　淮军平吴之功　江苏军与金陵军、浙江军之关系　金陵之克复

　　秦末之乱，天下纷扰，豪杰云起，及项羽定霸后，而韩信始出现；汉末之乱，天下纷扰，豪杰云起，及曹操定霸后，而诸葛亮始出现。自古大伟人，其进退出处之间，天亦若有以靳之，必待机会已熟，持满而发，莫或使之，若或使之。谢康乐有言："诸公生天虽在灵运先，成佛必居灵运后。"吾观中兴诸大臣，其声望之特达，以李鸿章为最迟，而其成名之高，当国之久，亦以李鸿章为最盛。事机满天下，时势造英雄，李鸿章固时代之骄儿哉！

　　当咸丰六、七年之交，敌氛之盛，达于极点，而官军凌夷益甚，庙算动摇无定，各方面大帅互相猜忌，加以军需缺乏，司农仰屋，惟恃各省自筹饷项，支支节节，弥东补西，以救一日之急。当此之时，虽有大忠雄才，其不能急奏肤功，事理之易明也。于是乎出万不得已之策，而采用欧美军人助剿之议起。

　　先是洪、杨既据南京，蹂躏四方，十八行省，无一寸干净土，经历十年，不克戡定。北京政府之无能力，既已暴著于天下，故英国领事及富商之在上海者，不特不目洪秀全为乱贼而已，且视之与欧洲列国之民权革命党同一例，以文明友交待之，间或供给其军器弹药粮食。其后洪秀全骄侈满盈，互相残

杀，内治废弛，日甚一日，欧美识者，审其举动，乃知其所谓太平天国，所谓四海兄弟，所谓平和博爱，所谓平等自由，皆不过外面之假名，至其真相，实与中国古来历代之流寇毫无所异，因确断其不可以定大业，于是英法美各国，皆一变其方针，咸欲为北京朝廷假借兵力，以助戡乱，具述此意以请于政府，实咸丰十年事也。而俄罗斯亦欲遗海军小舰队，运载兵丁若干，溯长江以助剿，俄公使伊格那面谒恭亲王以述其意。

按欧美诸邦，是时新通商于中国，其必不欲中国之扰乱固也。故当两军相持，历年不决之际，彼等必欲有所助以冀速定。而北京政府之腐败，久已为西人所厌惮，其属望于革命军者必加厚，亦情势之常矣。彼时欧美诸国，右投则官军胜，左投则敌军胜，胜败之机，间不容发。使洪秀全而果有大略，具卓识，内修厥政，外谙交涉，速与列国通商定约，因假其力以定中原，天下事未可知也。竖子不悟，内先腐败，失交树敌，终为夷僇，不亦宜乎。而李文忠等之功名，亦于此成矣。

时英法联军新破北京，文宗远在热河，虽和议已定，而猜忌之心犹盛，故恭亲王关于借兵助剿之议，不敢专断，一面请之于行在所，一面询诸江南、江北钦差大臣曾国藩、袁甲三，及江苏巡抚薛焕、浙江巡抚王有龄等，使具陈其意见。当时极力反对之，谓有百害而无一利者，惟江北钦差大臣袁甲三（袁世凯之父也）。薛焕虽不以为可，而建议雇印度兵，使防卫上海及其附近，并请以美国将官华尔、白齐文为队长。曾国藩覆奏，其意亦略相同，谓当中国疲弊之极，外人以美意周旋，不宜拂之，故当以温言答其助剿之盛心，而缓其出师来会之期日，一面利用外国将官，以收剿贼之实效。于是朝廷依议，谢绝助剿，而命国藩任聘请洋弁训练新兵之事，此实常胜军之起点，而李鸿章勋名发轫之始，大有关系者也。

华尔者，美国纽约人也，在本国陆军学校卒业，为将官，以小罪去国，潜匿上海。当咸丰十年，洪军蹂躏江苏，苏、常俱陷，上海候补道杨坊，知华尔沉毅有才，荐之于布政使吴煦。煦乃请于美领事，赦其旧罪，使募欧美人愿为兵者数十人，益以中国应募者数百，使训练之以防卫苏、沪。其后屡与敌战，常能以少击众，所向披靡，故官军敌军，皆号之曰"常胜军"。常胜军之立，实在李鸿章未到上海以前也。

今欲叙李鸿章之战绩，请先言李鸿章立功之地之形势。

江、浙两省，中国财赋之中坚也，无江、浙则是无天下。故争兵要则莫如武汉，争饷源则莫如苏、杭，稍明兵略者所能知也。洪秀全因近来各地官军声势颇振，非复如前日之所可蔑视，且安庆新克复（咸丰十一年辛酉八月曾国荃克复），金陵之势益孤，乃遣其将李秀成、李世贤等分路扰江、浙，以牵制官军之兵力。秀成军锋极锐，萧山、绍兴、宁波、诸暨、杭州皆连陷，浙抚王有龄死之。江苏城邑，扰陷殆遍，避乱者群集于上海。

安庆克复之后，湘军声望益高，曩者廷臣及封疆大吏，有不慊于曾国藩者，皆或死或罢，以故征剿之重任，全集于国藩之一身，屡诏敦促国藩，移师东指，规复苏、常、杭失陷郡县，五日之中，严谕四下。国藩既奏荐左宗棠专办浙江军务，而江苏绅士钱鼎铭等，复于十月以轮船溯江赴安庆，面谒国藩，哀乞遣援，谓吴中有可乘之机而不能持久者三端：曰乡团，曰枪船，曰内应是也；有仅完之土而不能持久者三城：曰镇江，曰湖州，曰上海是也。国藩见而悲之，时饷乏兵单，楚军无可分拨，乃与李鸿章议，期以来年二月济师。

咸丰十一年十一月，有旨询苏帅于国藩，国藩以李鸿章对，且请酌拨数千军，使驰赴下游，以资援剿。于是鸿章归庐州募淮勇。既到安庆，国藩为定营伍之法，器械之用，薪粮之数，悉仿湘勇章程，亦用楚军营规以训练之。先是淮南迭为发捻所蹂躏，居民大困，惟合肥县志士张树声、树珊兄弟，周盛波、盛传兄弟，及潘鼎新、刘铭传等，自咸丰初年，即练民团以卫乡里，筑堡垒以防寇警，故安徽全省糜烂，而合肥独完。李鸿章之始募淮军也，因旧团而加以精练，二张、二周、潘、刘咸从焉。淮人程学启者，向在曾国荃部下，官至参将，智勇绝伦，国藩特选之使从鸿章，其后以勇敢善战，名冠一时。又淮军之初成也，国藩以湘军若干营为之附援，而特于湘将中选一健者统之，受指挥于鸿章麾下，即郭松林是也。以故淮军名将，数程、郭、刘、潘、二张、二周。

同治元年二月，淮军成，凡八千人，拟濒江而下，傍贼垒冲过以援镇江，计未决。二十八日，上海官绅筹银十八万两，雇轮船七艘，驶赴安庆奉迎，乃定以三次载赴上海。三月三十日，鸿章全军抵沪，得旨署理江苏巡抚，以薛焕为通商大臣，专办交涉事件（薛焕原江苏巡抚也）。

此时常胜军之制，尚未整备。华尔以一客将，督五百人，守松江。是年正月，敌众万余人来犯松江，围华尔数十匝，华尔力战破之。及鸿章之抵上海也，华尔所部属焉，更募华人壮勇附益之，使加训练，其各兵勇俸给，比诸湘、淮各军加厚，自是常胜军之用，始得力矣。

松江府者，在苏、浙境上，提督驻劄之地，而江苏之要冲也。敌军围攻之甚急，李鸿章乃使常胜军与英法防兵合（当时英法有防兵若干，专屯上海自保租界），攻松江南之金山卫及奉贤县；淮军程学启、刘铭传、郭松林、潘鼎新诸将，攻松江东南之南汇县。敌兵力斗，英法军不支退却，嘉定县又陷。敌乘胜欲进迫上海，程学启邀击大破之，南汇之敌将吴建瀛、刘玉林等开城降。川沙厅（在吴淞口南岸）敌军万余又来犯，刘铭传固守南汇，大破之，遂复川沙厅。然敌势犹雄劲不屈，以一队围松江青浦，以一队屯广福塘桥，集于泗滨，以窥新桥。五月，程学启以孤军屯新桥，当巨敌之冲，连日被围甚急。鸿章闻之，自提兵赴援，与敌军遇于徐家汇，奋斗破之。学启自营中望见鸿章帅旗，遽出营夹击，大捷，斩首三千级，俘馘四百人，降者千余。敌军之屯松江府外者，闻报震骇，急引北走，围遂解，沪防解严。

淮军之初至上海也，西人见其衣帽之粗陋，窃笑嗤之。鸿章徐语左右曰："军之良窳，岂在服制耶？须彼见吾大将旗鼓，自有定论耳。"至是欧美人见淮军将校之勇毅，纪律之整严，莫不改容起敬；而常胜军之在部下者，亦始帖然服李之节制矣。

当时曾国藩既以独力拜讨贼之大命，任重责专，无所旁贷，无所掣肘，于是以李鸿章图苏，左宗棠图浙，曾国荃图金陵。金陵，敌之根据地也，而金陵与江、浙两省，实相须以成其雄，故非扫荡江苏之敌军，则金陵不能坐困；而非攻围金陵之敌巢，则江苏亦不能得志。当淮军之下沪也，曾国荃与杨载福（后改名岳斌）、彭玉麟等，谋以水陆协进，破长江南北两岸之敌垒。四月，国荃自太平府沿流下长江，拔金柱关，夺东梁山营寨，更进克秣陵关、三汊河、江心洲、蒲包洲。五月，遂进屯金陵城外雨花台，实李鸿章解松江围之力也。故论此役之战绩，当知湘军之能克金陵歼巨敌，非曾国荃一人之功，实由李鸿章等断其枝叶，使其饷源兵力成孤立之势，而根干不得不坐凋。淮军之能平全吴奏肤功，亦非李鸿章一人之功，实由曾国荃等捣其巢穴，使其雄帅骁卒有狼顾之忧，而军锋不得不坐顿。东坡句云："江山如画，一时多少豪杰。"同治元、二年间，亦中国有史以来之一大观矣。

李秀成者，李鸿章之劲敌，而敌将中后起第一人也。洪秀全之初起也，其党中杰出之首领，曰东王杨秀清，南王冯云山，西王萧朝贵，北王韦昌辉，翼王石达开，当时号为"五王"。既而冯、萧战死于湖南，杨、韦金陵争权，互相屠杀，石达开独有大志，不安其位，别树一帜，横行湖南、江西、广西、贵州、四川诸省，于是五王俱尽。咸丰四、五年之间，官军最不振，而江南之敌势亦浸衰矣。李秀成起于小卒，位次微末，当金陵割据以后，尚不过杨秀清帐下一服役童子，然最聪慧明敏，富于谋略，胆气绝伦。故洪氏末叶，得以扬余烬簸浩劫，使官军疲于奔命，越六七载而后定者，皆秀成与陈玉成二人之力也。玉成纵横长江上游，起台飓于豫、皖、湘、鄂；秀成出没长江下口，激涛浪于苏、杭、常、扬。及玉成既死，而洪秀全所倚为柱石者，秀成一人而已。秀成既智勇绝人，且有大度，仁爱驭下，能得士心，故安庆虽克复，而下游糜烂滋甚。自曾军合围雨花台之后，而于江苏地方及金陵方面之各战，使李鸿章、曾国荃费尽心力，以非常之巨价，仅购得战胜之荣誉者，惟李秀成之故。故语李鸿章者，不可不知李秀成。

李鸿章自南汇一役以后，根基渐定，欲与金陵官军策应，牵制敌势，遂定进攻之策。是岁七月，使程学启、郭松林等急攻青浦县城，拔之；并发别军驾汽船渡海攻浙江绍兴府之余姚县，拔之。八月，李秀成使谭绍光拥众十余万犯北新泾（江苏地，去上海仅数里），刘铭传邀击大破之，敌遂退保苏州。

其月，淮军与常胜军共入浙江，攻慈溪县，克之。是役也，常胜军统领华尔奋战先登，中弹贯胸卒，遗命以中国衣冠敛。美国人白齐文代领常胜军。

是岁夏秋之变，江南疠疫流行，官军死者枕藉。李秀成乘之欲解金陵之围，乃以闰八月选苏州、常州精兵十余万赴金陵，围曾国荃大营，以西洋开花大炮数十门，并力轰击，十五昼夜，官军殊死战，气不稍挫。九月，秀成复使李世贤自浙江率众十余万合围金陵，攻击益剧。曾国藩闻报，大忧之，急征援于他地。然当时江、浙及江北各方面之官军，皆各有直接之责任，莫能赴援。此役也，实军兴以来，两军未曾有之剧战也。当时敌之大军二十余万，而官军陷于重围之中者不过三万余，且将卒病死战死及负伤者殆过半焉，而国荃与将士同甘苦，共患难，相爱如家人父子，故三军乐为效死，所以能抗十倍之大敌以成其功也。秀成既不能拔，又以江苏地面官军之势渐振，恐江苏失而金陵亦不能独全，十月，遂引兵退，雨花台之围乃解。

案自此役以后，洪秀全之大事去矣。夫屯兵于坚城之下，兵家所大忌也。向荣、和春，既两度以此致败，故曾文正甚鉴之，甚慎之。曾忠襄之始屯雨花台，文正屡戒焉。及至此役，外有十倍强悍之众，内有穷困决死之寇，官军之危，莫此为甚。乃敌军明知官军之寡单如此，其疮痍又如彼，而卒不敢肉薄突入，决一死命，以徼非常之功于俄顷，而顾亏此一篑，忽焉引去，遂致进退失据，随以灭亡，何也？盖当时敌军将帅，富贵已极，骄侈淫佚，爱惜生命，是以及此，此亦官军所始念不及也。曾文正曰："凡军最忌暮气。当道、咸之交，官军皆暮气，而贼军皆朝气。及同治初元，贼军皆暮气，而官军皆朝气。得失之林，皆在于是。"谅哉言乎！以李秀成之贤，犹且不免，若洪秀全者，冢中枯骨，更何足道。所谓"灭六国者六国也，非秦也；族秦者秦也，非天下也"。殷鉴不远，有志于天下者，其可以戒矣。洪秀全以市井无赖，一朝崛起，不数岁而蹂躏天下之半，不能以彼时风驰云卷，争大业于汗马之上，遂乃苟安金陵，视为安乐窝，潭潭府第，真陈涉之流亚哉！株守一城，坐待围击。故向荣、和春之溃，非洪秀全自有可以不亡之道，特其所遇之敌，亦如唯与阿，相去无几，故得以延其残喘云尔。呜呼！洪秀全兴废之

间，天耶？人耶？君子曰：人也！

又案此役为湘淮诸将立功之最大关键。非围金陵，则不能牵江、浙之敌军，而李文忠新造之军，难遽制胜；非攻江、浙，则不能解金陵之重围，而曾忠襄久顿之军，无从保全。读史者不可不于此着眼焉。

李秀成之围金陵也，使其别将谭绍洸、陈炳文留守苏州。九月，绍洸等率众十余万，分道自金山、太仓而东。淮军诸将防之，战于三江口、四江口，互有胜败。敌复沿运河设屯营，亘数十里，驾浮桥于运河及其支流，以互相往来，进攻黄渡，围四江口之官军甚急。九月廿二日，鸿章部署诸将，攻其本营。敌强悍善战，淮军几不支，刘铭传、郭松林、程学启等身先士卒，挥剑奋斗，士气一振，大破之，擒斩万余人，四江口之围解。

常胜军统领华尔之死也，白齐文以资格继其任。白氏之为人，与华氏异，盖权谋黠猾之流也。时见官军之窘蹙，乃窃通款于李秀成，十月，谋据松江城为内应，至上海胁迫道台杨坊，要索军资巨万，不能得，遂殴打杨道，掠银四万两而去。事闻，李鸿章大怒，立与英领事交涉，黜白齐文，使偿所攫金，而以英国将官戈登代之，常胜军始复为用，时同治二年二月也。此实为李鸿章与外国办交涉第一事。其决断强硬之概，论者韪之。

白齐文黜后，欲杀之，而为美领事所沮，遂放之。复降于李秀成，为其参谋，多所策画，然规模狭隘，盖劝秀成弃江、浙，斩其桑茶，毁其庐舍，而后集兵力北向，据秦晋齐豫中原之形势，以控制东南，其地为官军水师之力所不及，可成大业云云。秀成不听。白齐文又为敌军购买军械，窃掠汽船，得新式炮数门，献之秀成，以故苏州之役，官军死于宝带桥者数百人。其后不得志于秀成，复往漳州投贼中，卒为郭松林所擒死。

先是，曾国藩获敌军谍者，得洪秀全与李秀成手谕，谓湖南北及江北，今正空虚，使李秀成提兵二十万，先陷常熟，一面攻扬州，一面窥皖、楚。国藩乃驰使李鸿章使先发制之，谓当急取太仓州以扰常熟，牵制秀成，使不得赴江北。鸿章所见适同。同治二年二月，乃下令常熟守将，使死守待援，而遣刘铭传、潘鼎新、张树珊率所部驾轮船赴福山，与敌数十战，皆捷。别遣程学启、李鸿章攻太仓、昆山县，以分敌势，而使戈登率常胜军与淮军共攻福山。拔之，常熟围解。三月，克复太仓、昆山，擒敌七千余，程学启之功最伟，戈登自此益敬服学启焉。

五月，李秀成出无锡，与五部将拥水陆兵数十万，图援江阴，据常熟。李鸿章遣其弟鹤章及刘铭传、郭松林等分道御之。铭传、松林与敌之先锋相遇，击之，获利，然敌势太盛，每战死伤相当。时敌筑连营于运河之涯，北自北涸，南至张泾桥，东自陈市，西至长寿，纵横六七十里，垒堡百数，皆扼运河之险，尽毁桥梁，备炮船于河上，水陆策应，形势大炽。

鹤章与铭传谋，潜集材木造浮桥，夜半急渡河袭敌，破敌营之在北涸者三十二。郭松林亦进击力战，破敌营之在南涸者三十五。周盛波之部队，破敌营之在麦市桥者二十三。敌遂大溃，死伤数万，河为不流，擒其酋将百余人，马五百匹，船二十艘，兵器弹药粮食称是。自是顾山以西无敌踪，淮军大振。六月，吴江敌将望风降。

程学启率水陆万余人，与铭传谋复苏州。进破花泾港，降其守将，屯潍亭。七月，李鸿章自将，克复太湖厅，向苏州进发，先使铭传攻江阴。敌之骁将陈坤书，与湖南、湖北、山东四大股十余万众，并力来援。鸿章、铭传亲觇敌势，见其营垒大小棋列，西自江滨，东至山口，乃定部署猛进攻之。敌抵抗甚力，相持未下。既而城中有内变者，开门纳降，江阴复。

时程学启别屯苏州附近，连日力战，前后凡数十捷，敌垒之在宝带桥、五龙桥、蠡口、黄埭、浒关、王瓜泾、十里亭、虎邱、观音庙者十余处，皆陷。而郭松林之军，亦大捷于新塘桥，斩伪王二名，杀伤万余人，夺船数百艘，敌水军为之大衰。李秀成痛愤流涕，不能自胜。自是淮军威名震天下。

敌军大挫后，李秀成大举图恢复，使其部将纠合无锡、溧阳、宜兴等处众八万余，船千余只，出运河口，而自率精锐数千据金匮援苏州，互相策应，与官军连战，互有胜败。十月十九日（二年），李鸿章亲督军，程学启、戈登为先锋，进迫苏州城，苦战剧烈，遂破其外郭。秀成及谭绍洸等引入内城，死守不屈。既而官军水陆并进，合围三面，城中粮尽，众心疑惧。其裨将郜

永宽等，猜疑携贰，遂通款于程学启，乞降。于是学启与戈登亲乘轻舸造城北之洋澄湖，与永宽等面订降约，使杀秀成、绍洸以献，许以二品之赏，戈登为之保人，故永宽等不疑。然卒不忍害秀成，乃许斩绍洸而别。

李秀成微觉其谋，然事已至此，无可奈何，乃乘夜出城去（十月廿三夜）。廿四日，谭绍洸以事召永宽于帐中，永宽乃与骁将汪有为俱见绍洸，即刺杀之，并掩击其亲军千余人，遂开门降。廿五日，永宽等献绍洸首，请程学启入城验视。其降酋之列衔如下：

一、纳王郜永宽　　二、比王伍贵文　　三、康王汪安均
四、宁王周文佳　　五、天将军范起发　六、天将军张大洲
七、天将军汪环武　八、天将军汪有为

当时此八将所部兵在城中者尚十余万人，声势汹汹。程学启既许以总兵副将等职，至是求如约。学启细察此八人，谓狼子野心，恐后不可制，乃与李鸿章密谋，设宴大缫彼等于坐舰，号炮一响，伏兵起而骈戮之，并杀余党之强御者千余，余众俱降，苏州定。鸿章以功加太子少保。

先是八酋之降也，戈登实为保人。至是闻鸿章之食言也，大怒，欲杀鸿章以偿其罪，自携短铳以觅。鸿章避之，不敢归营。数日后，怒渐解，乃止。

案李文忠于是有惭德矣。夫杀降已为君子所不取，况降而先有约，且有保人耶？故此举有三罪焉：杀降背公理一也；负约食言二也；欺戈登负友人三也。戈登之切齿痛恨，至欲劙刃其腹以泄大忿，不亦宜乎？虽彼鉴于苗沛霖、李世忠故事，其中或有所大不得已者存，而文忠生平好用小智小术，亦可以见其概矣。

苏州之克复，实江南戡定第一关键也。先是曾国荃、左宗棠、李鸿章，各以孤军东下，深入重地，彼此不能联络策应，故力甚单而势甚危。苏州之捷，李鸿章建议统筹全局，欲乘胜进入浙地，与曾、左两军互相接应，合力大举，是为官军最后结果第一得力之着。十一月，刘铭传、郭松林、李鸿章

进攻无锡，拔之，擒斩其将黄子�父子。于是鸿章分其军为三大部队，其（甲）队，自率之；（乙）队，程学启率之，入浙，拔平湖、乍浦、澉浦、海盐、嘉善，迫嘉兴府。左宗棠之军（浙军），亦进而与之策应，入杭州界，攻余杭县，屡破敌军；（丙）队，刘铭传、郭松林等率之，与常胜军共略常州，大捷，克复宜兴、荆溪，擒敌将黄靖忠。鸿章更使郭松林进攻溧阳，降之。

时敌将陈坤书，有众十余万，据常州府，张其翼以捣官军之后背。李鸿章与刘铭传当之，敌军太盛，官军颇失利。坤书又潜兵迂入江苏腹地，出没江阴、常熟、福山等县，江阴、无锡戒严，江苏以西大震。李鸿章乃使刘铭传独当常州方面，而急召郭松林弃金坛，昼夜疾赴，归援苏州。又使李鹤章急归守无锡，杨鼎勋、张树声率别军扼江阴之青阳、焦阴，断敌归路。时敌军围常熟益急，苦战连日，仅支。又并围无锡，李鸿章婴壁固守几殆。数日，郭松林援军至，大战破敌，围始解。松林以功授福山镇总兵。

先是程学启围嘉兴（此年正月起）极急，城中守兵锋锐相当，两军死伤枕藉。二月十九日，学启激励将士，欲速拔之，躬先陷阵，越浮桥，肉薄梯城。城上敌兵死守，弹丸如雨，忽流弹中学启左脑仆，部将刘士奇见之，立代主将督军，先登入城，士卒怒愤，勇气百倍。而潘鼎新、刘秉璋等，亦水陆交进，遂拔嘉兴。

程学启被伤后，卧疗数旬，遂不起，以三月十日卒，予谥忠烈。李鸿章痛悼流涕。

嘉兴府之克复也，杭州敌焰大衰，遂以二月二十三日（十九嘉兴克复），敌大队乘夜自北门脱出。左军以三月二日入杭州城，至是苏军（李军）与浙军（左军）之连络全通，势始集矣。

程学启之卒也，鸿章使其部将王永胜、刘士奇分领其众，与郭松林会，自福山镇进击沙山，连战破之，至三河口，斩获二万人。鸿章乃督诸军合围常州，使刘铭传击其西北，破之；郭松林攻陈桥渡大营，破之；张树声、周盛波、郑国槐等袭河边敌营廿余，皆破之。败军溃走，欲还入城，陈坤书拒之，故死城下者不可胜数。三月廿二日，李军进迫常州城，以大炮及炸药轰城，城崩数十丈。选死士数百人，梯以登，陈坤书骁悍善战，躬率悍卒出战拒之，修补缺口，官军死者数百人。鸿章愤怒，督众益治攻具，筑长围，连日猛攻，两军创巨相当。经十余日，李鸿章自督阵，刘铭传、郭松林、刘士奇、王永胜等，自先士卒，奋战登城，敌始乱。陈坤书犹不屈，与其将费天将共率悍党，叱咤巷战，松林遂力战擒坤书，天将亦为盛波所擒。铭传大呼传令，投兵器降者赦之，立降万余。官军死者亦千数。常州遂复，时四月六日也。至是江苏军（李军）与金陵军（曾军）之联络全通，江苏全省中，除金陵府城内，无一敌踪矣。自同治元年壬戌春二月，李鸿章率八千人下上海，统领淮军、常胜军，转斗各地，大小数十战，始于松江，终于嘉兴、常州，凡两周岁，至同治三年甲子夏四月，平吴功成。

案李鸿章平吴大业，固由淮军部将骁勇坚忍，而其得力于华尔、戈登者实多。不徒常胜军之战胜攻取而已，当时李秀成智勇绝伦，军中多用西式枪炮，程、刘、郭、周、张、潘诸将虽善战，不过徒恃天禀之勇谋，而未晓新法之作用，故淮军初期，与敌相遇，屡为所苦。李鸿章有鉴于是，故诸将之取法常胜军利用其器械者亦不少焉。而左宗棠平浙之功，亦得力于法国将官托格比、吉格尔之徒甚多。本朝之绝而复续，盖英法人大有功焉。彼等之意，欲藉以永保东亚和平之局，而为商务之一乐园也，而岂料其至于今日，犹不先自振，而将来尚恐不免有 Great revolution 在其后乎。

先是曾国荃军水陆策应，围金陵既已二稔，至甲子正月，拔钟山之石垒。敌失其险，外围始合，内外不通，粮道已绝，城中食尽。洪秀全知事不可为，于四月二十七日饮药死，诸将拥立其子洪天贵福。当时官军尚未之觉，朝旨屡命李鸿章移江苏得胜之师助剿金陵。曾国荃以为城贼既疲，粮弹俱尽，歼灭在即，耻借鸿章之力。而李鸿章亦不愿分曾之功，深自抑退，乃托言盛暑不利用火器，固辞不肯进军。朝廷不喻鸿章之旨，再三敦促，国荃闻之，忧愤不自胜，乃自五月十八日起，日夜督将士猛攻地保城（即龙脖子山阴之坚垒，险要第一之地也），遂拔之。更深穿地道，自五月三十至六月十五，隧道十余处皆成，乃严戒城外各营，各整战备，别悬重赏募死士，约乘缺以先登。

时李秀成在金陵，秀全死后，号令一出其手。秀成知人善任，恩威并行，人心服之，若子于父。五月十五日，秀成自率死士数百人，自太平门缺口突出；又别遣死士数百，冒官兵服式，自朝阳门突出，冲入曾营，纵火哗噪。时官军积劳疲惫，战力殆尽，骤遇此警，几于瓦解兽散，幸彭毓橘诸将率新兵驰来救之，仅乃获免。

六月十六日，正午，隧道内所装火药爆裂，万雷轰击，天地为动，城壁崩坏廿余丈。曾军将叱咤奋登，敌兵死抗，弹丸如雨，外兵立死者四百余人。众益奋发，践尸而过，遂入城。李秀成至是早决死志，以所爱骏马赠幼主洪天贵福，使出城遁，而秀成自督兵巷战，连战三日夜，力尽被擒。敌大小将弃战死焚死者三千余人，城郭宫室连烧三日不绝。城中兵民久随洪氏者男女十余万人，无一降者。自咸丰三年癸丑，秀全初据金陵，至是凡十二年始平。

案李秀成真豪杰哉！当存亡危急之顷，满城上下，命在旦夕，犹能驱役健儿千数百，突围决战，几歼敌师，五月十五日之役，曾军之不亡，天也。及城已破，复能以爱马救幼主，而慷慨决死，有国亡与亡之志，虽古之大臣儒将，何以过之？项羽之乌骓不逝，文山之漆室无灵，天耶人耶？吾闻李秀成之去苏州也，苏州之民，男女老幼，莫不流涕。至其礼葬王有龄，优恤败将降卒，俨然有文明国战时公法之意焉。金陵城中十余万人，无一降者，以视田横之客五百人，其志同，其事同，而魄力之大，又百倍之矣，此有史以来战争之结局所未曾有也。使以秀成而处洪秀全之地位，则今日之域中，安知为谁家之天下耶！秀成之被擒也，自六月十七日至十九日凡三日间，在站笼中慷慨吮笔，记述数万言，虽经官军删节，不能备传，而至今读之，犹凛凛有生气焉。呜呼！刘兴骂项，成败论人，今日复谁肯为李秀成扬伟业发幽光者？百年而后，自有定评，后之良史，岂有所私？虽然，物竞天择，适者生存，曾、左、李亦人豪矣。

金陵克复，论功行赏，两江总督曾国藩，加太子太保衔，封世袭一等侯；浙江巡抚曾国荃、江苏巡抚李鸿章，皆封世袭一等伯。其余将帅恩赏有差。国荃之克金陵也，各方面诸将，咸嫉其功，诽谤谗言，蜂起交发，虽以

左宗棠之贤，亦且不免，惟李鸿章无间言，且调护之功甚多云。

　　案此亦李文忠之所以为文也。诏会剿而不欲分人功于垂成，及事定而不怀嫉妒于荐主，其德量有过人者焉，名下无虚，非苟焉已耳。

第五章　兵家之李鸿章（下）

　　捻乱之猖獗　李鸿章以前平捻诸将之失机　曾、李平捻方略　东捻之役西捻之役

　　金陵克复，兵气半销，虽然，捻乱犹在，忧未歇也。捻之起也，始于山东游民。及咸丰三年，洪秀全陷安庆、金陵，安徽全省大震，捻党乘势，起于宿州、亳州、寿州、蒙县诸地，横行皖、齐、豫一带，所到掠夺，官军不能制。其有奉命督师者，辄被逆击，屡败衄。以故其蛰益猖。及咸丰七年冬，其游骑遂扰及直隶之大名府等地，北京戒严。

　　今将捻乱初起以迄李鸿章督师以前，迭次所派平捻统帅，列表如下：

（人）	（官）	（任官年分）	（屯驻地）
善禄	河南提督	咸丰三年	永城县
周天爵	钦差大臣	咸丰三年	宿州
吕贤基	工部左侍郎	咸丰三年	安徽
陆应毅	河南巡抚	咸丰三年	开封府
舒兴阿	陕甘总督	咸丰三年	陈州
袁甲三	钦差大臣	咸丰三年	宿州（周天爵卒，代之）
英桂	河南巡抚	咸丰四年	开封府
武隆额	安徽提督	咸丰五年	亳州
胜保	钦差大臣	咸丰七年	督江北军
史荣春	提督	咸丰八年	曹州、兖州
田在田	总兵	咸丰八年	曹州、兖州
邱联恩	总兵	咸丰八年	鹿邑

朱连泰	总兵	咸丰八年	亳州
傅振邦	总兵	咸丰九年	宿州
伊兴额	都统	咸丰九年	宿州
关保	协领	咸丰九年	督河南军
德楞额	协领	咸丰九年	曹州
胜保	都统钦差大臣	咸丰十年	督河南军，关保副之
穆腾阿	副都统	咸丰十年	安徽（副袁甲三）
毛昶照	团练大臣	咸丰十年	河南
僧格林沁	蒙古亲王	咸丰十年	
曾国藩	钦差大臣	同治三年	

庚申之役，文宗北狩热河，捻党乘之，侵入山东，人掠济宁。德楞额与战，大败，始以蒙古科尔沁亲王僧格林沁督师追蹙诸捻，号称骁勇。同治二年，发党诸酋陈得才、蓝成昌、赖汶洸等合于捻，捻酋张总愚、任柱、牛落江、陈大喜等各拥众数万，出没于山东、河南、安徽、湖北各州县，来往倏忽，如暴风疾雨，不可捉摸，官军疲于奔命。同治三年九月，捻党一股入湖北，大掠襄阳、随州、京山、德安、应山、黄州、蕲州等处，舒保战死，僧王之师屡溃。僧王之为人，勇悍有余而不学无术，军令太不整肃，所至淫掠残暴，与发捻无异，以故湖北人民大失望。

其时金陵新克复，余党合于捻者数万人，又转入河南、山东，掠城市。四年春，僧王锐意率轻骑追逐其酋，一日夜驰三百里，至曹州，部下多怨叛。四月廿五日，遂中捻首之计，大败，力战堕马死，朝廷震悼。忽以曾国藩为钦差大臣，督办直隶、山东、河南军务，而命李鸿章署理两江总督，为国藩粮运后援。

先是官军之剿捻也，惟事追蹙，劳而无功，间讲防堵，则弥缝一时耳。要之，无论为攻为守，非苟且姑息以养敌锋，则躁进无谋以钝兵力，未尝全盘打算，立一定之方略，以故劳师十五年，而无所成。自曾国藩受事以后，始画长围圈制之策，谓必蹙敌一隅，然后可以聚歼。李鸿章禀承之，遂定中原。

曾国藩，君子人也，常兢兢以持盈保泰急流勇退自策厉。金陵已复，素志已偿，便汲汲欲自引退。及僧王之亡，捻氛迫近京畿，情形危急，国藩受命于败军之际，义不容辞，遂强起就任。然以为湘军暮气渐深，恐不可用，故渐次遣撤，而惟用淮军以赴前敌。盖国藩初拜大命之始，其意欲虚此席以待李鸿章之成功，盖已久矣。及同治五年十二月，遂以疾辞，而李鸿章代为钦差大臣，国藩回江督本任，筹后路粮饷。

鸿章剿捻方略，以为捻贼已成流寇，逼之不流，然后会师合剿，乃为上策。明孙传庭谓剿流寇当驱之于必困之途，取之于垂死之日，如但一彼一此，争胜负于矢石之间，即胜亦无关于荡平。鸿章即师此意。故四年十一月，曾奏称须蹙之于山深水复之处，弃地以诱其入，然后合各省之兵力，三四面围困之。后此大功之成，实由于是。

其年五月，任柱、赖汶洸等大股深入山东。鸿章命潘鼎新、刘铭传尽力追蹑，欲蹙之于登莱海隅，然后在胶莱咽喉，设法扼逼，使北不得窜入畿疆，南不得蔓延淮南。六月，亲督师至济宁，相度形势，以为任、赖各股，皆百战之余，兼游兵散勇裹胁之众，狡猾剽悍，未可易视，若兵力未足兜围，而迫之过紧，画地过狭，使其窥破机关，势必急图出窜，稍纵即逝，全局又非。于是定策先防运河以杜出路，次扼胶莱以断咽喉。乃东抚丁宝桢，一意欲驱贼出境，于鸿章方面颇多龃龉。七月，敌军突扑潍河，东省守将王心安方驻防戴庙，任敌偷渡，而胶莱之防遂溃。是时蜚谤屡起，朝廷责备綦严，有罢运防之议。鸿章覆奏，以为运河东、南、北三面，贼氛来往窜扰，官军分路兜逐，地方虽受蹂躏，然受害者不过数府县之地；驱过运西，则数省流毒无穷，同是疆土，同是赤子，而未便歧视也。乃坚持前议，不少变。十月十三日，刘铭传在安邱、潍县之交，大战获胜。二十四日，追至赣榆，铭传与马步统将善庆力战，阵毙任柱，于是东捻之势大衰。

二十八日，潘鼎新海州上庄一战，毙悍贼甚夥。十一月十一二日，刘铭传、唐仁廉等在潍县、寿光抄击一昼夜，敌众心携，投降遂多。郭松林、杨鼎勋、潘鼎新继之，无战不捷。至二十九日，铭传、松林、鼎勋等，蹑追七十里，至寿光弥河间，始得接仗，战至数十回合，又追杀四十余里，斩获几三万人，敌之精锐器械骡马辎重抛尽。鸿章奏报中，谓"军士回老营者，臣亲加拊慰，皆饥惫劳苦，面无人色"云。赖汶洸在弥河败后，落水未死，复纠合千余骑，冲出六塘河防。黄翼升、刘秉璋、李昭庆等，水陆马步，衔尾而下，节节追剿，只剩数百骑，逼入高室水乡。鸿章先派有统带华字营淮勇之吴毓兰，在扬州运河扼守，诸军戮力，前截后追。十二月十一日，毓兰生擒汶洸，东捻悉平，东、苏、皖、豫、鄂五省，一律肃清。

鸿章奏捷后，附陈所属诸军剿捻以来，驰逐数省，转战终年，日行百里，忍饥耐寒，忧谗畏讥，多人生未历之苦境。刘铭传、刘秉璋、周盛波、潘鼎新、郭松林、杨鼎勋，皆迭乞开缺，请稍为休养，勿调远役；并以刘铭传积劳致病，代为请假三月。乃七年正月，西捻张总愚大股，忽由山右渡河北窜，直逼畿辅，京师大震。初七初八日叠奉寄谕饬催刘铭传、善庆等马步各营，迅赴河北进剿。鸿章以铭传疲病，正在假期，不忍遽调，乃率周盛波、盛传马步十一营，潘鼎新鼎字全军，及善庆温德克勒西马队，陆续进发，由东阿渡河，饬郭松林、杨鼎勋整饬大队，随后继进。

西捻之役，有较东捻更难图功者，一则黄河以北，平坦千里，无高山大河以限之。张总愚狡猾知兵，窜扰北地平原，掳马最多，飙忽往来，瞬息百里，欲设长围以困之，然地势不合，罗网难施，且彼鉴于任、赖覆辙，一闻围扎，立即死力冲出，不容官军闲暇，次第施工，此一难也。二则淮军全部，皆属南人，渡河以北，风气悬殊，南勇性情口音，与北人均不相习，且谷食面食，习惯不同，而马队既单，麸料又缺，此二难也。鸿章乃首请饬行坚壁清野之法，以为"前者任、赖捻股，流窜中原数省，畏墟寨甚于畏兵。豫东、淮北，民气强悍，被害已久，逐渐添筑墟寨，到处与城池相等，故捻逆一过即走，不能久停。近年惟湖北、陕西被扰最甚，以素无墟寨，筹办不及，贼得盘旋饱掠，其势愈张。直、晋向无捻患，民气朴懦，未能筑寨自守。张总愚本极狡猾，又系穷寇，南有黄河之阻，必致纵横驰突。无处不流，百姓惊徙蹂躏，讵有已时，可为浩叹。（中略）自古用兵，必以彼此强弱饥饱为定衡，贼未必强于官军，但彼马多而我马少，自有不相及之势；彼可随地掳粮，我须随地购粮，贼常饱而兵常饥，又有不能及之理。今欲绝贼粮，断贼马，惟有苦劝严谕河北绅民，赶紧坚筑墟寨，一有警信，收粮草牲畜于内，既自固其身家，兼以制贼死命"云云。西捻之平，实赖于是。

四月，奏请以刘铭传总统前敌各军，温旨敦促起行，使淮军与直、东民团，沿黄河运河，筑长墙浚濠以蹙敌。拣派各军，轮替出击，更番休息，其久追疲乏须暂休息之军，即在运河东岸择要屯驻，俟敌窜近，立起迎击，以剿为防。又派张曜、宋庆分扎夏津、高唐一带，程文炳扎陵县、吴桥一带，为运防遮护。左宗棠亦派刘松山、郭宝昌等军，自连镇北至沧州一带减河东岸分扎，与杨鼎勋等军就近策应，布置略定，然后进剿。

五月，捻股窜向西北，各军分投拦击，叠次获胜。鸿章乃趁黄河伏泛盛涨时，缩地围扎，以运河为外圈，而就恩县、夏津、高唐之马颊河，截长补短，划为里圈，逼贼西南，层层布置。五六月间，各军迭次大捷，敌势蹙衰，降散渐多。六月十九至二十二等日，乘胜尾追，每战皆捷。二十三日，张总愚涉水向西南逃窜。二十四日，由平原向高唐。二十五日，潘鼎新追百二十里，冒雨至高唐。敌已向博平、清平一带，图扑运河，而官军早于马颊河西北岸筑长墙数百里，足限戎马。敌方诇知已入彀中，窜地愈狭，死期近矣。是时各军已久追疲乏，鸿章乃派刘铭传生力马军助战，军势大振。二十八日，将敌圈在徒骇、黄、运之间，铭传调集马步迎击，追剿数里，值郭松林东来马步全军，拦住去路，又兼河道分歧，水溜泥陷，刘、郭两军马队五六千人，纵横合击，擒斩无算，张总愚仅带数十骑北逃，旋自沉于河以死，西捻肃清，中原平。八月，李鸿章入觐京师。

鸿章之用兵也，谋定后动，料敌如神，故在军中十五年，未尝有所挫衄。虽曰幸运，亦岂不以人事耶！其剿发也，以区区三城之立足地，仅一岁而荡平全吴；其剿捻也，以十余年剽悍之劲敌，群帅所束手无策者，亦一岁而歼之，盖若有天授焉。其待属将也，皆以道义相交，亲爱如骨肉，故咸乐为用命，真将将之才哉！虽然，李鸿章兵事之生涯，实与曾国藩相终始，不徒荐主之感而已。其平吴也，由国藩统筹大局，肃清上流，曾军合围金陵，牵掣敌势，故能使李秀成疲于奔命，有隙可乘。其平捻也，一承国藩所定方略，而所以千里馈粮士有宿饱者，又由有良江督在其后，无狼顾之忧也。不宁惟是，鸿章随曾军数年，砥砺道义，练习兵机，盖其一生立身行己耐劳任怨坚忍不拔之精神，与其治军驭将推诚布公团结士气之方略，无一不自国藩得之。故有曾国藩，然后有李鸿章，其事之如父母，敬之如神明，不亦宜乎！

第六章　洋务时代之李鸿章

洋务之治绩　北洋海陆兵力　李鸿章办理洋务失败之由

"洋务"二字，不成其为名词也。虽然，名从主人，为李鸿章传，则不得不以"洋务"二字总括其中世二十余年之事业。李鸿章所以为一世俗儒所唾骂者以洋务，其所以为一世鄙夫所趋重者亦以洋务，吾之所以重李责李而为李惜者亦以洋务。谓李鸿章不知洋务乎？中国洋务人士，吾未见有其比也。谓李鸿章真知洋务乎？何以他国以洋务兴，而吾国以洋务衰也？吾一言以断之，则李鸿章坐知有洋务，而不知有国务，以为洋人之所务者，仅于如彼云云也。今试取其平定发捻以后，日本战事以前，所办洋务各事，列表如下：

设外国语言文字学馆于上海	同治二年正月
设江南机器制造局于上海	同治四年八月
设机器局于天津	同治九年十月
筹通商日本并派员往驻	同治九年闰十二月
拟在大沽设洋式炮台	同治十年四月
挑选学生赴美国肄业	同治十一年正月
请开煤铁矿	同治十一年五月
设轮船招商局	同治十一年十一月
筹办铁甲兵船	光绪元年十一月
请遣使日本	光绪元年十一月

请设洋学局于各省，分格致、测算、舆图、火轮机器、兵法、炮法、化学、电学诸门，择通晓时务大员主之，并于考试功令稍加变通，另开洋务进取一格	光绪元年十二月
派武弁往德国学水陆军械技艺	光绪二年三月
派福建船政生出洋学习	光绪二年十一月
始购铁甲船	光绪二年二月
设水师学堂于天津	光绪二年七月
设南北洋电报	光绪二年八月
请开铁路	光绪二年十二月
设开平矿务商局	光绪七年四月
创设公司船赴英贸易	光绪七年六月
招商接办各省电报	光绪七年十一月
筑旅顺船坞	光绪八年二月
设商办织布局于上海	光绪八年四月
设武备学堂于天津	光绪十一年五月
开办漠河金矿	光绪十三年十二月
北洋海军成军	光绪十四年
设医学堂于天津	光绪二十年五月

以上所列李鸿章所办洋务，略具于是矣。综其大纲，不出二端：一曰军事，如购船、购械、造船、造械、筑炮台、缮船坞等是也；二曰商务，如铁路、招商局、织布局、电报局、开平煤矿、漠河金矿等是也。其间有兴学堂、派学生游学外国之事，大率皆为兵事起见，否则以供交涉翻译之用者也。李鸿章所见西人之长技，如是而已。

海陆军事，是其生平全力所注也。盖彼以善战立功名，而其所以成功，实由与西军杂处，亲睹其器械之利，取而用之，故事定之后，深有见夫中国兵力，平内乱有余，御外侮不足，故兢兢焉以此为重。其眼光不可谓不加寻常人一等，而其心力之瘁于此者亦至矣。计中日战事以前，李鸿章手下之兵力，大略如下：

北洋海军兵力表

分职 / 队别	（船名）	（船式）	（吨数）	（马力）	（速力）	（炮数）	船员	（进水年分）
主战舰队	定远	铁甲	七三三五	六〇〇〇	一四.五	二二	三三〇	光绪八 一八八二
	镇远	铁甲	七三五五	六〇〇〇	一四.五	二二	三三〇	光绪八 一八八二
	经远	铁甲	二九〇〇	三〇〇〇	一五.五	一四	二〇二	光绪十三 一八八七
	来远	铁甲	二九〇〇	五〇〇〇	一五 五	一四	二〇二	光绪十二 一八八七
防守舰队	致远	巡洋	二三〇〇	五五〇〇	一八.〇	二三	二〇二	光绪十二 一八八六
	靖远	巡洋	二三〇〇	五五〇〇	一八.〇	二三	二〇二	光绪十二 一八八六
	济远	巡洋	二三〇〇	五五〇〇	一八.〇	二三	二〇三	光绪九 一八八三
	平远	巡洋	二二〇〇	一五〇〇	一四.五	一一		
	超勇	巡洋	一三五〇	二四〇〇	一五.〇	一八	一三〇	光绪七 一八八一
	扬威	巡洋	一三五〇	二四〇〇	一五.五	一八	一三〇	光绪七 一八八一
	镇东	炮船	四四〇	三五〇	八.〇	五	五五	光绪五 一八七九
	镇西	炮船	四四〇	三五〇	八.〇	五	五五	光绪五 一八七九
	镇南	炮船	四四〇	四四〇	八.〇	五	五五	光绪五 一八七九
	镇北	炮船	四四〇	四四〇	八.〇	五	五五	光绪五 一八七九
	镇中	炮船	四四〇	七五〇	八.〇	五	五五	光绪七 一八八一
	镇边	炮船	四四〇	八四〇	八.〇	五	五五	光绪七 一八八一

续　表

练习舰	康济	炮船	一三〇〇	七五〇	九.五	一一	一二四	光绪七 一八八一
	威远	炮船	一三〇〇	八四〇	一二.〇	一一	一二四	光绪三 一八七七
补助舰	泰安	炮船	一二五八	六〇〇	一〇.〇	五	一八〇	光绪二 一八七六
	镇海	炮船	九五〇	四八〇	九.〇	五	一〇〇	同治十 一八七一
	操江	炮船	九五〇	四〇〇	九.〇	五	九一	同治五 一八六五
	湄云	炮船	五七八	四〇〇	九.〇	四	七〇	同治八 一八六九

附：水雷船

（船名）	（船式）	（吨数）	（速力）
左队一号	一等水雷	一〇八	二四
左队二号	一等水雷	一〇八	一九
左队三号	一等水雷	一〇八	一九
右队一号	一等水雷	一〇八	一八
右队二号	一等水雷	一〇八	一八
右队三号	一等水雷	一〇八	一八

直隶淮军练勇表

当中日战事时代，直隶淮军练勇二万余人，其略如下：

（军队）	（营数）	（人数）	（将领）	（驻地）
盛军	十八	九千	卫汝贵	小站
铭军	十二	四千	刘盛休	大连湾
毅军	十	四千	宋庆	旅顺口
芦防淮勇	四	二千	叶志超 聂士成	芦台、北塘、 山海关
仁字虎勇	五	二千五百	聂士成	营口

合计四十九营二万五千人之间。

李鸿章注全副精神以经营此海陆二军,自谓确有把握。光绪八年,法越肇衅之时,朝议饬筹畿防,鸿章覆奏,有"臣练军简器,十余年于兹,徒以经费太绌,不能尽行其志,然临敌因应,尚不至以孤注贻君父忧"等语。其所以自信者,亦可概见矣。何图一旦中日战开,艨艟楼舰,或创或夷,或以资敌,淮军练勇,屡战屡败,声名一旦扫地以尽,所余败鳞残甲,再经联军津沽一役,随罗荣光、聂士成同成灰烬。于是直隶总督北洋大臣三十年所蓄所养所布画,烟消云散,殆如昨梦。及于李之死,而其所摩抚卵翼之天津,尚未收复。呜呼!合肥合肥,吾知公之不瞑于九原也。

至其所以失败之故,由于群议之掣肘者半,由于鸿章之自取者亦半。其自取也,由于用人失当者半,由于见识不明者亦半。彼其当大功既立,功名鼎盛之时,自视甚高,觉天下事易易耳;又其裨将故吏,昔共患难,今共功名,徇其私情,转相汲引,布满要津,委以重任,不暇问其才之可用与否,以故临机偾事,贻误大局,此其一因也。又惟知练兵,而不知有兵之本原;惟知筹饷,而不知有饷之本原,故支支节节,终无所成,此又其一因也。下节更详论之。

李鸿章所办商务,亦无一成效可睹者,无他,官督商办一语,累之而已。中国人最长于商,若天授焉,但使国家为之制定商法,广通道路,但护利权,自能使地无弃财,人无弃力,国之富可立而待也。今每举一商务,辄为之奏请焉,为之派大臣督办焉,即使所用得人,而代大匠斲者,固未有不伤其手矣。况乃奸吏舞文,视为利薮,凭挟狐威,把持局务,其已入股者安得不寒心,其未来者安得不裹足耶?故中国商务之不兴,虽谓李鸿章官督商办主义为之厉阶可也。

吾敢以一言武断之曰:李鸿章实不知国务之人也,不知国家之为何物,不知国家与政府有若何之关系,不知政府与人民有若何之权限,不知大臣当尽之责任。其于西国所以富强之原,茫乎未有闻焉,以为吾中国之政教文物风俗,无一不优于他国,所不及者,惟枪耳、炮耳、船耳、铁路耳、机器耳,

吾但学此，而洋务之能事毕矣。此近日举国谈时务者所异口同声，而李鸿章实此一派中三十年前之先辈也。是所谓无盐效西子之颦，邯郸学寿陵之步，其适形其丑，终无所得也，固宜。

虽然，李鸿章之识，固有远过于寻常人者矣。尝观其同治十一年五月复议制造轮船未可裁撤折云：

臣窃惟欧洲诸国，百十年来，由印度而南洋，由南洋而中国，闯入边界腹地，凡前史所未载，亘古所未通，无不款关而求互市。我皇上如天之度，概与立约通商，以牢笼之，合地球东西南朔九万里之遥，胥聚于中国，此三千余年一大变局也。西人专恃其枪炮轮船之精利，故能横行于中土。中国向用之器械，不敌彼等，是以受制于西人。居今日而曰攘夷，曰驱逐出境，固虚妄之论。即欲保和局守疆土，亦非无具而能保守之也。（中略）士大夫囿于章句之学，而昧于数千年来一大变局，狃于目前苟安，而遂忘前二三十年之何以创巨而痛深，后千百年之何以安内而制外，此停止轮船之议所由起也。臣愚以为，国家诸费皆可省，惟养兵设防、练习枪炮、制造兵轮之费万不可省，求省费则必屏除一切，国无与立，终不得强矣。

光绪元年，因台湾事变筹画海防折云：

兹总理衙门陈请六条，目前当务之急，与日后久远之图，业经综括无遗，洵为救时要策。所未易猝办者，人才之难得，经费之难筹，畛域之难化，故习之难除。循是不改，虽日事设防，犹画饼也。然则今日所急，惟在力破成见，以求实际而已。何以言之？历代备边，多在西北，其强弱之势，主客之形，皆适相埒，且犹有中外界限。今则东南海疆万余里，各国通商传教，往来自如，麇集京师及各省腹地，阳托和好之名，阴怀吞噬之计，一国生事，诸国搆煽，实惟数千年来未有之变局。轮船电报之速，瞬息千里；军器机事之精，工力百倍，又为数千年来未有之强敌。外患之乘，变幻如此，而我犹欲以成法制之，譬如医者疗疾，不问何症，概投之以古方，诚未见其效也。庚申以后，夷势骎骎内向，薄海冠带之伦，莫不发愤慷慨，争言驱逐。局外之訾议，既不悉局中之艰难，及询以自强何术，御侮何能，则茫然靡所依据。臣于洋务，涉历颇久，闻见较广，于彼己长短相形之处，知之较深，而环顾当世饷力人才实有未逮，又多拘于成法，牵于众议，虽欲振奋而末由。《易》曰："穷则变，变则通。"盖不变通则战守皆不足恃，而和亦不可久也。

又云：

近时拘谨之儒，多以交涉洋务为浼人之具；取巧之士，又以引避洋务为自便之图。若非朝廷力开风气，破拘挛之故习，求制胜之实际，天下危局，终不可支，日后乏才，且有甚于今日者。以中国之大，而无自强自立之时，非惟可忧，抑亦可耻。

由此观之，则李鸿章固知今日为三千年来一大变局，固知狃于目前之不可以苟安，固尝有意于求后千百年安内制外之方，固知古方不可医新症，固知非变法维新，则战守皆不足恃，固知畛域不化，故习不除，则事无一可成，甚乃知日后乏才，且有甚于今日，以中国之大，而永无自强自立之时。其言沉痛，吾至今读之，则泪涔涔其承睫焉。夫以李鸿章之忠纯也若彼，其明察也若此，而又久居要津，柄持大权，而其成就乃有今日者，何也？则以知有兵事而不知有民政，知有外交而不知有内治，知有朝廷而不知有国民。日责人昧于大局，而己于大局，先自不明；日责人畛域难化，故习难除，而己之畛域故习，以视彼等，犹不过五十步与百步也。殊不知今日世界之竞争，不在国家而在国民；殊不知泰西诸国所以能化畛域、除故习、布新宪、致富强者，其机恒发自下而非发自上，而求其此机之何以能发，则必有一二先觉有大力者，从而导其辕而鼓其锋，风气既成，然后因而用之，未有不能济者也。李鸿章而不知此不忧此则亦已耳，亦既知之，亦既忧之，以彼之地位，彼之声望，上之可以格君心以臂使百僚，下之可以造舆论以呼起全国，而惜乎李之不能也。吾故曰：李之受病，在不学无术。故曰：为时势所造之英雄，非造时势之英雄也。

虽然，事易地而殊，人易时而异。吾辈生于今日，而以此大业责李，吾知李必不任受。彼其所谓局外之訾议，不知局中之艰难，言下盖有余病焉。援《春秋》责偹贤者之义，李固咎无可辞。然试问今日四万万人中，有可以 Cast the first stone 之资格者，几何人哉？吾虽责李，而必不能为所谓拘谨之儒、取巧之士、囿于章句狃于目前者，稍宽其罪，而又决不许彼辈之随我而容喙也。要而论之，李鸿章不失为一有名之英雄，所最不幸者，以举国之大，而无所谓无名之英雄，以立乎其后，故一跃而不能起也。吾于李侯之遇，有余悲焉耳。

自此章以后，李鸿章得意之历史终，而失意之历史方始矣。

第七章　中日战争时代之李鸿章

中日战事祸胎　李鸿章先事之失机　大东沟之战　平壤之战　甲午九十月以后大概情形　致败之由　李鸿章之地位及责任

中国维新之萌蘖，自中日之战生；李鸿章盖代之勋名，自中日之战没。惜哉！李鸿章以光绪十九年，七十赐寿，既寿而病，病而不死，卒遇此变，祸机重叠，展转相继，更阅八年之至艰极险殊窘奇辱，以死于今日。彼苍者天，前之所以宠此人者何以如是其优，后之所以厄此人者何以如是其酷耶？吾泚笔至此，不禁废书而叹也。

中日之战，起于朝鲜，推原祸始，不得不谓李鸿章外交遗恨也。朝鲜本中国藩属也，初同治十一年，日本与朝鲜有违言，日人遣使问于中国，盖半主之邦，其外交当由上国主之，公法然也。中国当局以畏事之故，遽答之曰："朝鲜国政，我朝素不与闻，听贵国自与理论可也。"日本遂又遣使至朝鲜，光绪元年正月，与朝鲜订立和约，其第一条云："日本以朝鲜为自主之国，与日本之本系自主者相平等"云云，是为日本与朝鲜交涉之嚆矢。光绪五年，英、美、德、法诸国，相继求互市于朝，朝人惊皇，踌躇不决。李鸿章乃以函密劝其太师李裕元，令与各国立约，其奏折谓藉此以备御俄人，牵制日本云云。光绪六年，驻日使臣何如璋致书总理衙门，倡主持朝鲜外交之议，谓中国当于朝鲜设驻扎办事大臣。李鸿章谓若密为维持保护，尚觉进退绰如；倘显然代谋，在朝鲜未必尽听吾言，而各国或将惟我是问，他日势成骑虎，深恐弹丸未易脱手云云。光绪八年十月，侍读张佩纶复奏请派大员为朝鲜通商大臣，理其外交之政。鸿章覆奏，亦如前议。是则鸿章于属邦无外交之公法，知之未悉，徒贪一时之省事，假名器以畀人，是实千古之遗恨也。自兹以往，各国皆不以中国藩属待朝鲜也久矣。光绪十一年，李鸿章与伊藤博文在天津订约，载明异日朝鲜有事，中日两国欲派兵往，必先互行知照。于是朝鲜又似为中日两邦公同保护之国，名实离奇，不可思议。后此两国各执一理，缪辕辅不清，酿成大衅，实基于是，而其祸本不得不谓外交遗策胎之。此为李鸿章失机第一事。

光绪二十年三月，朝鲜有东学党之乱，势颇猖獗，时袁世凯驻朝鲜，为办理商务委员。世凯者，李鸿章之私人也，屡致电李，请派兵助剿，复怂恿朝王来乞师。鸿章遂于五月初一日派海军济远、扬威二舰赴仁川、汉城护商，并调直隶提督叶志超带淮勇千五百人向牙山；一面遵依《天津条约》，先照会日本。日本随即派兵前往，至五月十五日，日兵到仁川者已五千。韩廷大震，请中国先行撤兵以谢日本。中国不允，乃与日本往复会商一齐撤兵之事，盖是时乱党已解散矣。日本既发重兵，有进无退，乃议与中国同干预朝鲜内政，助其变法，文牍往来，词意激昂，战机伏于眉睫间矣。

是役也，在中国之意，以为藩属有乱，卑词乞援，上国有应代靖乱之责任，故中国之派兵是也。在日本之意，则以既认朝鲜为自主，与万国平等，今中国急派兵而代平等之国靖乱，其意不可测，故日本之派兵以相抵制亦是也。此二国者，各执一说，咸曲彼而直我，皆能持之有故，言之成理焉。但其中有可疑者，当未发兵之先也，袁世凯屡电称乱党猖獗，韩廷决不能自平，其后韩王乞救之咨文，亦袁所指使，乃何以五月初一日始发兵，而初十日已有乱党悉平之报？其时我军尚在途中，与乱党风马牛不相及，然则朝乱之无待于代剿明矣。无待代剿，而我无端发兵，安得不动日本之疑耶？故我谓曲在日本，日本不任受也。论者谓袁世凯欲借端以邀战功，故张大其词，生此波澜，而不料日本之蹑其后也，果尔，则是以一念之私，遂至毒十余万之生灵，隳数千年之国体。袁固不能辞其责，而用袁听袁者，不谓失知人之明哉？此为李鸿章失机第二事。

日本屡议协助干预而华不从，中国屡请同时撤兵而日不允，李鸿章与总理衙门，方日冀俄、英出为调处，北京、伦敦、圣彼得堡，函电纷驰，俄、英亦托必为出力，冀获渔人之利。迁延经日，战备未具，及五月下旬，而日本之兵调到韩境者已万余人矣。平时兵力，既已不能如人，而临时战备，又复着着落后，使敌尽扼要冲，主客易位，盖未交绥而胜负之数已见矣。此为李鸿章失机第三事。

三机既失，战事遂开。六月十二日，李鸿章奉廷寄筹战备，乃派总兵卫汝贵统盛军马步六营进平壤，提督马玉崐统毅军二千进义州，分起由海道至大东沟登岸，而饬叶志超军移扎平壤，皆淮军也。所派往各兵，雇英商三轮船分运，而以济远、广丙二兵轮卫之。廿五晨为日兵轮袭击，济远管带方伯谦见敌近，惶恐匿铁甲最厚处，继遭日炮毁其舵，即高悬白旗，下悬日旗，逃回旅顺。高升击沉，我军死者七百余。二十七日，布告各国，饬驻日公使汪凤藻撤旗归国。二十九日，牙山失守，叶志超退回平壤，捏报胜仗，称于二十五、六、七等日，迭次歼毙倭兵五千余人，得旨赏给军士银二万两，将弁保奖者数十人焉。自兹以往，海军、淮军之威望，始渐失坠矣。

方五六月间，日本兵船麇集朝鲜，殆如梭织，而各华舰避匿于威海卫，逍遥河上。迨京外交章参劾，始佯遣偏师，开出口外，或三十里而止，或五十里而止，大抵启碇出口，约历五六点钟，便遽回轮，即飞电北洋大臣，称某船巡逻至某处，并无倭兵踪迹云云。种种情形，可笑可叹。八月初旬，北洋叠接军电，请济师以壮声威，遂以招商局船五艘，载运兵丁银米，以海军兵舰护送，凡铁甲船、巡洋船各六艘，水雷船四艘，合队同行。中秋日，安抵鸭绿江口。五运船鼓轮直入，浅水兵船及水雷船与之偕，余舰小住于离江十里或十六里之地，炉中之煤未熄也。十六晨，瞭见南方黑烟缕缕，知日舰将至，海军提督丁汝昌，传令列阵作人字形，镇远、定远两铁舰为人字之首，靖远、来远、怀远、经远、致远、济远、超勇、扬威、广甲、广丙及水雷船，张人字之两翼，兼以号旗招鸭绿江中诸战船悉出助战。俄而敌舰渐近，列阵作一字营，向华军猛扑，共十一艘，其巡洋船之速率，过于华军。转瞬间又易而为太极阵，裹人字于其中。华舰先开巨炮以示威，然距日船者九里，不中宜也。炮声未绝，敌船麇至，与定远、镇远相去恒六里许，盖畏重甲而避重炮，且华炮之力不能及，日兵之弹已可至也；与人字阵末二舰相逼较近，欺炮略小而甲略薄也。有顷，日舰圈入人字阵脚，致远、经远、济远三艘，皆被挖出圈外。致远失群后，船身叠受重伤，势将及溺，其管带邓世昌，开足汽机，向日舰飞驰，欲撞与同沉，未至而已覆溺，舟中二百五十人，同时殉难。盖中日全役，死事者以邓君为最烈云。其同时被圈出之经远，船群甫离，火势陡发，管带林永升发炮以攻敌，激水以救火，依然井井有条。遥见一日舰，似已受伤，即鼓轮追之，乃被放水雷相拒，闪避不及，遂被轰裂，死难者亦二百七十人。呜呼惨矣！至管带济远之方伯谦，即七月间护送高升至牙山，途遇日舰逃回旅顺者也。是日两阵甫交，方伯谦先挂本船已受重伤之旗，以告主将，旋因图遁之故，亦被日船划出圈外。致、经两船与日苦战，方伯谦置而不顾，如丧家狗，遂误至水浅处。时扬威铁甲先已搁浅，不能转动，济远撞之，裂一大穴，遂之沉没。扬威遭此横逆，死者百五十余人。方伯谦惊骇欲绝，飞遁入旅顺口。越日，李鸿章电令缚伯谦军前正法云。同时效方伯谦者，有广甲一舰，逃出阵外，未知其受伤与否，然以只防后追，不顾前路，遂误撞于岛石，为日军发水雷轰碎之。阵中自经远、致远、扬威、超勇沉，济远、广甲逃，与日舰支持者仅七艘耳。是役也，曰舰虽或受重伤，或遭小损，然未丧一艘，而华军之所丧盖五船矣。

海军既在大东沟被夷，陆军亦在平壤同时失事。平壤为朝鲜要镇，西、南、东三面，均有大江围绕，北面则枕崇山，城倚山崖，城东江水，绕山南迤西而去，西北隅则无山无水，为直达义州之孔道。我军叶志超、聂桂林、丰升阿、左宝贵、卫汝贵、马玉崑六将，共统勇丁三十四营，自七月中会齐此地，皆李鸿章部下也。当中国之初发兵于牙山也，副将聂士成曾建议，以为当趁日兵未入韩地之先，先以大兵渡鸭绿江，速据平壤，而以海军舰队扼仁川港口，使日本军舰不得逞，牙山、成欢之兵，与北洋海军，既牵掣日军，然后以平壤大军南袭韩城云云，李鸿章不能用。及七月廿九日，牙山败绩，此策遂废。

虽然，日兵之入韩也，正当溽暑铄金之时，道路险恶狭隘，行军非常艰险；又沿途村里贫瘠，无从因粮。韩人素慑我威，所至供给，呼应云动，其待日兵则反是。故敌军进攻平壤之际，除干粮之外，无所得食，以一匙之盐供数日云。当此之时，我军若晓兵机，乘其劳惫，出奇兵以迎袭之，必可获胜。乃计不出此，惟取以主待客、以逸待劳之策，恃平壤堡垒之坚，谓可捍敌，此失机之大者也。李鸿章于八月十四日所下令，精神全在守局而不在战局，盖中日全役，皆为此精神所误也。

时依李鸿章之部署，马玉崑率所部毅军四营绕出江东，为犄角势。卫、丰二军十八营驻城南江岸，左军六营守北山城上，叶、聂两帅居城中。十二、三、四等日，日兵已陆续齐集平壤附近，互相挑战，彼此损伤不多。至十五日晚，敌部署已定，以右翼队陷大同江左岸桥里之炮台，更渡江以冲平壤之正面，而师团长本队为其后援；以左翼队自羊角岛下渡大同江，冲我军之右。十六日，在大同江岸与马军相遇剧战，敌军死伤颇多，炮台卒被陷。时左宝贵退守牡丹台，有七响之毛瑟枪及快炮等，鏖战颇力，敌军连发开花炮，宝贵负伤卒，兵遂大乱。午后四点半钟，叶志超急悬白旗，乞止战。是夜全师纷纷宵遁，从义州、甑山两路，为敌兵截杀，死者二千余人，平壤遂陷。

是役也，李鸿章二十余年所练之兵，以劲旅自夸者，略尽矣。中国军备之弛，固久为外国所熟知，独淮军、奉军、正定练军等，素用洋操，鸿章所苦心经营者，故日本慑其威名，颇惮之；既战胜后，其将领犹言非始愿所及也。其所以致败之由，一由将帅阘冗非人，其甚者如卫汝贵克扣军饷，临阵先逃；如叶志超饰败为胜，欺君邀赏，以此等将才临前敌，安得不败。一由统帅六人，官职权限皆相等，无所统摄，故军势散涣，呼应不灵。盖此役为李鸿章用兵败绩之始，而淮军声名，亦从此扫地以尽矣。

久练之军，尚复尔尔，其他仓卒新募、纪律不谙、器械不备者，更何足道！自平壤败绩以后，庙算益飘摇无定，军事责任，不专在李鸿章一人，兹故不详叙之，仅列其将帅之重要者如下：

一、依克唐阿　奉天将军　满洲马队　以光绪二十年八月派为钦差大臣
二、宋庆　　　提督　　　新募军　　以光绪二十年月派总统前敌各军
三、吴大澂　　湖南巡抚　湘军　　　以光绪二十年十二月派为帮办军务大臣
四、刘坤一　　两江总督　湘军　　　以光绪二十年十二月派为钦差大臣

其余先后从军者，则有承恩公桂祥（慈禧太后之胞弟）、副都统秀吉之神机营马步兵，按察使陈湜、布政使魏光焘、道员李光久、总兵刘树元、编修曾广钧、总兵余虎恩、提督熊铁生等之湘军，按察使周馥、提督宗德胜等之淮军，副将吴元恺之鄂军，提督冯子材之粤勇，提督苏元春之桂勇，郡王哈咪之回兵，提督闪殿魁新募之京兵，提督丁槐之苗兵，侍郎王文锦、提督曹克忠奉旨团练之津胜军，某蒙员所带之蒙古兵。其间或归李鸿章节制，或归依克唐阿节制，或归宋庆节制，或归吴大澂节制，或归刘坤一节制，毫无定算，毫无统一，识者早知其无能为役矣。

九连城失，凤凰城失，金州失，大连湾失，岫岩失，海城失，旅顺口失，盖平失，营口失，登州失，荣城失，威海卫失，刘公岛失，海军提督丁汝昌，

以北洋败残兵舰，降于日本，于是中国海陆兵力遂尽。兹请更将李鸿章生平最注意经营之海军，重列一表，以志末路之感：

经远	铁甲船	沉	黄海
致远	钢甲船	沉	黄海
超勇	钢甲船	沉	黄海
扬威	钢甲船	火	黄海
捷顺	水雷船	夺	大连湾
失名	水雷船	沉	旅顺口外
操江	木质炮船	夺	丰岛中
来远	铁甲船	沉	威海卫
威远	练习船	沉	威海卫
福龙	水雷船	夺	刘公岛外
靖远	钢甲船	沉	刘公岛外
定远	铁甲船	降	刘公岛中
镇远	铁甲船	降	刘公岛中
平远	铁甲船	降	刘公岛中
济远	钢甲船	降	刘公岛中
威远	木质船	降	刘公岛中

其余尚有康济、湄云之木质小兵船，镇化、镇边、镇西、镇中之四蚊子船，又水雷船五，炮船三，凡刘公岛湾内或伤或完之船，大小二十三艘，悉为日有。其中复有广东水师之广甲、广丙、广乙三船，或沉或降。自兹以往，而北洋海面数千里，几不复有中国之帆影轮声矣。

当中日战事之际，李鸿章以一身为万矢之的，几于身无完肤，人皆欲杀。平心论之，李鸿章诚有不能辞其咎者，其始误劝朝鲜与外国立约，昧于公法，咎一；既许立约，默认其自主，而复以兵干涉其内乱，授人口实，咎二；日本既调兵，势固有进无退，而不察先机，辄欲倚赖他国调停，致误时日，咎三；聂士成请乘日军未集之时，以兵直捣韩城以制敌，而不能用，咎四；高升事未起之前，丁汝昌请以北洋海军先靡敌舰，而不能用，遂令反客为主，敌坐大而我愈危，综其原因，皆由不欲衅自我开，以为外交之道应尔，而不知当甲午五六月间，中日早成敌国，而非友邦矣，误以交邻之道施诸兵机，咎五；鸿章将自解曰：量我兵力不足以敌日本，故惮于发难也。虽然，身任北洋，整军经武二十年，何以不能一战？咎六；彼又将自解曰：政府掣肘，经费不足也。虽然，此不过不能扩充已耳，何以其所现有者，如叶志超、卫汝贵诸军，素以久练著名，亦脆弱乃尔？且克减口粮、盗掠民妇之事，时有所闻，乃并纪律而无之也，咎七；枪或苦窳，弹或赝物，弹不对枪，药不随械，谓从前管军械局之人皆廉明，谁能信之？咎八；平壤之役，军无统帅，此兵家所忌，李乃蹈之，咎九；始终坐待敌攻，致于人而不能致人，畏敌如虎，咎十；海军不知用快船快炮，咎十一；旅顺天险，西人谓以数百兵守之，粮食苟足，三年不能破，乃委之于所亲昵阘冗恇怯之人，闻风先遁，咎十二。此皆可以为李鸿章罪者。若夫甲午九、十月以后，则群盲狂吠，筑室道谋，号令不出自一人，则责备自不得归于一点，若尽以为李鸿章咎，李固不任受也。

又岂惟不任受而已，吾见彼责李罪李者，其可责可罪，更倍蓰于李而未有已也。是役将帅无一人不辱国，不待言矣。然比较于百步五十步之间，则海军优于陆军，李鸿章部下之陆军，又较优于他军也。海军大东沟一役，彼此鏖战五点余钟，西人观战者咸啧啧称赞焉。虽其中有如方伯谦之败类（**或谓伯谦实为救火保船，海军兵机当尔云**），然余船之力斗者，固可以相偿，即敌军亦起敬也。故日本是役，惟海军有敌手，而陆军无敌手。及刘公岛一役，食尽援绝，降敌以全生灵，殉身以全大节，盖前后死难者，邓世昌、林泰增、丁汝昌、刘步蟾、张文宣，虽其死所不同，而咸有男儿之概，君子愍之。诸人者皆北洋海军最要之人物也，以视陆军之全无心肝者何如也？陆军不忍道矣。然平壤之役，犹有左宝贵、马玉崑等一二日之剧战，是李鸿章部下之人也，敌军死伤相当云。其后欲恢复金州、海城、凤凰城等处，及防御盖平，前后几度，皆曾有与日本苦战之事，虽不能就，然固已尽力矣，主之者实宋庆，亦李鸿章旧部也。是固不足以偿叶志超、卫汝贵、黄仕林、赵怀业、龚照玙等之罪乎。虽然，以比诸吴大澂之出劝降告示，未交锋而全军崩溃者何如？以视刘坤一之奉命专征，逗留数月不发者何如？是故谓中国全国军旅皆腐败可也，徒归罪于李鸿章之淮军不可也。而当时盈廷虚憍之气，若以为一杀李鸿章，则万事皆了，而彼峨冠博带指天画地者，遂可以气吞东海，舌撼

三山，盖湘人之气焰尤咻咻焉。此用湘军之议所由起也。乃观其结局，岂惟无以过淮军而已，又更甚焉。嘻！可以愧矣。吾之为此言，非欲为淮军与李鸿章作冤词也，吾于中日之役，固一毫不能为李淮恕也，然特患夫虚侨嚣张之徒，毫无责任，而立于他人之背后，撷其短长以为快谈，而迄未尝思所以易彼之道，盖此辈实亡国之利器也。李固可责，而彼辈又岂能责李之人哉？

是役也，李鸿章之失机者固多，即不失机，而亦必无可以幸胜之理。盖十九世纪下半纪以来，各国之战争，其胜负皆可于未战前决之，何也？世运愈进于文明，则优胜劣败之公例愈确定。实力之所在，即胜利之所在，有丝毫不能假借者焉。无论政治、学术、商务，莫不皆然，而兵事其一端也。日本三十年来，刻意经营，上下一心，以成此节制敢死之劲旅，孤注一掷以向于我，岂无所自信而敢乃尔耶？故及其败然后知其所以败之由，是愚人也；乃或及其败而犹不知其致败之由，是死人也。然则徒罪李鸿章一人，乌乎可哉？

西报有论者曰："日本非与中国战，实与李鸿章一人战耳。"其言虽稍过，然亦近之。不见乎各省大吏，徒知画疆自守，视此事若专为直隶满洲之私事者然，其有筹一饷出一旅以相急难者乎？即有之，亦空言而已，乃至最可笑者，刘公岛降舰之役，当事者致书日军，求放还广丙一舰，书中谓此舰系属广东，此次战役，与广东无涉云云。各国闻者，莫不笑之，而不知此语实代表各省疆臣之思想者也。若是乎，日本果真与李鸿章一人战也。以一人而战一国，合肥合肥，虽败亦豪哉！

自是而李鸿章兵事上之声誉终，而外交上之困难起。

第八章　外交家之李鸿章（上）

天津教案　法越之役　中日天津条约　议和日本　停战条约及遇刺　中日和约

及其功罪

李鸿章之负重望于外国也以外交，李鸿章之负重谤于中国也亦以外交。要之李鸿章之生涯，半属外交之生涯也。欲断定其功罪，不可不以外交为最大之公案，故于此事特留意焉。

李鸿章办外交，以天津教案为首。时值发捻初平，内忧甫弭，无端而有津民戕教焚法国领事馆之事起（同治九年）。法人藉端要挟，联英、美以迫政府，其欲甚奢。曾国藩方任直隶总督，深察此事之曲在我，而列国蹊田夺牛手段，又非可以蛮悍对付也，乃曲意弥缝，镇压津民，正法八人，议罪二十余人。而法人之心犹未厌，必欲重索赔款，且将天津知府知县置诸重典。国藩外之应付西人，已极竭蹶，而内之又为京师顽固党所掊击，呼为卖国贼（京师湖广会馆将国藩匾落拔除摧烧，即此时也），白简纷纭，举国欲杀。于是通商大臣崇厚，恐事决裂，请免国藩而以鸿章代之，明诏敦促赴任，是为李鸿章当外交冲要之滥觞，实同治九年八月也。

彼时之李鸿章，殆天之骄子乎，顺风张帆，一日千里，天若别设一位置以为其功名之地。当其甫受任督直隶也，普法之战顿起，法人仓皇自救，不复他及，而欧美各国亦复奔走相顾，且汗且喘，以研究西方之大问题，而此东方小问题，几莫或措意，于是天津教案，遂销沉于若有若无之间。中国当时之人，无一知有世界大局者，以普法一役如此惊天动地之大事，固成熟视无睹，以为是李鸿章之声望韬略，过于曾国藩万万也，于是鸿章之声价顿增。

天津教案以后，日本战事以前，李鸿章所办交涉事件以十数，而其关系最重者，为法国安南之役、日本朝鲜之役。光绪八年，法国有事于安南，眈眈逐逐，思大有所逞，与中国既定约，而复借端毁弃之，于是中法战事开。法水师提督格鲁比预定战略：其海军先夺海南，次踞台湾，直捣福州，歼我舰队；其陆军则自越之东京，出略云南、贵州，如是，则水陆两者必大有所获，将来东方权力，可以与英国争衡。于是格鲁比一面电达本国，请给军需并增派军队，一面乘福州之无备，轰我船厂，坏我兵船，一面以陆军迫东京。

　　当时南方之天地，大有风云惨淡之观，李鸿章乃行伐谋伐交之策，思嗾英、德以牵制法人。时曾纪泽方充英使，受命办此事，虽未能成，而法政府因之有所顾忌，增兵筹饷之案，在议院否决。格鲁比时方攻台湾之淡水，不能下，安南之陆兵，又为黑旗军所持，不得行其志，忽接此案否决之报，大愤几死，法人乃先请和于我。李鸿章此役以后，其外交手段，始为欧人所注视矣。

　　当法事之方殷也，朝鲜京城又有袭击日本使馆之事，盖华兵韩兵皆预有谋焉。朝鲜之为藩属为自主，久已抗议于中日两国间，轇轕未定，日本乘我多事之际，派伊藤博文来津交涉。及方到而法人和局已就，李鸿章本有一种自大之气，今见虎狼之法，尚且帖耳就范，蕞尔日本，其何能为？故于伊藤之来也，傲然以临之。彼伊藤于张、邵议和之时，私语伍廷芳，谓前在天津见李中堂之尊严，至今思之犹悸，盖得意时泄宿憾之言也。伊藤此行，亦不能得志，仅约他日朝鲜有事，甲国派兵往，须先照会乙国而已，所谓《天津条约》者是也。虽然，此约竟为后此中日开衅之引线矣。

　　李鸿章对朝鲜之外交，种种失策，前章已言之矣。然因此之故，《天津条约》遂至变为《马关条约》。呜呼！庄生有言："其作始也简，其将毕也巨。"善弈者每于至闲之着，断断不肯放过，后有当此局者，可无慎欤？战事至甲午之冬，中国舍求和外，更无长策。正月，乃派张荫桓、邵友濂讲和于日本。日本以其人微言轻也，拒不纳，乃更派李鸿章。二月遂行，随带参赞李经方等，以二十四日抵马关，与日本全权大臣伊藤博文、陆奥宗光开议。翌日首议停战条件，日本首提议以大沽、天津、山海关三处为质，辩论移时，不肯少让，乃更议暂搁停战之议，即便议和。伊藤言："既若尔，则须将停战之节略撤回，以后不许再提及。"彼此磋磨未决。及二十八日，第三次会议，归途中，突遇刺客，以枪击鸿章，中左颧，枪子深入左目下，一晕几绝。日官闻警，来问状者络绎不绝，伊藤、陆奥亦躬诣慰问，谢罪甚恭，忧形于色。日皇及举国臣民，同深震悼，遂允将中国前提出之停战节略画押。口舌所不能争者，藉一枪子之伤而得之，于是议和前一节，略有端绪。当遇刺之初，日皇遣御医军医来视疾，众医皆谓取出枪子，创乃可瘳，但须静养多日，不劳心力云。鸿章慨然曰："国步艰难，和局之成，刻不容缓，予焉能延宕以误国乎？"宁死无割。刺之明日，或见血满袍服，言曰："此血所以报国也！"鸿章潸然曰："舍予命而有益于国，亦所不辞。"其慷慨忠愤之气，君子敬之。

遇刺后得旨慰劳，并派李经方为全权大臣，而李鸿章实一切自行裁断，虽创剧偃卧，犹口授事机，群医苦之。三月初七日，伊藤等将所拟和约底稿交来。十一日，李备覆文，将原约综其大纲，分四款：一朝鲜自主，二让地，三兵费，四通商权利，除第一朝鲜自主外，余皆极力驳议。十五日，复另拟一约底送去，即拟请赔兵费一万万两，割奉天南四厅县地方等。日本亦条条驳斥，十六日，伊藤等又备一改定约稿寄来，较前稍轻减，即《马关条约》之大概也。是日鸿章创已愈，复至春帆楼与日本全权大臣面议，刻意磋磨，毫无让步，惟有声明若能于三年内还清债款，则一律免息，及威海卫驻兵费，减一半耳。今将其条约全文列下：

大日本帝国大皇帝陛下，及大清帝国大皇帝陛下，为订定和约，俾两国及其臣民，重修平和，共享幸福，且杜绝将来纷纭之端，大日本帝国大皇帝陛下，特简大日本帝国全权办理大臣、内阁总理大臣、从二位勋、一等伯爵伊藤博文，大日本帝国全权办理大臣、外务大臣、从二位勋、一等子爵陆奥宗光；大清帝国大皇帝陛下，特简大清帝国钦差头等全权大臣、太子太傅、文华殿大学士、北洋通商大臣、直隶总督、一等肃毅伯爵李鸿章，大清帝国钦差全权大臣、二品顶戴、前出使大臣李经方，为全权大臣，彼此较阅所奉谕旨，认明均属妥实无阙，会同议定各条款，开列于左：

第一款　中国认明朝鲜国确为完全无缺之独立自主，故凡有亏损独立自主体制，即如该国向中国所修贡献典礼等，嗣后全行废绝。

第二款　中国将管理下开地方之权，并将该地方所有堡垒、军器工厂，及一切属公物件，永远让与日本。〇一、下开划界以内之奉天省南边地方，从鸭绿江口，溯该江以抵安平河口，又从该河口，划至凤凰城、海城及营口而止，画成折线以南地方，所有前开各城市邑，皆包括在划界线内，该线抵营口之辽河后，即顺流至海口止，彼此以河中心为分界，辽东湾东岸及黄海北岸，在奉天所属诸岛屿，亦一并在所让界内。〇二、台湾全岛及所有附属各岛屿。〇三、澎湖列岛，即英国格林尼次东经百十九度起，至百二十度止，及北纬二十三度起，至二十四度之间诸岛屿。

第三款　前款所载，及黏附本约之地图所划疆界，俟本约批准互换之后，两国应各选派官员二名以上，为公同划定疆界委员，就地踏勘，确定划界。若遇本约所订疆界，于地形或治理所关，有碍难不便等情，各该委员等当妥为参酌更定。各该委员等，当从速办理界务，以期奉委之后，限一年竣事，但遇各该委员等有所更定画界，两国政府，未经认准以前，应据本约所定画界为正。

第四款　中国约将库平银二万万两，交与日本，作为赔偿军费。该款分作八次交完，第一次五千万两，应在本约批准互换后六个月内交清。第二次五千万两，应在本约批准互换后十二个月内交清。余款平分六次，递年交纳，其法列下：第一次平分递年之款，于两年内交清；第二次于三年内交清；第三次于四年内交清；第四次于五年内交清；第五次于六年内交清；第六次于七年内交清。其年分均以本约批准互换之后起算。又第一次赔款交清后，未经交完之款，应按年加每百抽五之息，但无论何时，将应赔之款，或全数，或几分，先期交清，均听中国之便。如从条约批准互换之日起，三年之内能全数清还，除将已付利息，或两年半，或不及两年半，于应付本银扣还外，余仍全数免息。

第五款　本约批准互换之后，限二年之内，日本准中国让与地方人民，愿迁居让与地方之外者，任便变卖所有产业，退去界外；但限满之后，尚未迁徙者，均宜视为日本臣民。又台湾一省，应于本约批准互换后，两国立即各派大员至台湾，限于本约批准互换后两个月内交接清楚。

第六款　日中两国所有约章，因此次失和，自属废绝。中国约俟本约批准互换之后，速派全权大臣，与日本所派全权大臣，会同订立通商行船条约，及陆路通商章程。其两国新订约章，应以中国与泰西各国现行约章为本。又本约批准互换之日起，新订约章未经实行之前，所有日本政府官吏臣民，及商业工艺行船船只，陆路通商等，与中国最为优待之国，礼遇护视，一律无异。中国约将下开让与各款，从两国全权大臣画押盖印日起，六个月后，方可照办。○第一，现今中国已开通商口岸之外，应准添设下开各处，立为通商口岸，以便日本臣民，往来侨寓，从事商业工艺制作。所有添设口岸，均照向开通商海口，或向开内地镇市章程，一体办理。应得优例及利益等，亦当一律享受。一、湖北省荆州府沙市，二、四川省重庆府，三、江苏省苏州府，四、浙江省杭州府。日本政府得派遣领事官于前开各口驻扎。○第二，日本轮船，得驶入下开各口，附搭行客，装运货物。一、从湖北省宜昌溯长江以至四川省重庆府，二、从上海驶进吴淞江及运河，以至苏州府、杭州府。日中两国，未经商定行船章程以前，上开各口行船，务依外国船只驶入中国内地水路现行章程照行。○第三，日本臣民，在中国内地购买经工货件，若自生之物，或将进口商货运往内地之时，欲暂行存栈，除勿庸输纳税钞，派征一切诸费外，得暂租栈房存货。○第四，日本臣民，得在中国通商口岸城邑，任便从事各项工艺制造，又得将各项机器，任便装运进口，只交所订进口税。日本臣民，在中国制造一切货物，其于内地运送税、内地税、钞课杂派，以及在中国内地，沾及寄存栈房之益，即照日本臣民运入中国之货物，一体办理，至应享优例豁除，亦莫不相同。○嗣后如有因以上加让之事，应增章程规条，即载入本款所称之行船通商条约内。

第七款　日本军队现驻中国境内者，应于本约批准互换之后三个月内撤回，但须照次款所定办理。

第八款　中国为保明认真实行约内所订条款，听允日本军队，暂行占守山东省威海卫。又于中国将本约所订第一第二两次赔款交清，通商行船约章亦经批准互换之后，中国政府与日本政府，确定周全妥善办法，将通商口岸关税，作为剩款并息之抵押，日本可允撤回军队。倘中国政府不即确定抵押办法，则未经交清末次赔款之前，日本应不允撤回军队；但通商行船约章未经批准互换以前，虽交清赔款，日本仍不撤回军队。

第九款　本约批准互换之后，两国应将是时所有俘虏，尽数交还。中国约将由日本所还俘虏，并不加以虐待，若或置于罪戾；中国约将认为军事间谍，或被嫌逮系之日本臣民，即行释放；并约此次交仗之间，所有关涉日本军队之中国臣民，概予宽贷，并饬有司不得擅为逮系。

第十款　本约批准互换日起，应按兵息战。

第十一款　本约奉大日本帝国大皇帝陛下，及大清帝国大皇帝陛下批准之后，定于明治二十八年五月初八日，即光绪二十一年四月十四日，在烟台互换。

观李鸿章此次议和情状，殆如春秋齐国佐之使于晋、一八七○年法爹亚士之使于普。当戎马压境之际，为忍气吞声之言，旁观犹为酸心，况鸿章身历其境者！回视十年前天津定约时之意气，殆如昨梦。嗟乎！应龙入井，蝼蚁困人，老骥在枥，驽骀目笑，天下气短之事，孰有过此者耶？当此之际，虽有苏、张之辩，无所用其谋；虽有贲、育之力，无所用其勇。舍卑词乞怜之外，更有何术？或者以和议之速成为李鸿章功，固非也，虽无鸿章，日本亦未有不和者也。而或者因是而丛诟于李之一身，以为是秦桧也，张邦昌也，则盍思使彼辈处李之地位，其结局又将何如矣？要之，李之此役，无功焉，亦无罪焉。其外交手段，亦复英雄无用武之地。平心论之，则李之误国，在前章所列失机之十二事，而此和议，不过其十二事之结果，无庸置论者也。

第九章　外交家之李鸿章（下）

三国代索辽东　中俄密约　李鸿章历聘欧洲　任外交官时代　胶州之役
旅顺大连威海广州湾九龙之役　李鸿章出总署

十九世纪之末，有中东一役，犹十八世纪之末，有法国革命也。法国革命，开出十九世纪之欧罗巴；中东一役，开出二十世纪之亚细亚。譬犹红日将出，鸡乃先鸣；风雨欲来，月乃先晕，有识者所能预知也。当中日未战以前，欧人与华人之关系，不过传教、通商二事；及战后数年间，而其关系之紧密，视前者骤增数倍；至今日，则中国之一举一动，皆如与欧人同体相属，欲分而不能分矣。此其故由于内治之失政者半，由于外交之无谋者亦半。君子读十年来中外交涉史，不禁反面掩袖涕泫泫下也。

　　战事之前，中国先求调停于英、俄，此实导人以干涉之渐也。其时日人屡言东方之事，愿我东方两国自了之，无为使他国参于其间。顾我政府蓄愤已甚，不能受也，惟欲嗾欧人以力胁日本。俄使回言，俄必出力，然今尚非其时。盖其处心积虑，相机以逞，固早有成算矣。乙未三月，李鸿章将使日本，先有所商于各国公使。俄使喀希尼曰："吾俄能以大力拒日本，保全中国疆土，惟中国必须以军防上及铁路交通上之利便以为报酬。"李乃与喀希尼私相约束，盖在俄使馆密议者数日夜云。欧力东渐之机，盖伏于是。

　　当时中国人欲借欧力以拒日者，不独李鸿章而已，他人殆有甚焉。张之洞时署江督，电奏争和议曰："若以赂倭者转而赂俄，所失不及其半，即可转败为胜，恳请饬总署及出使大臣，与俄国商订密约，如肯助我攻倭，胁倭尽废全约，即酌量画分新疆之地以酬之，许以推广商务。如英肯助我，报酬亦同"云云。当时所谓外交家者，其眼光手段大率类是，可叹。

　　马关定约未及一月，而俄国遂有与德、法合议逼日本还我辽东之事。俄人代我取辽，非为我计，自为计也。彼其视此地为己之势力范围，匪伊朝夕，故决不欲令日本得鼾睡于其卧榻之侧也，故使我以三十兆两代彼购还辽东于日本之手。先市大恩于我，然后徐收其成，俄人外交手段之巧，真不可思议！而李鸿章一生误国之咎，盖未有大于是者。李鸿章外交之历史，实失败之历史也。

　　还辽事毕，喀希尼即欲将前此与李私约者，提出作为公文，以要求于总署。值物议沸腾，皇上大怒，鸿章罢职，入阁闲居，于是暂缓其请，以待时机。丙申春间，有俄皇加冕之事，各国皆派头等公使往贺，中国亦循例派遣，以王之春尝充唁使，故贺使即便派之。喀希尼乃抗言曰："皇帝加冕，俄国最重之礼也。故从事斯役者，必国中最著名之人，有声誉于列国者方可。王之春人微言轻，不足当此责。可胜任者，独李中堂耳。"于是乃改派李为头等公使。喀希尼复一面贿通太后，甘诱威迫，谓还辽之义举，必须报酬，请假李鸿章以全权，议论此事。而李鸿章请训时，太后召见，至半日之久，一切联俄密谋，遂以大定。

李鸿章抵俄京圣彼得堡，遂与俄政府开议喀希尼所拟草约底稿。及加冕之期已近，往俄旧都墨斯科，遂将议定书画押。当其开议也，俄人避外国之注目，不与外务大臣开议，而使户部大臣当其冲，遂于煌煌巨典万宾齐集之时，行明修栈道、暗度陈仓之计。而此关系地球全局之事，遂不数日而取决于樽俎之间矣。俄人外交手段之剽悍迅疾，真可羡可畏哉！时丙申四月也。

密约之事，其办订极为秘密，自中俄两国当事之数人外，几于无一知者。乃上海《字林西报》竟于李鸿章历聘未归之时，得其密约原文，译录以登报上，盖闻以重金购之于内监云。其全文如下：

大清国大皇帝前于中日肇衅之后，因奉大俄罗斯国大皇帝仗义各节，并愿将两国边疆及通商等事于两国互有益者，商定妥协，以固格外和好，是以特派大清国钦命督办军务处王大臣为全权大臣，会同大俄罗斯国钦差出使中国全权大臣一等伯爵喀，在北京商定，将中国之东三省火车道接连俄国西卑里亚省之火车道，以冀两国通商往来迅速，沿海边防坚固，并议专条以答代索辽东等处之义。

第一条　近因俄国之西卑里亚火车道竣工在即，中国允准俄国将该火车道一由俄国海参崴埠续造至中国吉林珲春城，又向西北续至吉林省城止；一由俄国境某城之火车站续造至中国黑龙江之爱珲城，又向西北续至齐齐哈尔省城，又至吉林伯都讷地方，又向东南续造至吉林省城止。

第二条　凡续造进中国境内黑龙江及吉林各火车道，均由俄自行筹备资本，其车道一切章程，亦均依俄国火车章程，中国不得与闻。至其管理之权，亦暂行均归俄国，以三十年为期，过期后，准由中国筹备资本，估价将该火车道并一切火车机器厂房屋等赎回。惟如何赎法，容后再行妥酌。

第三条　中国现有火车路，拟自山海关续造至奉天盛京城，由盛京接续至吉林。倘中国日后不便即时造此铁路者，准由俄国备资由吉林城代造，以十年为期赎回。至铁路应由何路起造，均照中国已勘定之道接续至盛京并牛庄等处地方止。

第四条　中国所拟续造之火车道，自奉天至山海关、至牛庄、至盖平、至金州、至旅顺口以及至大连湾等处地方，均应仿照俄国火车道，以期中俄彼此来往通商之便。

第五条　以上俄国自造之火车道所经各地方，应得中国文武官员照常保护，并应优待火车道各站之俄国文武各官，以及一切工匠人等。惟由该火车道所经之地，大半荒僻，犹恐中国官员不能随时保护周详，应准俄国专派马步各兵数队驻扎各要站，以期妥护商务。

第六条　自造成各火车道后，两国彼此运进之货，其纳税章程，均准同治元年二月初四日中俄陆路通商条约完纳。

第七条　黑龙江及吉林长白山等处地方所产五金之矿，向有禁例，不准开挖。自此约定后，准俄国以及本国商民随时开采，惟须应先行禀报中国地方官具领护照，并按中国内地矿务条程，方准开挖。

第八条　东三省虽有练军，惟大半军营仍系照古制办理，倘日后中国欲将各省全行改仿西法，准向俄国借请熟悉营务之武员来中国整顿一切，其章程则与两江所请德国武员条程办理无异。

第九条　俄国向来在亚细亚洲无周年不冻之海口，一时该洲若有军务，俄国东海以及太平洋水师，诸多不便，不得随时驶行。今中国因鉴于此，是以情愿将山东省之胶州地方暂行租与俄国，以十五年为限。其俄国所造之营房、栈房、机器厂、船坞等类，准中国于期满后估价备资买入。但如无军务之危，俄国不得即时屯兵据要，以免他国嫌疑。其赁租之款，应得如何办理，日后另有附条酌议。

第十条　辽东之旅顺口以及大连湾等处地方，原系险要之处，中国极应速为整顿各事，以及修理各炮台等诸要务，以备不虞。既立此约，则俄国允准将此二处相为保护，不准他国侵犯。中国则允准将来永不能让与他国占踞，惟日后如俄国忽有军务，中国准将旅顺口及大连湾等处地方，暂行让与俄国水陆军营泊屯于此，以期俄军攻守之便。

第十一条　旅顺口、大连湾等处地方，若俄国无军务之危，则中国自行管理，与俄国无涉。惟东三省火车道以及开挖五金矿诸务，准于换约后即时便宜施行，俄国文武官员以及商民人等所到之处，中国官员理应格外优待保护，不得阻滞其游历各处地方。

第十二条　此约奉两国御笔批准后，各将条约照行，除旅顺口、大连湾及胶州诸款外，全行晓谕各地方官遵照。将来换约应在何处，再行酌议，自画押之日起以六个月为期。

中俄密约以前为一局面，中俄密约以后为一局面。盖近年以来，列国之所以取中国者，全属新法，一曰借租地方也，二曰某地不许让与他国也，三曰代造铁路也，而其端皆自此密约启之。其第九条借租胶州湾，即后此胶、威、广、旅、大之嚆矢也。其第十条旅顺、大连不许让与他人，即各国势力范围之滥觞也。而铁路一端，断送祖宗发祥之地，速西伯利亚大路之成，开各国觊觎纷争之渐者，固无论矣。呜呼！牵一发，动全身，合九州，铸大错。吾于此举，不能为李鸿章恕焉矣。

或曰：此约由太后主之，督办军务处王大臣赞之，非鸿章本意云。虽然，莫斯科草约定于谁氏之手乎？此固万无能为讳者也。自此约原文既登报章后，各国报馆，电书纷驰，疑信参半，无论政府民间，莫不惊心动色。鸿章游历欧洲时，各国交相诘问，惟一味支吾搪塞而已。其年七月，莫斯科画押之草约达北京，喀希尼直持之以与总署交涉，皇上与总署皆不知有此事，愕怒异常，坚不肯允。喀希尼复贿通太后，甘言法语，诱胁万端，太后乃严责皇上，直命交督办军务处速办，不经由总理衙门。西历九月三十日，皇上挥泪批准密约。

李鸿章之贺俄加冕也，兼历聘欧洲，皆不过交际之常仪。若其有关于交涉者，则定密约与议增税两事而已。中国旧税则，凡进口货物，值百抽五，此次以赔款之故，欲增至值百抽七五。首商诸俄国，俄允之；次商诸德、法，德、法云待英国取进止；既至英，与宰相沙士勃雷提议。其时英与中国之感情甚冷落，且以中俄密约之故，深有疑于李鸿章，沙氏乃托言待商诸上海各处商人，辞焉，此事遂无所成。

李之历聘也，各国待之有加礼，德人尤甚，盖以为此行必将大购船炮枪弹，与夫种种通商之大利，皆于是乎在。及李之去，一无所购，欧人盖大失望云。李之至德也，访俾斯麦；其至英也，访格兰斯顿，咸相见甚欢，皆十九世纪世界之巨人也。八月，鸿章自美洲归国。九月十八日，奉旨在总理各国事务衙门行走。自兹以迄光绪廿四年戊戌七月，实为李鸿章专任外交时代。而此时代中，则德据胶州，俄据旅顺口、大连湾，英据威海卫、九龙，法据广州湾，实中国外交最多事最危险之时代也。

还辽之役，倡之者俄，而赞之者德、法也。俄人既结密约，得绝大无限之权利于北方，踌躇满志；法人亦于光绪廿二年春夏间，得滇、缅、越间之瓯脱地，又得广西镇南关至龙州之铁路；惟德国则寂寂未有所闻。廿三年春，德使向总理衙门索福建之金门岛，峻拒不许，至十月而胶州之事起。

是役也，德国之横逆无道，人人共见。虽然，中国外交官固有不得辞其咎者。夫始而无所倚赖于人，则亦已耳，既有倚赖，则固不得不酬之；能一切不酬则亦已矣，既酬甲酬乙，则丙亦宜有以酬之。三国还辽，而惟德向隅，安有不激其愤而速其变者？不特此也，《中俄密约》中声明将胶州湾借与俄人，是俄人所得权利，不徒在东三省而直侵入山东也。方今列国竞争优胜劣败之时，他国能无妒之？是德国所以出此横逆无道之举者，亦中国有以逼之使然也。岁十月，曹州教案起，德教士被害者二人。德人闻报，即日以兵船闯进胶州湾，拔华帜，树德帜，总兵章高元掳焉。警报达总署，与德使开议，德使海靖惟威吓恐喝，所有哀乞婉商者，一切拒绝。欲乞援于他国，无一仗义责言，为我讼直者。迁延至两月有余，乃将所要挟六事，忍气吞声，一一允许，即将胶、澳附近方百里之地，租与德国九十九年；山东全省铁路矿务，归德国承办等事，是也。

胶事方了，旋有一重大之波澜起焉。初李鸿章之定《马关条约》也，约以三年内若能清还，则一概免息，而前者所纳之息，亦以还我，又可省威海卫戍兵四年之费，共节省得银二千三百二十五万两。至是三年之期限将满，政府欲了此公案，议续借款于外国。廿三年十一月，俄人议承借此项，而求在北方诸省设铁路及罢斥总税务司赫德二事。英人闻之，立与对抗，亦欲承借此项，利息较轻，而所要求者，一、监督中国财政，二、自缅甸通铁路于扬子江畔，三、扬子江一带不许让与他国，四、开大连湾为通商口岸，五、推广内地商务，六、各通商口岸皆免厘金。时总理衙门欲诺之，俄、法两国忽大反对，谓若借英国款，是破列国均势之局也。日以强暴之言胁总署，总署之人不胜其苦，正月，乃回绝各国，一概不借，而与日本商议，欲延期二十年摊还，冀稍纾此急难，不意日本竟不允许。当此之时，山穷水尽，进退无路，乃以赫德之周旋，借汇丰银行、德华银行款一千六百万磅，吃亏甚重，仅了此局。

胶州湾本为《中俄密约》圈内之地，今德国忽攘诸其怀而夺之，俄人之愤愤，既已甚矣，又遇有英、德阻俄借款一事，俄人暴怒益烈，于是光绪二十四年正、二月间，俄国索旅顺、大连湾之事起。李鸿章为亲订密约之人，欲辩无可辩，欲诿无可诿，卒乃与俄使巴布罗福新结一约，将旅顺口、大连湾两处及邻近相连之海面，租与俄国。以二十五年为期，并准俄人筑铁路从营口、鸭绿江中间，接至滨海方便之处。

俄人既据旅顺、大连，英国藉口于均势之局，遂索威海卫。时日本之赔款方清，戍兵方退，英人援俄例借租此港，二十五年为期，其条约一依方旅顺、大连故事。时李鸿章与英使反复辩难，英使斥之曰："君但诉诸俄使，勿诉诸我，俄使干休，我立干休。"李无词以对焉，狼狈之情，可悯可叹。所承其半点哀怜者，惟约他日中国若重兴海军，可借威海卫泊船之一事而已。

至是而中国割地之举，殆如司空见惯浑闲事矣。当俄、法与英为借款事冲突也，法人借俄之力，要求广州湾，将以在南方为海军根据地。其时英国方迫我政府开西江一带通商口岸，将以垄断利权。法人见事急，乃效德国故智，竟闯入广州湾，而后议借租之，以九十九年为期。中国无拒之之力，遂允所请。

英国又援均势之说，请租借九龙以相抵制，其期亦九十九年。定议画押之前一日，李鸿章与英使窦纳乐抗论激烈。牵曰："虽租九龙，不得筑炮台于其山上。"英使愤然拍案曰："无多言！我国之请此地，为贵国让广州湾于法以危我香港也。若公能废广州湾之约，则我之议亦立刻撤回。"鸿章吞声饮泪而已。实光绪二十四年四月十七日也。

至五月间，尚有英、俄激争之一事起，即芦汉铁路与牛庄铁路事件是也。初盛宣怀承办芦汉铁路，于廿三年三月，与比利时某公司订定借款，约以本年西正月交第一次。及德占胶州后，该公司忽渝前盟，谓非改约，则款无所出。盛宣怀与李鸿章、张之洞等商，另与结约，而新结之约，不过以比利时公司为傀儡，而实权全在华俄银行之手。华俄银行者，实不啻俄国政府银行也。以此约之故，而黄河以北之地，将尽入俄国主权之内，而俄人西伯利亚之铁路，将以彼得堡为起点，以汉口为终点矣。英人大妒之，乃提议山海关至牛庄之铁路归英国承办，将以横断俄国之线路。俄公使到总署大争拒之，英、俄两国几于开战，间不容发，而皆以中国政府为擔心，万种难题，集于外交官数人之身。其时皇上方亲裁大政，百废具举，深恨李鸿章以联俄误国，乃以七月廿四日，诏李鸿章毋庸在总理各国事务衙门行走。于时外交之风浪暂息，而李鸿章任外交官之生涯亦终矣。

案义和团时代李鸿章之外交于第十一章论之。

西人之论曰：李鸿章大手段之外交家也。或曰：李鸿章小狡狯之外交家也。夫手段狡狯，非外交家之恶德。各国并立，生存竞争，惟利是视，故西

哲常言个人有道德，而国际无道德。试观列国之所称大外交家者，孰不以手段狡狯得名哉？虽然，李鸿章之外交术，在中国诚为第一流矣；而置之世界，则瞠乎其后也。李鸿章之手段，专以联某国制某国为主，而所谓联者，又非平时而结之，不过临时而嗾之，盖有一种《战国策》之思想，横于胸中焉。观其于法、越之役，则欲嗾英、德以制法；于中、日之役，则欲嗾俄、英以制日；于胶州之役，则又欲嗾俄、英、法以制德，卒之未尝一收其效，而往往因此之故，所失滋多，胶州、旅顺、大连、威海、广州湾、九龙之事，不得不谓此政策为之厉阶也。夫天下未有徒恃人而可以自存者。泰西外交家，亦尝汲汲焉与他国联盟，然必我有可以自立之道，然后可以致人而不致于人。若今日之中国，而言联某国联某国，无论人未必联我，即使联我，亦不啻为其国之奴隶而已矣，鱼肉而已矣。李鸿章岂其未知此耶？吾意其亦知之而无他道以易之也。要之，内治不修，则外交实无可办之理。以中国今日之国势，虽才十倍于李鸿章者，其对外之策，固不得不隐忍迁就于一时也，此吾所以深为李鸿章怜也。虽然，李鸿章于他役，吾未见其能用手段焉，独《中俄密约》，则其对日本用手段之结果也。以此手段而造出后此种种之困难，自作之而自受之，吾又何怜哉！

案胶州以后诸役，其责任不专在李鸿章，盖恭亲王、张荫桓皆总理衙门重要之人，与李分任其咎者也，读者不可不知。

第十章　投闲时代之李鸿章

日本议和后入阁办事　巡察河工　两广总督

自同治元年以迄光绪二十七年，凡四十年间，李鸿章无一日不在要津。

其可称为闲散时代者，则乙未三月至丙申三月间凡一年，戊戌八月至庚子八月间凡两年而已。戊己庚之间，鸿章奉命治河，旋授商务大臣总督两广。在他人则有最优之差，而按之李鸿章一生历史，不得不谓为投闲也。其闲之又闲者，为乙丙之间入阁办事，及戊戌八月至十一月退出总理衙门，无可论述。至其治河、治粤，固亦有异于常人者焉，附论及之，亦作史者之责任也。

中国黄河，号称难治，数千年政论家，皆以之为一大问题，使非以西人治密士失必河之法治之，则决不可以断其害而收其利。当戊戌八月以后，李鸿章方无可位置，于是政府以此役任之，此亦可为河防史上添一段小小公案也。今录其奏议所用比国工程师卢法尔勘河情形原稿如下。（略）

李鸿章之督粤也，承前督李瀚章、谭钟麟之后，百事废弛已极，盗贼纵横，崔苻遍地。鸿章至，风行雷厉，复就地正法之例，以峻烈忍酷行之，杀戮无算，君子病焉。然群盗慑其威名，或死或逃，地方亦赖以小安。而其最流毒于粤人者，则赌博承饷一事是也。粤中盗风之炽，其源实由赌风而来，盗未有不赌，赌未有不盗。鸿章之劝赌也，美其名曰缉捕经费，其意谓以抽赌之金为治盗之用也。是何异恐民之不为盗而以是诲之？既诲之而复诛之，君子谓其无人心矣。孟子曰："及陷于罪，然后从而刑之，是罔民也。"夫不教而刑，犹谓罔民，况劝之使入于刑哉？扬汤止沸，拖薪救火，其老而悖耶？不然，何晚节末路，乃为此坏道德损名誉之业以遗后人也？或曰：鸿章知赌风之终不可绝，不如因而用之，以救政费之急。夫淫风固未易绝，而未闻官可以设女闾；盗风固未易绝，而未闻官可以设山泊。此等义理，李鸿章未必不知之。知之而复为之，则谓之全无心肝而已。

鸿章莅粤，拟行警察法于省城，盖从黄遵宪之议也。业未竟而去。

粤中华洋杂处，良莠不齐，狡黠之徒，常藉入教为护符，以鱼肉乡里，而天主教及其他教会之牧师，常或袒庇而纵恣之。十年以来，大吏皆阘冗无能，老朽濒死，畏洋如虎，以故其焰益张。李鸿章到粤，教民尚欲逞故技以相尝试。鸿章待其牧师等，一据正理，严明权限，不稍假借，经一二次后，无复敢以此行其奸者。噫嘻！以数十年老练之外交家，虽当大敌或不足，然

此幺麽者，则诚不足以当其一嘘矣。今之地方官，以办教案为畏途者，其亦太可怜耳。

鸿章之来粤也，盖朝旨以康党在海外气势日盛，使之从事于镇压云。鸿章乃捕系海外义民之家族三人焉，无罪而孥，骚扰百姓。野蛮政体，莫此为甚。或曰：非李鸿章之意也。虽然，吾不敢为讳。

第十一章 李鸿章之末路

义和团之起 李鸿章之位置 联军和约 中俄满洲条约 李鸿章薨逝 身后恤典

李鸿章最初之授江苏巡抚也，仅有虚名，不能到任；其最后之授直隶总督也，亦仅有虚名，不能到任。造化小儿，若故为作弄于其间者然。虽然，今昔之感，使人短气矣。鸿章莅粤未一年，而有义和团之事。义和团何自起？戊戌维新之反动力也。初今上皇帝既以新政忤太后，八月之变，六贤被害，群小竞兴，而康有为亡英伦，梁启超走日本。盈廷顽固党，本已疾外人如仇雠矣，又不知公法，以为外国将挟康、梁以谋己也，于是怨毒益甚。而北方人民，自天津教案以至胶州割据以来，愤懑不平之气蓄之已久，于是假狐鸣篝火之术，乘间而起。顽固党以为可借以达我目的也，利而用之，故义和团实政府与民间之合体也。而其所向之鹄各异：民间全出于公，愚而无谋，君子怜之；政府全出于私，悖而不道，普天嫉之。

使其时李鸿章而在直隶也，则此祸或可以不作，或祸作而鸿章先与袁、许辈受其难，皆未可知。而天偏不使难之早平，偏不令李之早死，一若特为李设一位置，使其一生历史，更成一大结果者。至六月以后，联军迫京师，于是李鸿章复拜议和全权大臣之命。

当是时，为李鸿章计者曰：拥两广自立，为亚细亚洲开一新政体，上也；督兵北上，勤王剿拳，以谢万国，中也；受命入京，投身虎口，行将为顽固党所甘心，下也。虽然，第一义者，惟有非常之学识，非常之气魄，乃能行之，李鸿章非其人也。彼当四十年前方壮之时，尚且不敢有破格之举，况八十老翁，安能语此？故为此言者，非能知李鸿章之为人也。第二义近似矣，然其时广东实无一兵可用，且此举亦涉嫌疑，万一廷臣举李不相能者，加以称兵犯阙之名，是骑虎而不能下也；李之衰甚矣，方日思苟且迁就，以保全身名，斯亦非其所能及也。虽然，彼固曾熟审于第三义，而有以自择。彼知单骑入都之或有意外，故迟迟其行；彼知非破京城后则和议必不能成，故逗留上海，数月不发。

两宫既狩，和议乃始。此次和议虽不如日本之艰险，而繆辕亦过之。鸿章此际，持以镇静，徐为磋磨，幸各国有厌乱之心，朝廷有悔祸之意，遂于光绪二十七年七月，定为和约十二款如下：

第一款　一、大德国钦差男爵克大臣被戕害一事，前于西历本年六月初九日即中历四月二十三日，奉谕旨（附件二）亲派醇亲王载沣为头等专使大臣，赴大德国大皇帝前，代表大清国大皇帝暨国家惋惜之意。醇亲王已遵旨于西历本年七月十二日即中历五月二十七日自北京起程。二、大清国国家业已声明，在该处遇害所竖立铭志之碑，与克大臣品位相配，列叙大清国大皇帝惋惜凶事之旨，书以辣丁、德、汉各文。前于西历本年七月二十二日即中历六月初七日，经大清国钦差全权大臣文致大德国钦差全权大臣（附件三）。现于遇害处所建立碑坊一座，足满街衢，已于西历本年六月二十五日即中历五月初十日兴工。

第二款　一、惩办伤害诸国国家及人民之首祸诸臣，将西历本年二月十三、二十一等日，即中历上年十二月二十五日、本年正月初三等日，先后降旨所定罪名开列于后（附件四、五、六）。端郡王载漪、辅国公载澜，均定斩监候罪名；又约定如皇上以为应加恩贷其一死，即发往新疆永远监禁，永不减免。庄亲王载勋、都察院左都御史英年、刑部尚书赵舒翘，均定为赐令自尽。山西巡抚毓贤、礼部尚书启秀、刑部左侍郎徐承煜，均定为即行正法。协办大学士吏部尚书刚毅、大学士徐桐、前四川总督李秉衡，均已身死，追夺原官，即行革职。又兵部尚书徐用仪、户部尚书立山、吏部左侍郎许景澄、内阁学士兼礼部侍郎衔联元、太常寺卿袁昶，因上年力驳殊悖诸国义法极恶之罪被害，于西历本年二月十三日即中历上年十二月二十五日，奉上谕开复原官，以示昭雪（附件七）。庄亲王载勋已于西历本年二月二十一日即中历正月初三日，英年、赵舒翘已于二十四日即初六日均自尽。毓贤已于念二日即初四日，启秀、徐承煜于念六日即初八日均正法。又西历本年二月十三日即中历上年十二月念五日上谕将甘肃提督董福祥革职，俟应得罪名定谳惩办，西历本年四月念九日、六月初三、□月□□等日，即中历三月十一、四月十七、□月□□等日，先后降旨，将上年夏间凶惨案内所有承认获谷之各外省官员，分别惩办。二、上谕将诸国人民遇害被虐之城镇，停止文武各等考试五年（附件八）。

　　第三款　因大日本国使馆书记生杉山彬被害，大清国大皇帝从优荣之典，已于西历本年六月十八日即中历五月初三日降旨简派户部侍郎那桐为专使大臣，赴大日本国大皇帝前，代表大清国大皇帝及国家悯惜之意（附件九）。

　　第四款　大清国国家允定在于诸国被污渎及挖掘各坟墓建立涤垢雪侮之碑，已与诸国全权大臣会同商定，其碑由各该国使馆督建，并由中国国家付给估算各费银两，京师一带，每处一万两，外省每处五千两。此项银两，业已付清。兹将建碑之坟墓，开列清单附后（附件十）。

　　第五款　大清国国家允定不准将军火暨专为制造军火各种器料运入中国境内，已于西历一千九百一年八月十七日即中历本年七月初四日降旨禁止进口二年。嗣后如诸国以为有仍应续禁之处，亦可降旨将二年之限续展（附件十一）。

　　第六款　上谕大清国大皇帝允定付诸国偿款海关银四百五十兆两。此款系西历一千九百年十二月二十二日即中历光绪二十六年十一月初一日条款内第二款所载之各国各会各人及中国人民之赔偿总数（附件十二）。（甲）此四百五十兆系海关银两，照市价易为金款，此市价按诸国各金钱之价易金如左：海关银一两，即德国三马克零五五，即奥国三克勒尼五九五，即美国圆零七四二，即法国三佛郎克五，即英国三先零，即日本一圆四零七，即荷兰国一弗乐零七九六，即俄国一鲁布四一二。俄国鲁布，按金平算即十七多理亚四二四。此四百五十兆，按年息四厘，正本由中国分三十九年按后附之表各章清还（附件十三）。本息用金付给，或按应还日期之市价易金付给。还本于一千九百零二年正月初一日起，至千九百四十年终止。还本各款，应按每届一年付还，初次定于一千九百零一年正月初一日付还。利息由一千九百零一年七月初 口起算，惟中国国家亦可将所欠首六个月至一千九百零一年十二月三十一日之患，展在自一千九百零二年正月初一日起，于三年内付还，但所展息款之利，亦应按年四厘付清。又利息每届六个月付给，初次定于一千九百零二年七月初一日付给。（乙）此欠款一切事宜，均在上海办理。如后诸国各派银行董事一名，会同将所有由该管之中国官员付给之本利总数收存，分给有干涉者，该银行出付回执。（丙）中国国家将全数保票一纸交驻京诸国钦差领衔手内。此保票以后分作零票，每票上各由中国特派之官员画押。此节以及发票一切事宜，应由以上所述之银行董事各遵本国饬令而行。（丁）付还保票财源各进款，应每月给银行董事收存。（戊）所定承担保票之财源，开列于后：一、新关各进款，俟前已作为担保之借款各本利付给之后余剩者，又进口货税增至切实值百抽五，将所增之数加之。所有向例进口免税各货，除外国运来之米及各杂色粮面并金银以及金银各钱外，均应列入切实值百抽五货内。二、所有常关各进款，在各通商口岸之常关，均归新关管理。三、所有盐政各进项，除归还泰西借款一宗外，余剩一并归入，至进口货税增至切实值百抽五。诸国现允可行，惟须二端：一、将现在照估价抽收进口各税，凡能改者，皆当急速改为按件抽税几何。改办一层如后，以为估算货价之基，应以一千八百九十七、八、九三年卸货时各货牵算价值，乃开除进口及杂货总数之市价。其未改以前，各该税仍照估价征收。二、北河、黄浦两水路，均应改善，中国国家亦应拨款相助。至增税一层，俟此条款画押两个月后，即行开办。除在此画押日期后至迟十日已在途间之货外，概不得免抽。

第七款　大清国国家允定各使馆境界以为专与住用之处，并独由使馆管理，中国民人概不准在界内居住。亦可自行防守，使馆界线于附件之图上标明如后（附件十四）。东面之线，系崇文门大街，图上十、十一、十二等字，北面图上系五、六、七、八、九、十等字之线，西面图上系一、二、三、四、五等字之线，南面图上系十二、一等字之线，此线循城墙南址随城垛而画。按照西历一千九百零一年正月十六日即中历上年十一月二十六日文内后附之条，中国国家应允诸国分应自主，常留兵队分保使馆。

第八款　大清国国家应允将大沽炮台及有碍京师至海通道之各炮台一律削平，现已设法照办。

第九款　按照西历一千九百零一年正月十六日即中历上年十一月二十六日文内后附之条款，中国国家应允由诸国分应主办，会同酌定数处留兵驻守，以保京师至海通道无断绝之处。今诸国驻防之处，系黄村、郎坊、杨村、天津军粮城、塘沽、芦台、唐山、滦州、昌黎、秦王岛、山海关。

第十款　大清国国家允定两年之久，在各府、厅、州、县将以后所述之上谕颁行布告：一、西历本年二月初一日即中历上年十二月十三日上谕，以永禁或设或入与诸国仇敌之会，违者皆斩（附件十五）。二、西历本年□月□□日即中历□月□□日上谕一道，犯罪之人如何惩办之处，均一一载明。三、西历本年□月□□日即中历□月□□日上谕，以诸国人民遇害被虐各城镇停止文武各等考试。四、西历本年二月初一日即中历上年十二月十三日上谕，各省抚督文武大吏暨有司各官，于所属境内均有保平安之责，如复滋伤害诸国人民之事，或再有违约之行，必须立时弹压惩办，否则该管之员，即行革职，永不叙用，亦不得开脱别给奖叙（附件十六）。以上谕旨现于中国全境渐次张贴。

第十一款　大清国国家允定将通商行船各条约内，诸国视为应行商改之处，及有关通商各地事宜，均行议商，以期妥善简易。按照第六款赔偿事宜，约定中国国家应允襄办改善北河、黄浦两水路，其襄办各节如左：一、北河改善河道，在一千八百九十八年会同中国国家所兴各工，尽由诸国派员兴修。一俟治理天津事务交还之后，即可由中国国家派员与诸国所派之员会办，中国国家应付海关银每年六万以养其工。二、现设立黄浦河道局，经管整理改善水道各工，所派该局各员，均代中国及诸国保守在沪所有通商之利益。预估后二十年，该局各工及经管各费应每年支用海关银四十六万两，此数平分，半由中国国家付给，半由外国各干涉者出资。该局员差并权责进款之详细各节，皆于后附文、内列明（附件十七）。

第十二款　西历本年七月二十四日即中国六月初九日降旨，将总理各国事务衙门按照诸国酌定改为外务部，班列六部之前。此上谕内已简派外务部各王大臣矣（附件十八）。且变通诸国钦差大臣觐见礼节，均已商定由中国全权大臣屡次照会在案。此照会在后附之节略内述明（附件十九）。

兹特为议明以上所述各语，及后附诸国全权大臣所发之文牍，均系以法文为凭。大清国国家既如此按以上所述西历一千九百年十二月二十二日，即中历光绪二十六年十一月初一日文内各款，足适诸国之意妥办，则中国愿将一千九百年夏间变乱所生之局势完结，诸国亦照允随行。是以诸国全权大臣奉各本国政府之命代为声明，除第七款所述之防守使馆兵队外，诸国兵队即于西历一千九百零一年□月□□日即中历□月□□日全由京城撤退；并除第九款所述各处外，亦于西历一千九百零一年□月□□日即中历□□年□月□□日由直隶省撤退。今将以上条款缮定同文十二分，均由诸国全权大臣画押，诸国全权大臣各存一分，中国全权大臣收存一分。

联军和约既定，尚有一事为李鸿章未了之债者，则俄人满洲事件是也。初《中俄密约》所订，俄人有自派兵队保护东方铁路之权。至是义和团起，两国疆场之间有违言焉，俄人即藉端起衅，掠吉林、黑龙江之地，达于营口，北京方有联军之难，莫能问也。及和议开，俄人坚持此事归中俄两国另议，与都中事别为一谈，不得已许之。及列国和约定，然后满洲之问题起。李鸿章其为畏俄乎？为亲俄乎？抑别有不得已者乎？虽不可知，然其初议之约，实不啻以东三省全置俄国势力范围之下，昭昭然也。今录其文如下：

第一条　俄国交还满洲于中国，行政之事，照旧办理。

第二条　俄国留兵保护满洲铁路，俟地方平静后，并本条约之枢要四条一概履行后，始可撤兵。

第三条　若有事变，俄国将此兵助中国镇压。

第四条　若中国铁路（疑指满洲铁路）未开通之间，中国不能驻兵于满洲；即他日或可驻兵，其数目亦须与俄国协定，且禁止输入兵器于满洲。

第五条　若地方大官处置各事，不得其宜，则须由俄国所请，将此官革职。满洲之巡察兵，须与俄国相商，定其人数，不得用外国人。

第六条　满洲、蒙古之陆军、海军，不得聘请外国人训练。

第七条　中国宜将在旅顺口之北金州之自主权抛弃之。

第八条　满洲、蒙古、新疆伊犁等处之铁路矿山及其他之利益，非得俄国许可，则不得让与他国；或中国自为之，必亦须经俄国允许。牛庄以外之地，不得租借与他国。

第九条　俄国所有之军事费用，一切皆由中国支出。

第十条　若满洲铁路公司有何损害，须中国政府与该公司议定。

第十一条　现在所损害之物，中国宜为赔偿，或以全部利益，或以一部利益，以为担保。

第十二条　许中国由满洲铁路之支路修一铁路以达北京。

此草约一布，南省疆吏士民，激昂殊甚，咸飞电阻止，或开演说会，联名抗争。而英、美、日各国，亦复腾其口舌，势将干涉。俄使不得已，自允让步。经数月，然后改前约数事如左：

第一条　同

第二条　同

第三条　同

第四条　中国虽得置兵于满洲，其兵丁多寡，与俄国协议，俄国协定多少，中国不得反对，然仍不得输入兵器于满洲。

第五条　同

第六条　删

第七条　删

第八条　在满洲企图开矿山、修铁路及其他何等之利益者，中国非与俄国协议，则不许将此等利益许他国臣民为之。

第九条　同

第十条　同　并追加"此乃驻扎北京之各国公使协议，而为各国所采用之方法"字样。

第十一条　同

第十二条　中国得由满洲铁路之支路修一铁路，至直隶疆界之长城而止。

至是而李鸿章病且殆矣。鸿章以八十高年，久经患难，今当垂暮，复遭此变，忧郁积劳，已乖常度，本年以来，肝疾增剧，时有盛怒，或如病狂。及加以俄使助天为虐，恫喝催促，于邑难堪，及闻徐寿朋之死，拊心呕血，遂以大渐，以光绪二十七年九月廿七日薨于京师之贤良寺。闻薨之前一点钟，俄使尚来催促画押云。卒之此约未定，今以付诸庆亲王、王文韶。临终未尝口及家事，惟切齿曰："可恨毓贤误国至此！"既而又长吁曰："两宫不肯回銮。"遂瞑焉长逝，享年七十八岁。行在政府得电报，深宫震悼，翌日奉上谕：

朕钦奉懿旨，大学士、一等肃毅伯、直隶总督李鸿章，器识渊深，才猷宏远，由翰林倡率淮军，戡平发捻诸匪，厥功甚伟。朝廷特沛殊恩，晋封伯爵，翊赞纶扉。复命总督直隶兼充北洋大臣，匡济艰难，辑和中外，老成谋国，具有深衷。去年京师之交，特派该大学士为全权大臣，与各国使臣妥定

和约，悉合机宜。方冀大局全定，荣膺懋赏，遽闻溘逝，震悼良深。李鸿章著先行加恩，照大学士例赐恤，赏给陀罗经被，派恭亲王溥伟带领侍卫十员，前往奠醊。予谥文忠，追赠太傅，晋封一等侯爵，入祀贤良祠，以示笃念荩臣至意。其余饰终之典，再行降旨。钦此。

其后复赏银五千两治丧，赏其子李经述以四品京堂，承袭一等侯爵，李经迈以京堂候补，其余子孙优赏有差。赐祭两坛，又命于原籍及立功省分及京师建立专祠，地方官岁时致祭，列入祀典。朝廷所以报其勋者亦至矣。而此一代风云人物，竟随北洋舰队、津防练勇，同长辞此世界、此国民。吾闻报之日，成一挽联云：

太息斯人去，萧条徐泗空，莽莽长淮，起陆龙蛇安在也；
回首山河非，只有夕阳好，哀哀浩劫，归辽神鹤竟何之。

第十二章 结论

李鸿章与古今东西人物比较 李鸿章之轶事

李鸿章必为数千年中国历史上一人物，无可疑也；李鸿章必为十九世纪世界史上一人物，无可疑也。虽然，其人物之位置果何等乎？其与中外人物比较，果有若何之价值乎？试一一论列之。

第一，李鸿章与霍光。史家评霍光曰"不学无术"，吾评李鸿章亦曰"不学无术"。然则李鸿章与霍光果同流乎？曰：李鸿章无霍光之权位，无霍光之魄力。李鸿章谨守范围之人也，非能因于时势，行吾心之所安，而有非常之

267

举动者也。其一生不能大行其志者以此，安足语霍光？虽然，其于普通学问，或稍过之。

第二，李鸿章与诸葛亮。李鸿章忠臣也，儒臣也，兵家也，政治家也，外交家也。中国三代以后，具此五资格而永为百世所钦者，莫如诸葛武侯。李鸿章所凭藉，过于诸葛，而得君不及之。其初起于上海也，仅以区区三城，而能奏大功于江南，创业之艰，亦略相类。后此用兵之成就，又远过之矣。然诸葛治崎岖之蜀，能使士不怀奸，民咸自厉，而李鸿章数十年重臣，不能辑和国民，使为己用；诸葛之卒，仅有成都桑八百株，而鸿章以豪富闻于天下，相去何如耶？至其鞠躬尽瘁，死而后已，犬马恋主之诚，亦或仿佛之。

第二，李鸿章与郭子仪。李鸿章中兴靖乱之功，颇类郭汾阳，其福命亦不相上下。然汾阳于定难以外，更无他事；鸿章则兵事生涯，不过其终身事业之一部分耳。使易地以处，汾阳未必有以过合肥也。

第四，李鸿章与王安石。王荆公以新法为世所诟病，李鸿章以洋务为世所诟病。荆公之新法与鸿章之洋务，虽皆非完善政策，然其识见规模，决非诟之者之所能及也。号称贤士大夫者，莫肯相助，且群焉哄之，掣其肘而议其后，彼乃不得不用金壬之人以自佐。安石、鸿章之所处同也，然安石得君既专，其布画之兢兢于民事，局面宏远，有过于鸿章者。

第五，李鸿章与秦桧。中国俗儒，骂李鸿章为秦桧者最多焉，法越、中日两役间，此论极盛矣。出于市井野人之口，犹可言也，士君子而为此言，吾无以名之，名之曰狂吠而已。

第六，李鸿章与曾国藩。李鸿章之于曾国藩，犹管仲之鲍叔、韩信之萧何也。不宁惟是，其一生之学行、见识、事业，无一不由国藩提撕之而玉成之，故鸿章实曾文正肘下之一人物也。曾非李所及，世人既有定评。虽然，曾文正儒者也，使以当外交之冲，其术智机警，或视李不如，未可知也。又文正深守知止知足之戒，常以急流勇退为心，而李则血气甚强，无论若何大难，皆挺然以一身当之，未曾有畏难退避之色，是亦其特长也。

第七，李鸿章与左宗棠。左、李齐名于时，然左以发扬胜，李以忍耐胜。

语其器量，则李殆非左所能及也。湘人之虚憍者，尝欲奉左为守旧党魁以与李抗，其实两人洋务之见识不相上下，左固非能守旧，李亦非能维新也。左文襄幸早逝十余年，故得保其时俗之名，而以此后之艰巨谤诟，尽附于李之一身，文襄福命亦云高矣。

第八，李鸿章与李秀成。二李皆近世之人豪也。秀成忠于本族，鸿章忠于本朝，一封忠王，一谥文忠，皆可以当之而无愧焉。秀成之用兵、之政治、之外交，皆不让李鸿章，其一败一成，则天也。故吾求诸近世，欲以两人合传而毫无遗憾者，其惟二李乎？然秀成不杀赵景贤，礼葬王有龄，鸿章乃绐八王而骈戮之，此事盖犹有惭德矣。

第九，李鸿章与张之洞。十年以来，与李齐名者，则张之洞也。虽然，张何足以望李之肩背？李鸿章实践之人也，张之洞浮华之人也。李鸿章最不好名，张之洞最好名，不好名故肯任劳怨，好名故常趋巧利。之洞于交涉事件，着着与鸿章为难，要其所画之策，无一非能言不能行。鸿章尝语人云："不图香涛做官数十年，仍是书生之见。"此一语可以尽其平生矣。至其虚憍狭隘，残忍苛察，较之李鸿章之有常识有大量，尤相去霄壤也。

第十，李鸿章与袁世凯。今后承李鸿章之遗产者，厥惟袁世凯。世凯，鸿章所豢养之人也，方在壮年，初膺大任，其所表见盖未著，今难悬断焉。但其人功名心重，其有气魄敢为破格之举，视李鸿章或有过之。至其心术如何，其毅力如何，则非今之所能言也。而今日群僚中，其资望才具可以继鸿章之后者，舍袁殆难其人也。

第十一，李鸿章与梅特涅。奥宰相梅特涅（Metternich），十九世纪第一大奸雄也。凡当国四十年，专出其狡狯之外交手段，外之以指挥全欧，内之以压制民党。十九世纪前半纪，欧洲大陆之腐败，实此人之罪居多。或谓李鸿章殆几似之。虽然，鸿章之心术，不如梅特涅之险，其才调亦不如梅特涅之雄。梅特涅知民权之利而压之，李鸿章不知民权之利而置之；梅特涅外交政策，能操纵群雄，李鸿章外交政策，不能安顿一朝鲜，此其所以不伦也。

第十二，李鸿章与俾士麦。或有称李鸿章为东方俾士麦者，虽然，非谀词，则妄言耳。李鸿章何足以望俾士麦？以兵事论，俾士麦所胜者敌国也，李鸿章所夷者同胞也；以内政论，俾士麦能合向来散漫之列国而为一大联邦，李鸿章乃使庞然硕大之支那降为二等国；以外交论，俾士麦联奥、意而使为我用，李鸿章联俄而反堕彼谋。三者相较，其霄壤何如也！此非以成败论人也，李鸿章之学问、智术、胆力，无一能如俾士麦者，其成就之不能如彼，实优胜劣败之公例然也。虽李之际遇或不及俾，至其凭藉则有过之。人各有所难，非胜其难，则不足为英雄。李自诉其所处之难，而不知俾亦有俾之难，非李所能喻也。使二人易地以居，吾知其成败之数亦若是已耳。故持东李西俾之论者，是重诬二人也。

第十三，李鸿章与格兰斯顿。或又以李、俾、格并称三雄，此殆以其当国之久、位望之尊言之耳。李与格固无一相类者。格之所长，专在内治，专在民政，而军事与外交，非其得意之业也。格兰斯顿，有道之士也，民政国人物之圭臬也。李鸿章者，功名之士也，东方之人物也，十八世纪以前之英雄也。二者相去盖远甚矣。

第十四，李鸿章与爹亚士。法总统爹亚士（Thiers），巴黎城下盟时之议和全权也。其当时所处之地位，恰与李鸿章乙未庚子间相仿佛，存亡危急，忍气吞声，诚人情所最难堪哉。但爹亚士不过偶一为之，李鸿章则至再至三焉；爹亚士所当者只一国，李鸿章则数国，其遇更可悲矣。然爹亚士于议和后，能以一场之演说，使五千兆佛郎立集而有余，而法兰西不十年，依然成为欧洲第一等强国；若李鸿章则为偿款所困，补救无术，而中国之沦危，且日甚一日。其两国人民爱国心之有差率耶？抑用之者不得其道也。

第十五，李鸿章与井伊直弼。日本大将军柄政时，有幕府重臣井伊直弼者，当内治外交之冲，深察时势，知闭关绝市之不可，因与欧美各国结盟，且汲汲然欲师所长以自立。而当时民间，尊王攘夷之论方盛，井伊以强力镇压之，以效忠于幕府，于是举国怨毒，集彼一身，卒被壮士刺杀于樱田门外，而日本维新之运乃兴。井伊者，明治政府之大敌，亦明治政府之功臣也。其才可敬，其遇可怜，日人至今皆为讼冤。李鸿章之境遇，殆略似之，然困难又较井伊万万也。井伊横死，而鸿章哀荣，其福命则此优于彼焉。然而日本兴矣，然而中国如故也。

第十六，李鸿章与伊藤博文。李鸿章与日相伊藤，中日战役之两雄也。以成败论，自当右伊而左李。虽然，伊非李之匹也。日人常评伊藤为际遇最好之人，其言盖当。彼当日本维新之初，本未尝有大功，其栉风沐雨之阅历，既输一筹。故伊藤之轻重于日本，不如鸿章之轻重于中国，使易地以处，吾恐其不相及也。虽然，伊有优于李者一事焉，则曾游学欧洲，知政治之本原是也，此伊所以能制定宪法，为日本长治久安之计；李鸿章则惟弥缝补苴，画虎效颦，而终无成就也。但日本之学如伊藤者，其同辈中不下百数；中国之才如鸿章者，其同辈中不得一人，则又不能专为李咎者也。

李鸿章之治事也，案无留牍，门无留宾，盖其规模一仿曾文正云。其起居饮食，皆立一定时刻，甚有西人之风。其重纪律，严自治，中国人罕有能及之者。

不论冬夏，五点钟即起。有家藏一宋拓《兰亭》，每晨必临摹一百字，其临本从不示人，此盖养心自律之一法。曾文正每日在军中，必围棋一局，亦是此意。

每日午饭后，必昼寝一点钟，从不失时。其在总理衙门时，每昼寝将起，欠伸一声，即伸一足穿靴，伸一手穿袍，服役人一刻不许迟误云。

养生一用西医法，每膳供双鸡之精汁，朝朝经侍医诊验，常上电气。

戈登尝访李鸿章于天津，勾留数月。其时俄国以伊犁之役，颇专威吓，将有决裂之势。鸿章以询戈登，戈登曰："中国今日如此情形，终不可以立于往后之世界，除非君自取之，握全权以大加整顿耳。君如有意，仆当执鞭效犬马之劳。"鸿章瞿然改容，舌挢而不能言。

李鸿章接人常带傲慢轻侮之色，俯视一切，揶揄弄之，惟事曾文正如严父，执礼之恭，有不知其然而然者。

李鸿章与外国人交涉，尤轻侮之，其意殆视之如一市侩，谓彼辈皆以利来，我亦持筹握算，惟利是视耳。崇拜西人之劣根性，鸿章所无也。

李鸿章于外国人中，所最敬爱者惟两人，一曰戈登，一曰美国将军格兰德，盖南北美之战立大功者也。格兰德游历至津，李鸿章待以殊礼；此后接见美国公使，辄问询其起居；及历聘泰西时，过美国，闻美人为格兰德立纪功碑，即赠千金以表敬慕之情。

李鸿章之治事最精核，每遇一问题，必再三盘诘，毫无假借，不轻然诺，既诺则必践之，实言行一致之人也。

李鸿章之在欧洲也，屡问人之年及其家产几何。随员或请曰："此西人所最忌也，宜勿尔。"鸿章不恤。盖其眼中直无欧人，一切玩之于股掌之上而已。最可笑者，尝游英国某大工厂，观毕后，忽发一奇问，问于其工头曰："君统领如许大之工场，一年所入几何？"工头曰："薪水之外无他入。"李徐指其钻石指环曰："然则此钻石从何来？"欧人传为奇谈。

世人竞传李鸿章富甲天下，此其事殆不足信，大约数百万金之产业，意中事也。招商局、电报局、开平煤矿、中国通商银行，其股份皆不少。或言南京、上海各地之当铺银号，多属其管业云。

李鸿章之在京师也，常居贤良寺，盖曾文正平江南后，初次入都陛见，即僦居于此，后遂以为常云。将来此寺当为《春明梦余录》添一故实矣。

李鸿章生平最遗恨者一事，曰未尝掌文衡。戊戌会试时在京师，谓必得之，卒不获。虽朝殿阅卷大臣，亦未尝一次派及，李颇怏怏云。以盖代勋名，而恋恋于此物，可见科举之毒入人深矣。

以上数条，不过偶所触及，拉杂记之，以观其人物之一斑而已。著者与李鸿章相交既不深，不能多识其遗闻轶事，又以无关大体，载不胜载，故从阙如。然则李鸿章果何等之人物乎？吾欲以两言论断之曰：不学无术，不敢破格，是其所短也；不避劳苦，不畏谤言，是其所长也。呜呼！李鸿章往矣，而天下多难，将更有甚于李鸿章时代者，后之君子，何以待之？

吾读日本报章，有德富苏峰著论一篇，其品评李鸿章有独到之点，兹译录如下：

支那之名人物李鸿章逝，东洋之政局，自此不免有寂寞，不独为清廷起乔凋柱折之感而已。

概而言之，谓李鸿章人物之伟大，事功之崇隆，不如谓其福命之过人也。彼早岁得科第，入词馆，占清贵名誉之地位；际长发之乱，为曾国藩幕僚，任淮军统帅，赖戈登之力以平定江苏；及其平捻也，亦禀承曾国藩之遗策，成大功；及为直隶总督，办天津教案，正当要挟狼狈之际，忽遇普法战起，法、英、俄、美皆奔走喘息于西欧大事，而此教案遂销沉于无声无影之间。迩来二十有五年，彼总制北洋，开府天津，综支那之大政，立世界之舞台，此实彼之全盛时代也。

虽然，彼之地位，彼之势力，非悉以侥幸而得之者。彼在支那文武百僚中，确有超卓之眼孔，敏捷之手腕，而非他人之所能及也。彼知西来之大势，识外国之文明，思利用之以自强，此种眼光，虽先辈曾国藩，恐亦让彼一步，而左宗棠、曾国荃更无论也。

彼屯练淮军于天津，教以洋操；兴北洋舰队，设防于旅顺、威海、大沽；开招商局，以便沿海河川之交通；置机器局，制造兵器；办开平煤矿；倡议设铁路。自军事、商务、工业，无一不留意，虽其议之发自彼与否暂勿论，其权全在彼与否暂勿论，其办理之有成效与否暂勿论，然要之导清国使前进以至今日之地位者谁乎？固不得不首屈一指曰：李鸿章也。

世界之人，殆知有李鸿章，不复知有北京朝廷。虽然，北京朝廷之于彼，必非深亲信者。不宁惟是，且常以猜疑憎嫉之眼待之，不过因外部之压迫，排难解纷非彼莫能，故不得已而用之耳。况各省督抚，满廷群僚，其不释然于彼者，所在皆是。盖虽其全盛时代，而其在内之势力，固已甚微薄，而非如对外之有无限权力、无限光荣也。

中日之役，是彼一生命运之转潮也。彼果自初蓄意以主战乎？不能深知之。但观其当事机将决裂之际，忽与俄使喀希尼商，请其干涉弭兵，则其始之派兵于朝鲜，或欲用威胁手段，不战而屈日本，亦未可知。大抵彼自视过高，视中国过大，而料敌情颇有不审者。彼盖未知东亚局面之大势，算有遗策，不能为讳也。一言蔽之，则中日之役，实彼平生之孤注一掷也。而此一掷不中，遂至积年之劳绩声名，扫地几尽。

寻常人遭此失意，其不以忧愤死者几希。虽然，彼以七十三岁之高龄，内则受重谴于朝廷，外则任支持于残局，挺出以任议和之事，不幸为凶客所狙，犹能从容，不辱其命；更舆榇赴俄国，贺俄皇加冕，游历欧美，于前事若无一毫介意者，彼之不可及者，在于是。

彼之末路，萧条甚矣。彼之前半生，甚亲英国；其后半生，最亲俄国，故英人曰彼为鬻身于俄廷。以吾论之，彼之亲俄也，以其可畏乎？以其可信乎？吾不得而知之。要之，彼认俄国为东方最有势力之国，宁赂关外之地，托庇于其势力之下，以苟安于一时，此其大原因也。彼之《中俄密约》《满洲条约》等事，或视之与秦桧之事金，同为卖国贼臣，此其论未免过酷。盖彼之此举，乃利害得失之问题，非正邪善恶之问题也。

彼自退出总理衙门后，或任治河而远出于山东，或任商务而僻驻于两广，直至义和团事起，乃复任直隶总督，与庆王同任议和全权，事方定而溘然长逝，此实可称悲惨之末路，而不可谓耻辱之末路也。何也？彼其雄心至死未消磨尽也。

使彼而卒于中日战事以前，则彼为十九世纪之一伟人，作世界史者必大书特书而无容疑也。彼其容貌堂堂，其辞令巧善，机锋锐敏，纵擒自由，使人一见而知为伟人。虽然，彼之血管中，曾有一点英雄之血液否乎？此吾所不敢断言也。彼非如格兰斯顿有道义的高情，彼非如俾士麦有倔强的男性，彼非如康必达有爱国的热火，彼非如西乡隆盛有推心置腹的至诚。至其经世之识量，亦未有能令我感服而不能已者。要而论之，彼非能为鼓吹他人崇拜英雄心之偶像也。

虽然，彼之大横著，有使人惊叹者。彼支那人也！彼大支那人也！彼无论如何之事，不惊其魂，不恼其心。彼能忍人所不能忍，无论若何失望之事，视之如浮云过空，虽其内心或不能无懊恼乎，无悔恨乎，然其痕迹，从何处求之见之？不观乎铁血宰相俾士麦乎，一旦失意退隐，其胸中嗔恚之火，直喷出如焰；而李鸿章则于其身上之事，若曾无足以挂其虑者然。其容忍力之伟大，吾人所尊敬膜拜而不能措者也。

若使彼如诸葛孔明之为人，则决无可以久生于此世界之理。何也？彼一生之历史，实支那帝国衰亡史也，如剥笋皮，一日紧一日，与彼同时代之人物，凋落殆尽。彼之一生，以前光后暗而终焉。而彼之处此，曾不以扰动其心。或曰：彼殆无脑筋之人也。虽然，天下人能如彼之无脑筋者有几乎？无脑筋之绝技一至此，宁非可叹赏者耶？

陆奥宗光尝评彼曰："谓彼有豪胆，有逸才，有决断力，宁谓彼为伶俐有奇智，妙察事机之利害得失也。"此言殆可谓铁案不移。虽然，彼从不畏避责任，是彼之不可及也。此其所以数十年为清廷最要之人，濒死而犹有绝大关系，负中外之望也。或曰：彼自视如无责任，故虽如何重大之责任，皆当之而不辞。然此之一事，则亦彼之所以为大也。

彼可谓支那人之代表人也。彼纯然如凉血类动物，支那人之性也；彼其事大主义，支那人之性也；其容忍力之强，支那人之性也；其硬脑硬面皮，支那人之性也；其词令巧妙，支那人之性也；其狡狯有城府，支那人之性也；其自信自大，支那人之性也。彼无管仲之经世的识量，彼无孔明之治国的诚实，虽然，彼非如王安石之学究，彼其以逸待劳，机智纵横，虚心平气，百般之艰危纠纷，能从容以排解之，舍胜海舟外，殆未见其比也。

以上之论，确能摹写李鸿章人物之真相，而无所遗，褒之不过其当，贬之不溢其短，吾可无复赞一辞矣。至其以李鸿章为我国人物之代表，则吾四万万人不可不深自反也。吾昔为《饮冰室自由书》，有《二十世纪之新鬼》一篇，今择其论李鸿章者，附录于下：

呜呼！若星氏、格氏可不谓旷世之豪杰也哉？此五人者（指域多利亚、星亨、格里士比、麦坚尼、李鸿章），于其国皆有绝大之关系，除域多利亚为立宪政府国之君主，君主无责任，不必论断外，若格里士比，若麦坚尼，皆使其国一新焉。若星亨，则欲新之而未能竟其志者也。以此论之，则李鸿章之视彼三人，有惭德矣。李鸿章每自解曰："吾被举国所掣肘，有志焉而未逮也。"斯固然也，虽然，以视星亨、格里士比之冒万险、忍万辱、排万难以卒达其目的者何如？夫真英雄，恒不假他之势力，而常能自造势力，彼星氏、格氏之势力，皆自造者也。若李鸿章则安富尊荣于一政府之下而已，苟其以强国利民为志也，岂有以四十年之勋臣耆宿，而不能结民望以战胜旧党者？惜哉！李鸿章之学识不能为星亨，其热诚不能为格里士比，所凭藉者十倍于彼等，而所成就乃远出彼等下也。质而言之，则李鸿章实一无学识、无热诚之人也。虽然，以中国之大，其人之有学识、有热诚能愈于李鸿章者几何？十九世纪列国皆有英雄，而我国独无一英雄，则吾辈亦安得不指鹿为马，聊自解嘲，翘李鸿章以示于世界曰：此我国之英雄也。呜呼！亦适成为我国之英雄而已矣，亦适成为我国十九世纪以前之英雄而已矣。

要而论之，李鸿章有才气而无学识之人也，有阅历而无血性之人也。彼非无鞠躬尽瘁死而后已之心，然彼弥缝偷安以待死者也。彼于未死之前当责任而不辞，然未尝有立百年大计以遗后人之志。谚所谓"做一日和尚撞一日钟"，中国朝野上下之人心，莫不皆然，而李亦其代表人也。虽然，今日举朝二品以上之大员，五十岁以上之达官，无一人能及彼者，此则吾所敢断言也。嗟乎！李鸿章之败绩，既已屡见不一见矣。后此内忧外患之风潮，将有甚于李鸿章时代数倍者，乃今也欲求一如李鸿章其人者，亦渺不可复睹焉。念中国之前途，不禁毛发栗起，而未知其所终极也。

九州生气恃风雷，万马齐喑究可哀。
我劝天公重抖擞，不拘一格降人才。

李鸿章大事年表

道光三年（1823）　正月初五出生于安徽合肥县东乡磨店乡。

道光二十年（1840）　中秀才入学。

道光二十四年（1844）　应顺天府乡试，考中举人，同年与周氏完婚。

道光二十五年（1845）　入京会试，以年家子身份受业于曾国藩门下。

道光二十七年（1847）　中进士，列二甲第十三名，朝考后改翰林院庶吉士。

道光三十年（1850）　授翰林院编修，充武英殿编修。

咸丰三年（1853）　随同侍郎吕贤基回乡办团练，首次与太平军交战于和州裕溪口。

咸丰八年（1858）　入曾国藩幕。

同治元年（1862）　李鸿章亲率 14 营淮军抵达上海，不久被授予江苏巡抚。

同治二年（1863）　兼任五口通商大臣，开始创办洋务，奏设外国语言文学馆于上海。

同治三年（1864）　率领淮军攻克江苏常州，围剿太平军。

同治六年（1867）　升任湖广总督，督办剿捻之事。

同治八年（1869）　调任湖北巡抚，远赴贵州镇压苗民叛乱。

同治九年（1870）　接替曾国藩出任全权大臣，办理天津教案；调任直隶总督，后又兼任北洋通商大臣。

同治十一年（1872）　选派留学生赴美肄业。

同治十一年（1872） 被授予武英殿大学士，开办轮船招商局。

同治十三年（1874） 调任文华殿大学士。

光绪二年（1876） 派福州船政学堂学生出洋学习。

光绪六年（1880） 开始创办北洋海军，开办天津水师学堂。

光绪十一年（1885） 创办天津武备学堂，与法国签订《中法新约》。

光绪十二年（1886） 与醇亲王奕譞登上天津大沽口巡查海防。

光绪十五年（1889） 致信醇亲王奕譞，提议修建芦汉铁路。

光绪二十年（1894） 被赐三眼顶戴花翎，之后不久因为黄海海战惨败，又被剥夺了三眼花翎。

光绪二十一年（1895） 被委任为全权大臣，赴日议和，签订了《马关条约》。

光绪二十二年（1896） 赴俄参加沙皇尼古拉二世的加冕典礼，与俄国签订《中俄密约》，随后周游欧美各国。

光绪二十七年（1901） 与八国签订《辛丑条约》，同年，病逝于北京。

参考文献

[1] 梁启超：《李鸿章传》，武汉出版社，2013 年 1 月第一版。

[2] 唐德刚：《晚清七十年》，岳麓出版社，1999 年。

[3] 李鸿章：《李鸿章全集》，安徽教育出版社，2008 年。

[4] 沈云龙：《淮军平捻记》，文海出版社。

[5] 吴江、侯海滨：《曾国藩秘传李鸿章 72 心法》，中国华侨出版社，2003 年。

[6] 杨全顺：《从洋务新政看李鸿章其人》，2008 年，枣庄学院学报论文。

[7] 宋路霞：《晚清第一家》，重庆出版社，2004 年。

[8]1986 年《纽约时报》对李鸿章的专访。

[9] 雷颐：《李鸿章与晚清四十年》，山西人民出版社，2008 年。

[10] 刘功成：《李鸿章与甲午战争》，大连出版社，1994 年。